福建省科学技术协会创新战略研究项目"金融创新驱动福建林业高质量发展的模式与路径"（编号：2020R0159）
福州市社会科学规划重大项目"新时代乡村善治问题研究"（编号：2020FZA02）
福建技术师范学院生态金融研究创新团队资助项目 （编号：CXTD201901）

林权抵押贷款
信用风险识别与控制

LINQUAN DIYA DAIKUAN
XINYONG FENGXIAN SHIBIE YU KONGZHI

张兰花 ◎ 著

经济管理出版社
ECONOMY & MANAGEMENT PUBLISHING HOUSE

图书在版编目（CIP）数据

林权抵押贷款信用风险识别与控制／张兰花著．—北京：经济管理出版社，2021.6
ISBN 978-7-5096-8087-2

Ⅰ.①林…　Ⅱ.①张…　Ⅲ.①林业—所有权—抵押贷款—风险管理—研究—中国　Ⅳ.①F832.43

中国版本图书馆 CIP 数据核字（2021）第 127776 号

组稿编辑：任爱清
责任编辑：任爱清
责任印制：黄章平
责任校对：董杉珊

出版发行：经济管理出版社
　　　　　（北京市海淀区北蜂窝 8 号中雅大厦 A 座 11 层　100038）
网　　　址：www.E-mp.com.cn
电　　　话：（010）51915602
印　　　刷：唐山昊达印刷有限公司
经　　　销：新华书店
开　　　本：720mm×1000mm/16
印　　　张：14.75
字　　　数：273 千字
版　　　次：2021 年 8 月第 1 版　　2021 年 8 月第 1 次印刷
书　　　号：ISBN 978-7-5096-8087-2
定　　　价：88.00 元

绪　论

INTRODUCTION

党的十九大报告提出深化农村集体产权制度改革，2020 年中央一号文件《关于抓好"三农"领域重点工作确保如期实现全面小康的意见》（中发〔2020〕1号）强调"全面推开集体林权制度改革试点"。2021 年中央一号文件《关于全面推进乡村振兴加快农业农村现代化》提出，在 2021 年基本完成农村集体产权制度改革阶段性任务。集体林权制度改革赋予林权抵押权能，解决了林农贷款担保的问题。林权抵押贷款作为一种变森林资源为资产的金融创新产品，受到中国人民银行、财政部、银监会、保监会、林业局等相关管理部门的高度重视。尽管实务界与理论界对林权抵押贷款有着美好的设想，但在实践中，林权抵押贷款普遍存在"银行惜贷"现象（刘圻等，2013），金融机构面临的收益与风险严重不匹配是林权抵押贷款陷入困境的主要原因（李或挥等，2010），风险使林权尚未成为一类被广泛接受的抵押品（倪剑，2014）。为此，政府对林权抵押贷款风险问题高度重视。《乡村振兴战略规划（2018—2022 年）》指出，要健全农村金融风险缓释机制。2020年中央一号文件提出要构建"银保担"风险共担的普惠金融服务体系，补上全面小康"三农"领域的突出短板。可见，农村金融风险缓释机制构建已成为乡村振兴战略中"抓重点、补短板、强弱项"的工作要点。因此，研究林权抵押贷款信用风险识别与控制，极具现实与政策意义。

信用风险控制问题已然成为林权抵押贷款中亟待解决的核心难点问题。林权抵押贷款信用风险形成机理如何？林权抵押贷款信用风险影响因素有哪些？如何准确评估林权抵押贷款信用风险？林权抵押贷款信用风险控制主体与目标如何选择？如何构建具有科学性与可行性的林权抵押贷款信用风险控制体系？以上问题都成为林业经济学与金融学等学科交叉研究的前沿领域。当前，学者对林权抵押贷款风险表现、原因、控制措施等问题进行积极研究。然而，大多停留在个案总结或零星研究状态，尚未见对林权抵押贷款风险识别与控制进行系统深入的研究；而且，主要在西方经济学理论框架内进行研究，尚未见到利用马克思主义的信用理论对林权抵押贷款风险识别与控制进行解释与应用的研究。

本书融合马克思信用理论及西方经济学相关理论，基于产融结合的视角，从产业共生发展角度识别林权抵押贷款信用风险因素，准确评估林权抵押贷款信用风险，力图得出具有说服力和可操作性的林权抵押贷款信用风险控制措施。这属于信贷风险管理理论和林业经济管理理论相融合的一种交叉性研究。研究结论能够为银行加强与林业管理部门间的信息共享，降低与林业经营主体间的信息不对称程度；建立林权抵押贷款风险化解机制，分散林权抵押贷款业务风险；降低林权抵押贷款贷前审批成本、贷后贷款管理成本、抵押林权处置成本等交易成本提供理论参考。从政策层面提出防范、化解与转移林权抵押贷款信用风险等建议，能够为完善集体林权制度改革、推动建立现代集体林业经营管理体系和财政支持体系、完善林权抵押贷款信用管理体系，促进林业要素自由流动、公平交易、平等使用，为林业产业融资筑巢引凤，促进扩大林权抵押贷款规模，增强林业产业融资能力提供决策参考。此外，本书落实党的十九届四中全会通过的《中共中央关于坚持和完善中国特色社会主义制度、推进国家治理体系和治理能力现代化若干重大问题的决定》的精神，为推进国家治理体系和治理能力现代化、更好地发挥市场与政府在林业经济发展中的双轮驱动作用提供决策参考。本书的主要结论如下：

（1）基于马克思信用理论及信息不对称理论，揭示林权抵押贷款及其信用风险的本质，从理论层面揭示林权抵押贷款信用风险具体表现及其形成机理。基于马克思财产理论与劳动价值论与林权抵押贷款违约的期权模型启示，认为应基于抵押林权视角识别与控制林权抵押贷款信用风险。

（2）借鉴马克思科学的财产理论与劳动价值论，明确林权抵押贷款信用风险识别与控制的路径。结合林权抵押贷款相关数据与文献材料，围绕抵押林权的安全性、盈利性及流动性风险，列出林权抵押贷款信用风险20个可能的影响因素，即森林火灾、森林病虫鼠害、气候地质灾害、森林盗砍、林木价格、森林管护成本、采伐成本、造林成本、审批成本、经营方式、轮伐期、经营树种、立地条件、限额采伐管理制度、林权交易市场成熟度、林地管理政策、天然林资源保护政策、林权登记管理制度、森林保险、森林资产评估，并对其进行理论解释。

（3）以福建省三明市和南平市农村信用社客户经理198份调查问卷数据为依据，建立高层类别双对数函数，筛选出对林权抵押贷款信用风险有显著性影响的因素，并据此建立林权抵押贷款信用风险评估指标体系，进而建立林权抵押贷款信用综合评估模型——高层类别双对数模型。

（4）基于经典马克思理论以及社会主义市场经济理论，认为以政府为主体构建林权抵押贷款信用风险控制体系更具现实性与可行性；提出林权抵押贷款信用风险控制的目标在于提升抵押林权担保力。

（5）基于发挥政府信用的视角，以控制抵押林权风险为目标，围绕控制抵押林权价值公允性、安全性、变现性三个层面风险，构建涵盖完善林权登记管理制度、培育集体森林资源资产评估主体、构建政策性森林保险制度、实施"政府信用+林权"林业收储模式等四个模块的林权抵押贷款信用风险控制体系。

模块一：完善林权登记管理制度。以福建省为例，剖析林权登记管理制度现状、林权登记制度在林权抵押贷款风险控制中存在的瓶颈，提出实施登记前置程序、实施实质审查、引入区块链技术等建议以完善林权登记制度。

模块二：培育集体森林资源资产评估主体。构建林权评估主体培育的理论框架，明确抵押林权评估主体培育目标。在剖析政策层面上合格的两类集体森林资源资产评估主体局限性的基础上，提出"沙县模式"，指出林权评估主体的培育要遵循既要懂林业又要懂评估的基本原则，着眼于提升评估主体执业能力，同时，关注评估主体独立性塑造。

模块三：构建政策性森林保险制度。基于保险"充分补偿学说"，认为森林保险缓释林权抵押贷款风险目标即是否实现对抵押林权损失的完全补偿，提出要发挥政府在森林保险中的主导作用、提高保额标准与保费补贴比例以及提升保险公司查勘定损水平等建议。

模块四：实施"政府信用+林权"林业收储模式。以"政府信用+林权"的林业收储贷款模式为对象，构建了相对完整的林业收储担保研究的理论框架。以邵武市富源林业收储中心为案例，分析"政府信用+林权"的林业收储模式优缺点，提出建立政策性收储基金资金补充机制、强化收储机构运营管理能力、建立林业收储再担保机制等政策建议。

本书是福建省科学技术协会创新战略研究项目"金融创新驱动福建林业高质量发展的模式与路径"（编号：2020R0159）、福州市社科规划重大项目"新时代乡村善治问题研究"（编号：2020FZA02）、福建技术师范学院生态金融研究创新团队资助项目（编号：CXTD201901）的研究成果，在研究与写作的过程中得到了李建建教授、杨建州教授、张建国教授、刘伟平教授、张文棋教授、林丽琼教授、严谨教授、杨朝英副教授、王灿雄老师、曹玮老师、朱少洪高级审计师、江家灿工程师等的关心与帮助；在收集资料与数据调查过程中得到了福建省三明市人民银行、永安林业局、沙县林业局、南平市光泽林业局、邵武林业局、延平林业局，福建省农业银行、福建省农村信用社等单位的大力支持，在此一并感谢。感谢经济管理出版社文森分社社长任爱清对本书出版所做的努力。

张兰花

2021 年 5 月

目 录

CONTENTS

图目录

表目录

第一章　林权抵押贷款信用风险研究的现实必要性

第一节　相关概念

一、林权

林权是林权抵押贷款的物质基础，是借贷双方间信任的保证。因此，厘清林权的内涵对理解林权抵押贷款及其信用风险极为重要。

（一）马克思产权思想

马克思在科斯以前100多年就"系统地研究了与经济领域的生产关系相对应的法律领域的财产关系，研究了与财产有关的法的权利"。马克思在《资本论》与《马克思恩格斯全集》等著作中表述了完整科学的产权思想。马克思没有明确提出产权这一概念，但在英文版《马克思恩格斯全集》中，有很多如 Property 等可以译为"财产权"或"产权"的表述。此外，"马克思不仅研究了复数形式的财产权或产权，而且研究并论述了复数形式的财产权或产权中所包含的各单项权利：所有权、占有权、使用权、支配权、经营权、索取权、继承权、不可侵犯权等一系列法的权利"（吴易风，2007）。"只要略为仔细地研究一下马克思如何使用 Eigentum 和 Property，就可以看出它不仅是指财产这种物或客体，在多数场合指的就是财产权利关系，即产权关系"（吴宣恭，2000）。马克思认为，财产权利是包括所有权、占有权、使用权等一系列权利的总和。吴易风（1995）在深入研究马克思《资本论》后指出："马克思没有把财产权看作是单一的权利，而是看作一组权利的结合体，即除了所有权，马克思还研究了占有权、使用权、支配权、经营权、索取权和不可侵犯权等一系列权利。在很多情况下，这些权利是可以分解和重新组合的。"

马克思科学的、系统的产权理论得到众多经济学家的肯定。美国得克萨斯

A&M 大学教授 S. 平乔维奇（S. Svetozar Pejovich，1988）在比较分析了马克思的产权理论与产权学派的产权理论后认为，"马克思是第一位有产权理论的社会科学家"，"马克思第一次把内生变量引入了经济学分析"，充分肯定了马克思产权理论的历史地位。美籍奥地利政治经济学家约瑟夫·熊彼特（1979）在《资本主义、社会主义和民主主义》中称马克思产权理论"是以穿透崎岖的不规则的表层，并且深入历史实物的宏伟逻辑的眼光来领会它们的"。

马克思既研究了产权在法学上的财产关系，又剖析了产权在经济学上的生产关系，在 1847 年发表的《哲学的贫困》一书中指出"要把所有权当作一种独立的关系，一种特殊的范畴，一种抽象和永恒的观念来下定义，这只能是形而上学和法学的空想。"在《马克思恩格斯全集》中可见马克思对财产关系和生产关系的联系进行了深入分析。马克思认为产权关系具备以下两个重要特征：

1. 产权关系本质是经济关系

马克思吸取古典经济学精华并去其糟粕，在《1844 年经济学哲学手稿》第一节"异化劳动和私有财产"中，马克思否定了资本主义私有制被认为既定合理的前提，认为"国民经济学从私有财产的事实出发。他没有给我们说明这个事实。他把财产在现实中所经历的物质过程放进一般的、抽象的公式里，然后把这些公式当作规律。它不理解这些规律，就是说，它没有指明这些规律是怎样从私有财产的本质中产生出来的……"马克思遵循着唯物史观，认为所有权的本质是所有制，创造性地把产权关系视为经济的内生变量。马克思认为，所有权由经济关系所决定，本质是经济关系的意志体现。"每种生产形式都产生出它所特有的生产关系、统治形式等。"

马克思认为所有制的本质即是作为生产关系总和。作为生产关系总和的所有制，是人们在生产的过程中，逐渐形成的人与人之间的经济关系。在私有制社会中，所有制就是一种阶级关系，并且表现为人与人、人与生产条件、人与产品间的三种关系。"私有制，作为外化了的劳动的物质的概括的表现包含着两个关系：劳动者和劳动，他和他的劳动产品以及他和非劳动者的关系，非劳动者和劳动者以及和他的劳动产品的关系。""分工发展的各个不同阶段，同时也就是所有制的各种不同形式。这就是说，分工的每一个阶段还根据个人与劳动的材料、工具和产品的关系决定他们相互之间的关系。""与这种分工同时出现的还有分配，而且是劳动机器产品的不平等的分配（无论在数量上或质量上）；因而也产生了所有制……这种形式的所有制也完全适合现代经济学家所下的定义，即所有权是对他人劳动力的支配。"产权所包含的一系列权利束也都是建立在社会关系基础之上的上层建筑，由其所依赖的生产力和生产关系决定并为经济关系服务。

2. 产权关系是生产关系在法律形态上的体现

马克思指出："财产关系……只是生产关系的法律用语""私有财产的真正基础，即占有，是一个事实，是不可解释的事实，而不是权利。只是由于社会赋予实际占有以法律的规定，实际占有才具有合法的性质，才具有私有财产的性质。"法权关系的实现依赖经济关系的存在而存在，马克思在《哥达纲领批判》中论述，"权利决不能超出社会的经济结构"。"私法和私有制是从自然形成的共同体形式的解体过程中同时发展起来的……当工业和商业进一步发展了私有制（起初在意大利随后在其他国家）时，详细拟定的罗马私法便立即得到恢复并重新取得威信。""把权利归结为纯粹意志的法律幻想，在所有制关系进一步发展的情况下，必然会造成这样的现象：某人在法律上可以享有对某物的占有权，但实际上并没有占有某物……但这种权利对他毫无用处。"在规定权限时并不能凭空产生，而是要与现实的经济关系相符合，对此，马克思、恩格斯在《德意志意识形态》一书中就有过确切的论述："表明了一个幻想，仿佛私有制本身仅仅是以个人意志，即以对物的任意支配为基础的。实际上滥用这个概念对于所有者具有极为明确的经济界限"。

马克思说："这种具有默契形式的（不管这种契约是不是用法律固定下来的）法权关系，是一种反映着经济关系的意志关系。这种法权关系或意志关系的内容是由这种经济关系本身决定的。""一切共同的规章都是以国家为中介的，都带有政治形式。由此便产生了一种错觉，好像法律是以意志为基础的，而且是以脱离现实基础的自由意志为基础的"。"私有财产真正的基础，即占有，是一个事实，是不可解释的事实，而不是权利。只是由于社会赋予实际占有以法律的规定，实际占有才具有合法占有的性质，才具有私有财产的性质。""法的关系正像国家的形式一样，既不能从他们的本身来理解，也不能从所谓人类精神的一般发展来理解，相反，它们根源于物质的生活关系。"

（二）西方经济学中的产权定义

《新帕尔格雷夫经济学辞典》（1992）给出的产权定义："产权是一种通过社会强制而实现的对某种经济物品的多种用途进行选择的权利。"《牛津法律大辞典》认为，产权也称财产所有权，是指存在于任何客体之中或之上的完全权利。它包括占有权、使用权、出借权、转让权、用尽权、消费权和其他与财产有关的权利（Kavid，1998）。罗德·德姆塞茨（1990）从功能和作用来定义产权，他认为，"产权是一种社会工具，其重要性在于事实上它能帮助一个人形成它与其他人进行交易的合理预期"，"产权包括一个人或者他人受益或受损的权利"，"产权的一个主要功能是引导并激励人们将外部性大幅度地内在化"。阿曼·阿尔钦

（1991）认为："产权是一个社会所强制实施的选择一种经济品的使用的权利"。张五常（1992）以私有产权为考察对象，认为从功能上来看，私有产权包括三个权利：一是私有的使用权；二是私有的收入享受权；三是自由的转让权。

（三）林权

依据西方经济学对产权的理解，林业产权不单纯是一个财产的归属问题，而且是一个包括所有、占有、支配、使用等权利的不同组合关系体系，以森林资源为客体的一项财产权，它是一组权利束，包括森林资源的占有、使用、收益或者处分等权利。森林产权主要分为林地所有权、林地使用权和林木所有权三类。林地所有权是一种财产所有权，即所有者依法对自己的林地（财产）享有占有、使用、收益和处置的权利。根据《中华人民共和国土地管理法》和《中华人民共和国森林法》规定，林地所有权有国家所有和集体所有两种形式，个人没有林地所有权。社会主义生产资料公有制决定国家、集体对森林、林木、林地享有所有权，而公民个人只能享有林木所有权与对林地使用权，不能享有林地所有权。林业产权具有界定、规范、激励和交易功能。林业产权通过财产营运规范化、有序化、法制化，界定森林资源界限和归属，林业产权规范主体间的权利义务关系，帮助林业产权主体形成他与其他人进行交易时的合理预期；引导林业产权主体实现将外部性较大内在化的激励；能有效地配置和利用森林资源。林农对林木拥有占有、使用、收益和处分的权力，其中，任何一项权能的限制都会造成林木所有权的残缺。

依据马克思产权思想，林权从本质上来说就是由森林资源资产所有权关系所决定的法权关系，既是林业生产关系的表现形式，也是林业生产关系在法律上的具体体现。林权是林权抵押贷款关系成立的保证，提供了借贷双方间信任的物质基础。因此，在分析林权抵押贷款信用风险问题时要明确林权抵押贷款中抵押林权的财产关系及其所反映的生产关系。

二、林权抵押贷款内涵

本书在梳理现有文献关于林权抵押贷款解释与充分理解马克思关于借贷信用内涵的基础上，建立林权抵押贷款概念模型，揭示林权抵押贷款的本质。

（一）现有文献对林权抵押贷款内涵的解释

中国银监会、国家林业局《关于林权抵押贷款的实施意见》（银监发〔2013〕32号）指出，林权抵押贷款是指借款人以本人或第三人合法拥有的林权作抵押担保发放贷款。林权是以森林、林木和林地的占有、使用、收益或者处分等权利为客体的一项权利。可抵押林权具体包括用材林、经济林、薪炭林的林木所有权和使用权及相应林地使用权；用材林、经济林、薪炭林的采伐迹地、火烧迹地的林地使用权；国家规定可以抵押的其他森林、林木所有权、使用权和林地使用权。森林资源资产抵押贷款是一个以林农为借款主体，市场主导、政府引导、行业规范相结合的不完全竞争金融创新产品（汪永红等，2008）。夏云娇等（2008）从抵押的一般原理阐释林权抵押贷款的内涵认为，林权抵押是农户或者集体经济组织行使自身财产权利的一种方式，是抵押人以其合法的林木所有权或林地使用权，在不转移占有的情况下，向抵押权人提供债权的担保，当债务人不履行到期债务时，抵押权人有权从抵押的林木所有权和林地使用权拍卖所得的价款优先受偿的权利。林权抵押贷款应是林权所有人将其作为抵押物，向金融机构申请借款或对第三方借款提供担保的行为。黄庆安（2008）认为，林权抵押贷款包含林农个体、林业合作经济组织、林业经营大户或林业企业直接林权抵押贷款，农户联保林权抵押贷款，专业担保公司担保林权抵押贷款，林业合作经济组织，林业信用共同体贷款模式，信用基础上的林农小额贷款等六种模型。张兰花（2016）则指出，以上六种模式应是林业贷款模式，经典意义上的林权抵押贷款只有直接林权抵押贷款这一种模式，即借款人或第三人以其所拥有的森林资源资产为抵押标的物，当借款人不履行还本付息义务时，贷款人有权依照法律的规定优先对抵押林权进行处理，从而得到补偿的信贷模式。

可见，当前学者主要是从法律层面上，基于林权抵押贷款借款双方的权力与义务的视角，厘清了林权抵押贷款法律形式，但没有揭示出林权抵押贷款的本质特征及其赖以存续的经济基础以及社会基础。

（二）马克思关于借贷信用内涵的解释

马克思基于19世纪英国信用制度历史，在《资本论》第三卷中从经济学和道德伦理学两个层面较为全面且系统地概括了信用的内涵。

1. 经济层面的信用内涵

马克思以信用的本质为逻辑起点，认为借贷资本的贷出和偿还实质上反映了借贷资本家和职能资本家之间的信用关系，是从属于商品货币关系的一个经济范畴，是一种建立在以偿还为条件的经济行为，就是以偿还和付息为条件的价值运动的特殊形式。

首先，信用是价值运动的特殊形式。马克思在《资本论》（第三卷）中分析资本主义生息资本的运动形式时指出："信用这个运动——以偿还为条件的付出——一般地说就是贷和借的运动，即货币或商品的只是有条件的让渡的这种独特形式的运动。"认为信用"就是贷和借的运动"。"把货币放出即贷出一定时期，然后把它连同利息（剩余价值）一起收回，是生息资本本身所珍有的运动的全部形式。"可见，马克思信用定义为价值运动，表明信用是与商品经济相联系的范畴。同时把信用规范为价值运动的特殊形式，表明了信用这种价值运动与其他再生产过程中的价值运动的区别。虽然信用以商品经济中的价值创造和实现为基础，但又不表现为价值的创造和实现，转移的只是价值的使用权而不是所有权。

其次，信用反映的是人与人之间的关系。马克思在《资本论》（第三卷）中认为，"借贷资本的放出和收回，都表现为任意的、以法律上的交易为中介的运动，它们发生在资本现实运动的前面和后面，同这个现实运动本身无关"。信用作为一个经济范畴，"只是这些现实关系的抽象"。商品的交换关系，实际上是不同的商品所有者借助商品这一物质载体而发生经济利益关系。"商品不能自己到市场去，不能自己去交换。因此，我们必须寻找它的监护人，商品占有者为了使这些物作为商品彼此发生关系，商品监护人必须为有自己的意志体现在这些物中的人彼此发生关系。"而这种关系的基础是经济利益关系。马克思认为，人们一切经济活动的出发点都是经济利益，经济利益关系是一切经济关系的基础。人们从事物质生产活动，经济交往与合作，是为了取得利益。由此，经济主体间信用关系也不例外。信用关系的双方要获得利益，必须彼此发生交换关系，而这种交换关系实现的前提是"一方只有符合另一方的意志，就是说每一方只有通过双方共同一致的意志行为，才能让渡自己的商品，占有别人的商品。"

2. 道德层面信用的内涵

马克思不仅从经济层面，还从道德伦理层面强调信用是以借贷双方的相互信任为前提的借与贷关系。为了进一步阐述一般信用的概念，马克思在《资本论》（第三卷）中引用了英国资产阶级经济学家图克·托马斯的描述："信用，在它的最简单的表现上，是一种适当或不适当的信任，它使一个人把一定的资本额，以货币形式或以估计为一定货币价值的商品形式，委托给另一个人，这个资本额到期后一定要偿还。"此在这里，马克思强调，信用是建立在彼此相互信任的基础上的，并且以偿还为条件。因此，除了经济层面上的信用内涵之外，信用还是一种道德和心理上的信任，以借贷双方的相互信任为前提的，这种道德和心理上的信任使人们发生了借与贷关系。

由于历史变迁的原因，虽然马克思没有直接界定林权抵押贷款这一种具体信用形式的内涵，但马克思对信用的内涵进行了深刻地解释，不仅说明了信用的形式特征，即以偿还和付息为条件的价值运动的特殊形式；还揭示了信用的本质特征，即信用反映的是人与人之间的经济关系。马克思所揭示的信用本质特征以及其得以存在的基础无疑也是适用于林权抵押贷款这一种具体的借贷信用形式。

（三）林权抵押贷款内涵

依据当前现有文献对林权抵押贷款内涵的界定以及马克思关于信用内涵的解释，本书认为，林权抵押贷款是银行信用的一种具体形式，是借款人或第三人以其所拥有的林权为抵押物、以偿还为条件的借款活动。以抵押林权的价值实现为物质基础，以借贷双方的相互信任为前提，反映的是贷款人与借款人之间的经济关系。

据此，本书建立了林权抵押贷款概念模型（见图 1-1）。依模型所示，林权抵押贷款这种借贷关系之所以成立，是建立在贷款人对借款人信任的基础之上，而这种信任是建立在抵押林权的基础上。也就是说抵押林权维系了借贷双方间的经济关系。

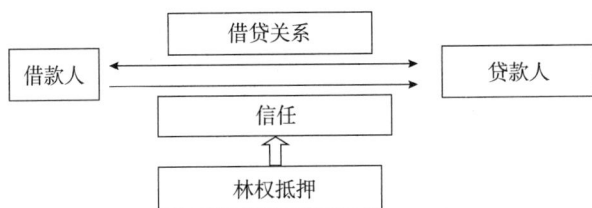

图 1-1　林权抵押贷款概念模型

三、林权抵押贷款信用风险

本书综合马克思主义关于信用风险的解释与西方经济学关于信用风险概念的理解，解释林权抵押贷款信用风险内涵并揭示其产生的根源。

（一）马克思主义关于信用风险的解释

1. 无法按约"偿还"是信用风险的基本表现

马克思认为信用是一种建立在以偿还为条件的经济行为，就是以偿还和付息为条件的价值运动的特殊形式。马克思在《资本论》（第三卷）中指出："信用这个运动——以偿还为条件的付出——一般地说就是贷和借的运动，即货币或商品的只是有条件的让渡的这种独特形式的运动。"这种贷和借的运动是"把货币放出即贷出一定时期，然后把它连同利息（剩余价值）一起收回"。马克思还引用了英国资产阶级经济学家图克·托马斯的描述："信用，在它的最简单的表现上，是一种适当或不适当的信任，它使一个人把一定的资本额，以货币形式或以估计为一定货币价值的商品形式，委托给另一个人，这个资本额到期后一定要偿还。"这强调了偿还在信用关系成立中的重要作用。

由此可见，偿还既是信用关系成立的重要前提，也是信用关系得以维护的最基本条件。反之，当借款人不履行偿还义务时，也就是发生了信用风险，即一方无法还本付息，另一方经济利益受损。

2. "不信任和完全的异化"是信用风险的本质特征

马克思指出，"信用制度固有的二重性质是：一方面，把资本主义生产的动力——用剥削他人劳动的办法来发财致富——发展成为最纯粹最巨大的赌博欺诈制度，并且使剥削社会财富的少数人的人数越来越减少；另一方面，造成转到一种新生产方式的过渡形式"。由此可见，信用本质上体现的是人与人之间的关系，是以物的形式和异化的形式来表现产业资本家与职能资本家以及工人阶级与剥削阶级间的关系。然而，这种社会关系正是信用风险爆发的根本原因。在商品经济和信用制度发展的同时，受信人不能或不愿履行契约中约定的义务而使授信人发生损失的可能性也会与日俱增，即信用风险也会日积月累，因为"在信用业——它的完善的表现使银行业——中出现一种假象，似乎异己的物质力量的权力被打破了，自我异化的关系被扬弃了，人又重新处在人与人的关系之中。被这种假象所迷惑的圣西门主义者把货币的发展、汇票、纸币、纸的货币代表、信贷、银行业看作是逐渐扬弃人同物、资本同劳动、私有财产同货币、货币同人的分离的各个阶段，看作是逐渐扬弃人与人的分离的各个阶段。因此，他们的理想是组织起来的银行业。但这种扬弃异化、人向自己因而也向别人复归，仅仅是一个假象；何况这是卑劣的和极端的自我异化，非人化，因为它的要素不再是商品、金属、纸币，而是道德的存在、社会的存在、自己的内在生命，更可恶的是，在人对人的信任的假象下面隐藏着极端的不信任和完全的异化"。可见，不信任和完全的异化是信用风险的本质特征。

根据马克思的论述，林权抵押贷款作为银行信用的一种形式，具备信用的本质特征，也是以借贷双方的相互信任为前提的借与贷关系。这种借贷关系是建立在道德和心理上的信任的基础，正如马克思在《资本论》（第三卷）中所述"在人对人的信任的假象下面隐藏着极端的不信任和完全的异化"，而这种"极端的不信任和完全的异化"正是信用风险的本质特征。

（二）西方经济学关于信用风险的界定

在西方经济学中，信用风险是指由于合约中债务一方未履行合约订立的义务而导致债权一方发生经济损失的可能性，其中"未履行合约订立的义务"又包含有两层含义：一是交易对手出现违约；二是交易对手的信用等级或者履约能力下降从而影响合约的履行（曼努·埃尔阿曼，杨玉明译，2004）。商业银行信用风险是指由于借款人违约导致信贷资产不能按期收回本息而给银行带来损失的可能性（彭建刚，2009）。对商业银行信用风险概念的理解还需要把握以下两个要点。

首先是违约的概念，根据巴塞尔新资本协议，如果存在以下两种情况，即可认定为债务人违约：一是如果不采取变现抵质押物等追偿措施，银行贷款将不能全额收回；二是债务人的债务出现逾期 90 天以上，其中，如果债务超过了规定的透支额度，透支额也被视为逾期（Basel Committee on Banking Supervision，2006）。违约概率是违约的重要指标，是指借款人在未来一定时期内不能按贷款合同约定偿还贷款本息或履行相关义务的可能性（李志辉，2001）。

其次是损失的可能性。损失是指借款人违约时，银行无法收回的贷款本息，即银行要承担的贷款本息的损失。违约损失率是衡量损失可能性的重要指标，是贷款违约扣件与违约风险暴露的比率，违约风险暴露是指贷款违约时银行不考虑回收的情况下的受险金额（菲利普·乔瑞，2005）。因为有抵押、质押、保证等风险缓释工具，借款人违约后，银行可以通过处置风险缓释工具使违约贷款本息得到一定的补偿，所以，银行贷款不一定都暴露在违约风险之中。

综上所述，信用风险是与借款人违约行为紧密联系的，可以使用违约概率、违约风险暴露、违约损失率三个指标衡量。

（三）林权抵押贷款信用风险内涵

不论是马克思信用理论中的"偿还"概念还是西方经济学中的贷款信用风险中"违约"概念，都揭示了信用风险的表现形式，认同了信用风险就是交易对手没有履行偿还义务。而马克思更是揭露了信用风险的本质特征即"在人对人的信任的假象下面隐藏着极端的不信任和完全的异化"。据此，本书认为，林权抵押贷款信用风险是指由于林权抵押贷款的借款人的信任下降导致其未能履行贷款合约订立的义务而导致贷款人未能按时收回本息从而遭受经济损失的可能性。具体可用违约概率、违约风险暴露、违约损失率作为度量指标。结合以上林权抵押贷款概念模型，本书建立了林权抵押贷款信用风险概念模型，如图 1-2 所示。模型认为贷款双方间的信用维系了林权抵押贷款这种特殊的信用关系。

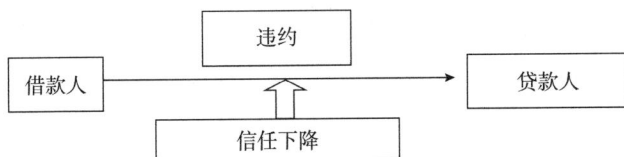

图 1-2　林权抵押贷款信用风险概念模型

第二节 林权抵押贷款信用风险问题研究的现实必要性

一、集体林权制度改革是农村改革重要内容

党的十九大报告提出深化农村集体产权制度改革，2020 年中央一号文件《关于抓好"三农"领域重点工作确保如期实现全面小康的意见》（中发〔2020〕1 号）强调"全面推开集体林权制度改革试点"。2021 年中央一号文件《关于全面推进乡村振兴加快农业农村现代化》提出，2021 年基本完成农村集体产权制度改革阶段性任务，发展壮大新型农村集体经济。2003 年启动的集体林权制度改革是农村集体产权制度改革的重要内容，不仅是当前深化农村改革的一项重点任务，也是实施乡村振兴战略的重要制度支撑。第八次全国森林资源清查结果（2009~2013 年）显示，集体林业用地面积占全国林业用地面积的 60.50%（国家林业局，2014）。基于集体林在中国林业发展中的重要地位，中国政府从国家战略层面推动集体林权制度改革。2003 年 6 月，中共中央、国务院颁布《关于加快林业发展的决定》，对集体林权制度改革做出了总部署。2003 年，福建、江西等省率先启动以"明晰产权、放活经营、落实处置、保障收益"为主要内容的新一轮集体林产权制度改革试点。2008 年，在总结先行试点省份经验的基础上，中共中央、国务院出台《中共中央 国务院关于全面推进集体林产权制度改革的意见》，推动以"明晰产权、勘界发证、放活经营权、落实处置权、保障收益权、落实责任"等内容为特征的新一轮集体林产权制度改革在全国铺开。截至2014 年底，集体林权制度改革"山林确权"的主体改革任务已基本完成，全国已确权集体林面积 1.80 亿 hm^2，占全部集体林地的 96.95%。国务院批转发展改革委《关于 2015 年深化经济体制改革重点工作意见的通知》（国发〔2015〕26号）指出，完善产权保护制度，健全归属清晰、权责明确、保护严格、流转顺畅的现代产权制度。2016 年 11 月，国务院办公厅印发《关于完善集体林权制度的意见》，提出深化集体林权制度改革。24 个省（区、市）相继出台了完善集体林权制度的实施方案。国家林业与草原局数据显示，截至 2018 年底，全国 27.05 亿亩集体林地确权，1 亿本林权证发到农民手里。林改监测项目组监测结果表明，样本省的集体林权制度改革基本完成了"明晰产权、确权到户"的主体改革任务，配套和深化改革不断取得新的进展。但是，集体林权制度改革仍存在大部分林农对承

包林地有更长期的确权需求、农户流转意愿低、林权流转规模不大、林业金融和公共财政支持力度有待加强、新型林业经营主体组织化低等问题（贺东航、朱冬亮，2015）。集体林权制度改革已然是"三农"领域的突出短板，制约林业高质量发展与林区乡村振兴战略实现，是当前农村重点改革任务。集体林权制度改革明晰了林业产权，以林权证的形式从法律上明确了森林资源的产权归属。林农依据其所持林权证，拥有了对应的森林资源的所有权、经营权、处置权与收益权。

二、林权抵押贷款作为集体林权制度重要配套措施得到高度重视

金融是现代经济的核心，林业现代化应寻求金融资源和自然资源的融合。我国已经全面启动林业跨越式发展战略，所需资金巨大。姚顺波（2003）等对社会资金加大对林业投入的必要性和可行性进行探讨，指出非公有制林业的发展离不开林地、劳动力和资本的有机结合。林业产出与投入资金总量呈正相关的函数关系（李开平，1988）。中国林业系统 35 年营林产值与资金投入的相关系数为0.629，森工产值与资金投入的相关系数为 0.774（田宝强，1995）。自中华人民共和国成立以来我国商品林投资总量不足、投入的基本结构不合理、投入的利用效率不高（刘东生等，2001）。李周（1987）认为，现阶段林业筹集和利用资金的状况可概括为"三难"，即林业部门吸引资金难、林业资金在周转过程中收敛于新的生产始点难、林业资金形成有效投资难。尹玉馨等（2003）认为，我国的林业生产中就存在资本和土地资源配置存在帕累托改进的余地。

全国森林蓄积量高达 1245584.58 万 m³、全国活立木蓄积量达 1361810 万 m³、其中，森林覆盖率排名前五位的南方五省（福建、江西、浙江、海南、广东）的森林蓄积量分别为 44357.36 万 m³、32505.20 万 m³、11535.85 万 m³、7195.16 万 m³、28365.63 万 m³、活立木总蓄积量分别达 49671.38 万 m³、37435.19 万 m³、13846.75万 m³、7863.61 万 m³、29703.35 万 m³（见表1-1）。随着林权制度改革不断推进，林农"所有权、经营权、处置权与收益权"的落实以及林权制度改革后林权证的产生，丰富的资源优势转化为经济优势成为可能。并且在林权制度改革的同时，林区政府推行了相关配套措施改革，"森林资源"变"资金"的金融生态环境已逐渐形成。赋予林权抵押权能，为林权抵押贷款产品的推出创造了条件。林权抵押贷款的诞生将森林资源资产作为贷款抵押标的物，盘活了林农手中拥有的丰富的森林资源，变"资源"为"资金"，解决了林农贷款担保难的问题。对银行等金融机构而言也是实现承担风险与获取收益平衡的一种较为理想的信贷产

品，实现了抵押标的多样化。

表 1-1　全国及森林覆盖率排名前五位省份的森林资源情况

单位：万 hm^2、万 m^3

地区	林业用地面积	森林面积	其中：人工林面积	森林覆盖率%	活立木总蓄积量	森林蓄积量
全国合计	28492.56	17490.92	5364.99	18.21	1361810.00	1245584.58
福建	908.07	764.94	356.98	62.96	49671.38	44357.36
江西	1044.69	931.39	275.25	55.86	37435.19	32505.20
广东	1048.14	827.00	440.83	46.49	29703.35	28365.63
海南	194.47	166.66	109.10	48.87	7863.61	7195.16
浙江	654.79	553.92	255.63	54.41	13846.75	11535.85

资料来源：国家林业局. 中国林业统计年鉴 [M]. 北京：中国林业出版社，2020.

　　林权抵押贷款是一种变森林资源为资产的金融创新，通过金融手段把前期投资形成的资产变为后续投资资金来源，发挥资金池功能。2004 年 4 月，福建省农村信用社联合社在三明市永安县完成了首笔林权抵押贷款业务。2005 年底，江西省 7 个县（市）开始了林权抵押贷款业务试点工作。2006 年，浙江、安徽等省也启动了林权抵押贷款试点工作。截至 2014 年底，全国累计林权抵押贷款面积 602.72 万 hm^2，贷款金额 1797.06 亿元。林权抵押贷款面积近亿亩，不及商品林面积的 1/10（国家林业局，2014）。林权抵押贷款受到中国人民银行、财政部、银监会、保监会、林业局等相关管理部门的高度重视。相关部门陆续发布文件（见表 1-2），指导和规范林权抵押贷款的发展，为林权抵押贷款发展提供了广阔的空间。

表 1-2　林权抵押贷款相关政策文件

主体	文件	内容
中国人民银行、财政部、银监会、保监会、林业局	《关于做好集体林权制度改革与林业发展金融服务工作的指导意见》（银发〔2009〕170 号）	各银行业金融机构要积极开办林权抵押贷款业务
中国人民银行、中国银监会、证监会、保监会	《关于全面推进农村金融产品和服务方式创新的指导意见》（银发〔2010〕198 号）	全面推进林权抵押贷款业务
银监会、国家林业局	《关于林权抵押贷款的实施意见》（银监发〔2013〕32 号）	规范林权抵押贷款业务，完善林权登记管理和服务，有效防范信贷风险

续表

主体	文件	内容
中国银监会办	《关于做好 2014 年农村金融服务工作的通知》(银监办发〔2014〕42 号)	创新林权抵押,加大对林业发展的有效信贷投入
中国银监会办	《关于 2014 年深入推进农村中小金融机构支农服务"三大工程"的通知》(银监办发〔2014〕98 号)	扩大和发展林权抵押贷款适用范围
银监会	《关于做好 2015 年农村金融服务工作的通知》(银监办发〔2015〕30 号)	要求银行业金融机构扩大林权抵押贷款规模
国务院办公厅	《关于完善集体林权制度的意见》(国办发〔2016〕83 号)	建立健全林权抵质押贷款制度,鼓励银行业金融机构积极推进林权抵押贷款业务,适度提高林权抵押率,推广"林权抵押+林权收储+森林保险"贷款模式和"企业申请、部门推荐、银行审批"运行机制,探索开展林业经营收益权和公益林补偿收益权市场化质押担保贷款
中国银监会办公厅	《关于 2016 年推进普惠金融发展工作的指导意见》(银监办发〔2016〕24 号)	积极发展林权抵押贷款
中国银监会、国家林业局、国土资源部	《关于推进林权抵押贷款有关工作的通知》(银监发〔2017〕57 号)	进一步破除阻碍林权抵押贷款发展的制度性因素。到2020年,林权抵押贷款业务基本覆盖。健全金融服务优化、林权融资、评估、流转和收储机制
国家林业和草原局	《关于进一步放活集体林经营权的意见》(林改发〔2018〕47 号)	推广规模经营主体间开展林权收储担保业务,探索以自有林权抵押折资+一定比例货币资本作为收储保证资本,并会同金融监管部门建立风险防控机制,支持林权收储机构为林业开发利用经营主体的林权抵押贷款提供森林资源资产评估、林权收储、信贷担保、抵押物处置等服务
中国银监会办公厅	《关于做好 2018 年银行业三农和扶贫金融服务工作的通知》(银监办发〔2018〕46 号)	在适合开展林权抵押贷款的地区扩大林权抵押贷款业务覆盖面
中共中央、国务院	《乡村振兴战略规划(2018-2022 年)》	深入推进农村集体产权制度改革
国家林业和草原局	《关于促进林草产业高质量发展的指导意见》(林改发〔2019〕14 号)	扩大林权抵押贷款规模,鼓励各地建立林权收储担保服务制度,支持林业规模经营主体创办(领办)林权收储机构,支持其以自有林权抵押折资作为保证资金。鼓励金融机构开展林产品抵押、质押融资。争取保险机构扩大保险覆盖范围。完善林草资源资产评估制度和标准

续表

主体	文件	内容
中国银保监会办公厅	《关于做好 2019 年银行业保险业服务乡村振兴和助力脱贫攻坚工作的通知》（银保监办发〔2019〕38 号）	积极稳妥开展林权抵押贷款。加强与全国农业信贷担保体系和国家融资担保基金等政府性融资担保机构的深度合作。探索土地收储公司参与农村产权抵押贷款风险处置

三、信用风险问题导致林权抵押贷款陷入困境

尽管实务界与理论界对林权抵押贷款有着美好的设想，但林权抵押贷款普遍存在"银行惜贷"现象，贷款规模小、贷款的短期限与林业经营长周期的矛盾相当突出、地区发展不平衡、贷款模式相对单一等问题（刘圻等，2013）。国家林业和草原局经济发展研究中心集体林权制度改革监测项目组依据 2017 年对福建、江西、湖南、云南、辽宁、陕西、甘肃 7 个省 70 个县 3500 户样本农户调查数据，分析发现 10.22% 调查农户有林权抵押贷款需求，其中，有 90 户申请了林权抵押贷款，占有需求农户数量的 25.14%，有 58 户成功申请到了林权抵押贷款，占申请农户的 64.44%，占样本数的 1.65%。共抵押林地 343.53 hm²，占家庭林地总面积的 1.66%，平均每户抵押面积 5.922 hm²；共获得贷款 826.638 万元，平均贷款 25098.9 元/hm²，平均贷款期限 1.92 年，年利率 8.15%（集体林权制度改革监测项目组，2018）。可见，有贷款需求的农户申请贷款积极性比较低，贷款获批率更低，即农户林权抵押贷款可获得性较低。

国内学者对林权抵押贷款在全国推广发展陷入困境的原因展开了积极探讨，普遍认为，林权抵押贷款困境的原因主要是金融机构面临的收益与风险严重不匹配（李彧挥等，2010）。目前林权抵押贷款面临的法律风险、信用风险、抵押林权风险等使林权尚未成为一类被广泛接受的抵押品（倪剑，2014）。林业生产的高风险性导致金融机构对贷款的安全性无法得到有效的保障，经营收益时间与还贷年限的不匹配，无法促使林业经营的"体内造血"，背离了该产品设计的理论预期（刘祖军等，2012）。单户直接林权抵押贷款模式，金融机构交易成本高；联户联保抵押贷款模式的融资效果有限（赵永旺等，2010）。

林权抵押贷款高风险性导致金融机构惜贷这一结论也被林权抵押贷款实际不良数据所证实。国家林业和草原局经济发展研究中心 2017 年集体林权制度改革监测数据显示，截至 2016 年底，全国有 27 个省（自治区、直辖市）开展林权抵押贷款工作，抵押林地面积 650.60 万 hm²，占已确权林地的 3.64%；年末贷款余额 1297.42 亿元，平均贷款额度为 19941.90 元/hm²，年末逾期贷款余额 125.87 亿

元,逾期贷款率9.7%;不良贷款为58.86亿元,不良贷款率为4.545%(集体林权制度改革监测项目组,2018),远高于同期全国商业银行1.74%的贷款不良率(中国银监会,2017)。此外,从福建省某市情况来看,林权抵押贷款从2005年的85082万元逐年上升,2015年末达到最高值406644元,而不良贷款余额与笔数在2015年也剧烈攀升,分别达到9467万元与96笔,不良贷款率为2.32%(见表1-3)。2016年后各类金融机构基本不再新增林权抵押贷款,只有存量贷款。究其原因,在于高风险性导致金融机构无法有效保障林权抵押贷款安全性,进而逐渐退出该市场。

表1-3 某市林权抵押贷款开展情况 单位:万元

年度	贷款余额	不良贷款余额	不良贷款笔数（笔）
2005	85082	0	0
2006	109569	0	0
2007	141061	0	0
2008	167382	1012	5
2009	174778	1817	11
2010	226301	1102	7
2011	265828	1094	10
2012	268176	740	9
2013	317788	3767	32
2014	345164	2342	44
2015	406644	9467	96
2016年2月末	397491	8408	92

第三节 林权抵押贷款信用问题研究的现实意义

风险问题已然是制约林权抵押贷款发展的主要障碍。政府对此高度重视,《乡村振兴战略规划(2018—2022年)》指出,要健全农村金融风险缓释机制,2020年中央一号文件提出要构建"银保担"风险共担的普惠金融服务体系,补上全面小康"三农"领域突出短板。林权抵押贷款信用风险控制机制构建问题已然成为乡村振兴战略中"抓重点、补短板、强弱项"的工作要点。因此,本书紧密结合中共十九届四中全会关于深化农村集体产权制度改革的目标和任务要求和新时期乡村振兴的关键点，研究林权抵押贷款信用风险识别与控制，识别林权抵押贷款信用风险因素，精准评估林权抵押贷款信用风险，得出说服力强和具有可操作性的林权抵押贷款信用风险控制措施，具有以下现实与政策意义：

一、为推动集体林权制度改革提供理论参考

明确林权抵押借款信用风险因素，提出完善林权抵押贷款政策生态环境，构建林权抵押贷款信用体系，从政策层面提出防范、化解与转移林权抵押贷款信用风险等建议，能够为完善集体林权制度改革，推动建立现代集体林业经营管理体系和财政支持体系，落实党的十九届四中全会通过的《中共中央关于坚持和完善中国特色社会主义制度、推进国家治理体系和治理能力现代化若干重大问题的决定》的精神，推进国家治理体系和治理能力现代化、更好地发挥市场与政府在林业经济发展中双轮驱动作用提供决策参考。

二、有助于增加林业金融供给

本书构建了林权抵押贷款信用风险控制体系，有助于帮助银行业金融机构降低林权抵押贷款成本、防控林权抵押贷款风险，促进林业要素自由流动、公平交易、平等使用；有助于帮助林业产业融资筑巢引凤，促进扩大林权抵押贷款规模，增强林业产业融资能力。在林业产业和社会资源之间搭建一座桥梁，引导金融资源合理配置于林业产业。

三、为银行等金融机构控制林权抵押贷款的信用风险提供有效工具

本书识别林权抵押贷款信用风险因素并提出林权抵押贷款信用风险控制措施，加强银行与林业管理部门的信息共享，降低银行与林业经营主体间的信息不对称程度；建立林权抵押借款风险化解机制，分散银行的林权抵押贷款风险；建立林权抵押贷款信用管理体系，提高林农违约成本。能够为金融机构发现林权抵押贷款潜在的风险并找到规避风险的有效办法，以降低林权抵押贷款贷前审批成本、林权抵押贷款贷后贷款管理成本、抵押林权处置成本等交易成本，从而改善林权抵押贷款的收益。

第二章　研究动态

本书以国外 JSTOR、ScienceDirect、Proquest/UMI、EBSCOhost 和国内维普、万方、中国期刊网、超星数字图书馆等数据库为依据，检索收集相关文献为研究对象，梳理国内外信用风险及林权抵押贷款风险相关问题的研究成果。

第一节　马克思信用理论

一、马克思信用理论的研究溯源

马克思从 1844 年开始接触信用问题，到 1857 年对其进行专门系统研究，经过长期深入探索，创立了自己的信用理论。马克思运用唯物辩证法和唯物历史观，辩证地吸收资本主义初期和上升时期各种流派经济学家的信用思想，在《资本论》的各卷中对信用理论进行深刻地论述，形成了比较丰富和完善的信用思想。马克思在《资本论》第三卷第五篇中结合生息资本考察了高利贷信用，联系资本主义生产方式，重点考察了商业信用和银行信用，揭示了信用的发展规律，对信用的内涵和形式、运行规律及其在资本主义商品经济运行中的作用等，作了深入与系统的论述。

马克思、恩格斯都生活在自由竞争资本主义时期，工业资本在这一时期占统治地位，信用形式已经发生了极大变化。但由于历史条件的限制，马克思、恩格斯没有完成对信用不断变化的具体形态的研究。19 世纪 70 年代到 20 世纪初垄断已然成为西方发达国家经济生活最重要的特征。这时列宁开始运用马克思主义信用理论对帝国主义生产集中发展到垄断的过程以及虚拟资本等进行论述，在《帝国主义是资本主义的最高阶段》一书中，全面地阐述和发展了马克思主义的信用理论，提出了金融资本的概念，把马克思主义推到了列宁主义阶段。列宁的信用理论为我们理解信用发展变化的脉络，认清信用在当代资本主义的新变化和新发展提供了理论依据。

二、国内关于马克思信用理论的研究

随着中国经济体制改革的深化和金融市场的发展，信用全面深入地参与市场经济活动中。信用在经济活动中作用日益凸显，信用工具日益增多，信用关系日趋复杂。宏微观领域的信用风险问题层出不穷，由此，信用问题成为中国学者关注的焦点。学者在对马克思主义经济学著作研究的基础上，深入解释马克思信用理论，并重点关注马克思信用理论在中国信用实践活动中的应用价值研究，学术成果丰硕。

（一）关于马克思信用理论解释的研究

马克思的信用理论是马克思主义政治经济学的一个重要组成部分，概括起来其主要体现在信用内涵与本质、信用的职能与作用、信用与虚拟资本等方面（年勇，2009）。马克思的这些论述实际上表达了信用的两层含义：第一，信用是一种道德和心理上的信任，属于道德范畴，这种道德和心理上的信任使人们发生了借与贷关系；第二，信用是反映商品经济关系的经济范畴，人们在商品交换中，用资本（货币）关系来表现借贷关系。信用就是建立在货币的借贷与偿还能力上的经济关系（陈端计，2007）。信用是经济上的一种借贷行为，是从属于商品货币关系的一个经济学范畴，是一种人格主张、一种公众信仰，一定意义上也是一个道德与伦理范畴（赵爱玲，2007）。虽然马克思在其早期著作中曾对伦理意义的信用进行过探讨，但并没有关注作为一种伦理规范的信用所可能具有的社会价值。为了明晰主题，马克思均是从经济制度层面对信用问题进行一系列分析，把信用理解为作为生息资本现代形式的一种资本运作方式，然而，这并不表明经济信用和伦理信用之间不存在关联（马超，2008）。

（二）关于马克思信用理论应用的研究

随着国内外信用实践的深入，信用问题在各经济领域也日受关注。学者纷纷探讨马克思信用理论在现实经济生活中的应用价值。马克思对信用形式的研究基于高利贷信用、推进于商业信用、完善于银行信用，在信用形式的研究中揭示了资本主义信用的发展规律（廖茂吉，2015）。与马克思论及的商业信用风险、银行信用风险和货币信用风险相比，全球化时代的经济社会信用风险表现出一些新的特征（黄秋生等，2014）。虽然马克思的信用理论主要是针对19世纪资本主义生产状况所做的研究与论述，受时代与生产力发展的客观限制，没有对社会信用体系进行直接论述，但由于马克思采用了动态历史的研究方法，抓住了信用问题的本质（赵艳，2008）。马克思虚拟资本理论仍然是认识当前虚拟资本的理论基础（白文杰，2008），对揭示当前国际金融危机的成因和实质有很强的解释力（易培强，2009）。

马克思的信用思想是在对资本主义的信用现象进行实事求是的批判、分析的基础上形成的，它不仅是对资本主义信用经济的总结与抽象，也同样适用于我国的社会主义市场经济。抛开资本主义这一制度因素，马克思信用理论对一切商品经济和市场经济社会都是适用的（冯艳红，2010）。马克思信用思想理论构筑了我国社会主义市场经济运行中信用理论的基础，为正确处理实体经济与虚拟经济的关系提供了方向（陈端计，2007）。马克思信用理论从经济利益原则、政府公信力、降低信用风险和生产力状况等多方面对当前我国社会信用体系建设具有重要指导意义（赵艳，2008）。依据马克思信用理论，只有让市场在资源配置中起决定性作用，建立健全风险监管机制，培育出良好的信用环境，才能有效规避各类信用风险（黄秋生，孟颖，2014）。信用制度的构建关键在于树立市场主体的信用观念和信用意识，重点在于构建企业信用，发挥政府主导作用，加强信用方面的立法和执法，完善政府的信用监督和管理体系，大力发展各种中介组织，充分发挥行业协会的作用（郭铁民，2002）。马克思所揭示的信用原理对指导当前我国银行信用体系的建设具有指导意义（林深，2010；廖茂吉，2015）。应借鉴马克思的银行信用理论，加强银行内部管理、优化银行外部运行环境与完善中央银行功能（赵旭，2001），防范我国村镇银行信用风险（祝健等，2010），构建中小企业信用管理体系（金兆怀，张东敏，2007；周笑梅，2009）。

虽然马克思关注是宏观的信用制度（罗玮等，2014），但其揭示的信用运动规律对微观的、单向的信用行为同样具有重要的指导意义。对林权抵押贷款信用控制的理论研究和实践也有着深刻的理论与实践指导意义。顺着马克思的信用理论思路，有助于科学地揭示林权抵押贷款信用风险本质特征、产生的根源，探录林权抵押贷款信用风险控制路径。

第二节　西方经济学关于信用风险识别的研究

一、国外对信用风险产生原因的解释

（一）借贷双方之间的信息不对称

莱兰德和佩勒（Leland & Pyle，1977）从不对称信息的角度提出了 L-P 模型，即基于逆向选择的模型，认为贷款者和借款者之间对有关借款者的信誉、担保条件、项目的风险和收益等存在着信息不对称。Stiglitz 和 Weiss（1981）指出，在信贷市场上，借款人的还贷意愿、还贷能力、项目风险等方面的信息多是不可观察的，因此，贷款人较借款人而言通常是信息弱势方。信息不对称会导致逆向选择与道德风险。1976 年，罗伯特·巴罗（Robert J. Barro）研究了担保的经济功能、交易成本及其对利率和贷款规模的影响，确立了担保理论在金融经济学中的独立地位，带动了担保信号对风险识别作用的研究。Chan 和 Kanatas（1985）、Chan 和 Thakor（1987）、Bester（1987）、Besanko 和 Thakor（1987）的研究表明借款人提供抵押可以减少借款人的逆向选择行为，低风险借款人应提供担保，同时接受低价格贷款；高风险借款人应接受高价格贷款，而不提供担保。Aghion 和 Bolton（1992），Porta、Lopez 和 Shleifer（1998）认为，担保被看作促使借款人努力工作的一个工具，具有可置信威胁。然而，Besanko 和 Thakor（1987）认为，如果担保是有成本的，用担保并不能有效地区分高低风险企业。美国经济学家约瑟夫·斯蒂格利茨和韦易斯在 1981 年论述信贷配信问题的文献中认为，当借款者是风险厌恶者时，提高担保要求将导致逆向选择。美国经济学家 Wette H. C.（1983）进一步证明，当借款者是风险中性者时，也同样会产生逆向选择。美国经济学家 Yuk-Shee Chan 和 Anjan V. Thakor（1990）对担保信号对风险的识别作用进行了研究，认为高风险企业宁愿多支付成本而不愿提供担保，而低风险企业则愿意提供担保。

（二）银行或者政府对于债务的软预算约束

现有文献关于软预算约束形成的原因可纳为五点：一是由于企业间密切的交易债务联系导致清算成本过高（Peroti，1993），二是借款人有限责任所诱发的赌博激励（Stiglitz，1994），三是事后再融资的收益超过清算的收益（Dewatri Pont & Maskin，1995），四是由于可替代项目质量低下使银行被迫选择提供再融资（Erik Berglof，1997），五是银行利用政府软预算约束的寻租行为（Berglof & Roland，1997）。Kornai（1986）把现有文献对软预算约束的解释分为内生论与外生论。

软预算约束外生论把研究方向放在寻找可能软化借款人预算约束的政府或银行的各种非经济因素，试图解释社会主义政府的父爱主义、政府的充分就业目标等外生因素是否是软预算约束现象产生的原因。Shleifer 等（1994）指出，政府可能会提供资金（或者强迫银行提供资金）补贴借款人，以换取借款人帮助政府实现其诸如创造就业机会等非经济目标。

软预算约束内生论是由于信息不对称的激励动态不一致内生了软预算约束。Stiglitz（1994）等认为，信息不对称条件下委托人自身存在软化预算约束的激励，源于借款人有限责任的"赌博激励"会诱使委托人软化对代理人预算约束；DewatriPont 和 Maskin（1995）建立的分析框架成为当前软预算约束研究的主要方法。他们认为，信息不对称条件下代理人的逆向选择行为导致委托人激励动态不一致从而产生预算软约束。因为沉淀成本的存在使委托人事后最优选择是救助而非清算，从而使代理人可能存在软预算约束。此外，DewatriPont 和 Maskin（1995）还探讨了信贷集中度对委托人（银行）事前清算承诺置信水平的影响。Erik Berglof（1998）则把软预算约束现象归结为委托人清算威胁不可置信问题，由于政府或银行对借款人清算威胁不可置信的存在导致了借款人预算约束的软化，才产生了 Komai 所提出的政府"父爱主义"与政治目标以及 DewatriPont 和 Maskin 所谓的动态不一致。

二、国有银行商业银行贷款的信用风险产生原因

基于我国的特殊国情，国内学者认为国有银行贷款的信用风险来源于以下四方面：

（1）政策性因素。国有商业银行的大部分呆账是由于银行支持渐进转轨而进行的信贷剩余转移（张杰，1999），银行缺乏独立性的行为方式造成国有银行承担政治性任务（林毅夫，1994），国有企业与国有银行的"患难"关系，从而形成了大量银行不良资产（张玉明，1999），国有银行和国有企业改革的非均衡性使银行信用风险很高（韩强，2000）。

（2）金融制度原因。张亦春等（1998）结合银行制度变迁对银行风险问题进行了研究，指出了银行风险与银行制度变迁、内部控制有关系。刘锡良、罗得志（2001）提出，由于我国企业的融资渠道单一导致信用关系单一化，其他信用关系受到抑制，导致社会信用风险集中在银行，即信用抑制和风险转嫁机制。

（3）信息不对称。徐联初、肖晓光（2001）认为，由于银行和企业之间存在信息不对称现象，因此，银行需要借助担保、多次重复博弈、履约声誉等信号来消除信息不对称因素。

（4）社会信用缺失。张维迎（1996）采用博弈论研究了道德风险对银行信贷风险的影响。许国平、陆磊（2001）采用不完全合同理论分析金融体系的道德风险问题，指出道德风险对金融风险的影响和作用，曾国安、冯涛（2004）认为，道德风险是引致和增加我国银行不良资产率的重要原因。中国人民银行朔州中心支行认为，在新的条件下，企业信用度下降成为不良贷款新增的主要原因。

第三节　信用风险控制的研究

一、信用风险控制理论

国内外对银行信用风险控制方法的研究多是基于信息经济学理论（Stiglitz, Joseph, Andrew Weiss, 1981），克服信息不对称风险展开，研究成果集中表现为使用抵押机制、声誉机制、信用衍生品和资产证券化以及多制度配合等。旨在于预防、分散、规避、自留与转嫁信用风险。

（一）采用抵押机制

押品是历史最悠久、当前最主要的信用缓释工具。早期有关押品缓释信用风险理论研究主要体现在押品的甄别功能的论证。David 和 Thako（1987）分别在垄断型信贷市场和竞争型信贷市场中讨论了商业银行信贷合约中抵押的功能。Bester（1985）认为，抵押担保有作为甄别不同类型的借款人工具的功能，抵押担保的作用主要在于允许借款人和贷款人在两类风险之间进行自我选择。高风险的借款人总是倾向于低抵押高利率的合约，而低风险借款人则偏好高抵押低利率。Freixas 和 Laffont（1990）构造模型研究了运用抵押担保和贷款规模这两种手段来甄别不同类型的借款人。A. W. A. Boot 和 A. V. Thakor（1993）研究了担保贷款与违约风险的关系，认为如果同样的努力对高风险的借款人比对低风险借款人效用更大，就应该对高风险借款人要求更多的抵押。赵晓菊等（1999）研究银企信贷关系中的逆向选择问题，指出担保的信号传递作用有利于银行识别借款企业的风险类型。

此外，部分学者从理论分析和模型构造的角度，对押品担保功能进行经济学分析。契约理论认为，在信贷合约中加入适当的激励约束机制是信用风险控制的关键。Watson（1984）首次将抵押与借款人努力联系起来研究道德风险问题，认为抵押可被用来提高借款人的努力程度，由于借款人努力的负效用不同，信贷合约的分离均衡有可能存在。Bester（1985）用激励相容的方法，论证了用契约中的利率条款和抵押担保条款鉴别不同风险特征借款人的可能性，认为适当的抵押可以激励借款人在得到银行贷款后，选择适当的行动来减少他的项目风险，增加贷款合约对银行的效用。Chan 和 Thakor（1987）考虑了道德风险、私人信息和抵押的关系，认为所有的借款人都会最大限度地使用抵押。Barro R.（1976）将抵质押制度作为一种信贷合约实施的保证机制，认为抵押品合约会给借款者提供激励使其努力工作，以降低违约发生的概率。Lung（1962）对抵押品价值与违约风险之间的关系进行了研究，认为抵押品的价值与违约概率负相关，贷款利率与违约概率正相关。Morton（1975）通过用判别函数对美国住房抵押贷款的影响因素进行研究，抵押是影响住房抵押贷款违约的重要因素。Clauretie（1990）对抵押品价值与违约概率、违约损失率之间的关系进行研究，发现抵押品价值与个人住房抵押贷款的违约概率、违约损失率呈正相关关系。Lawrence（1995）通过对借款人的信用状况、年龄、贷款期限、抵押品价值等影响个人住房抵押贷款的因素进行考察，发现抵押品价值是影响违约风险的重要因素。Booth（2006）研究认为，抵押品对信贷资产的资本金要求有直接的影响。王大伟（2010）研究认为，抵押品到期价值对抵押技术发挥风险缓释作用十分重要。抵押物评估到抵押物处置的时间间隔，抵押品价值可能会由于市场因素的作用发生价值缩水的现象。抵押品价值的缩水会影响抵押贷款的违约概率和违约损失率。梁子骁（2011）建立加入抵押因素后的违约损失率模型，在此模型的基础上计算风险价值度 VAR 值，结果表明，抵押品的违约损失率对风险价值度 VAR 影响显著。

上述文献都肯定了抵押品在发挥抵押的风险缓释作用方面有重要作用。但有学者认为，抵押的风险缓释功能在实际中效果受到一定的约束。Gorton 和 Kahn（1993）在风险中性的前提下建立了两期模型，认为如果企业没有谈判的机会，在第一期期末可能选择高风险投资，这会导致押品担保无效率。杨胜刚、胡海波（2006）认为，中小企业不提供反担保或反担保金额不足时，担保机构为贷款提供较高比例的担保会加剧逆向选择和道德风险问题。信用担保机制等措施并未从根本解决中小企业押品不足的问题，同时可能因为新的信息不对称带来更大的信用风险及融资成本，抵质押不足的中小企业信贷往往陷入了"违约、不贷款"的囚徒困境，直接造成并加重了中小企业融资约束问题（范香梅，张晓云，2013）。

（二）使用声誉机制

19 世纪 80 年代，Michael A.、Sunghwan K.、Fishman A. 等经济学家开始意识到长期合作的影响，将动态博弈引入委托—代理、劳动力市场及信用缺失治理等相关研究之中，论证了在多次重复博弈关系情况下声誉作为隐性激励机制能够发挥激励作用，可以成为显性合约的替代品。Reka（2005）的研究表明，声誉能在借贷双方之间建立一种信任关系，可以弥补抵押物缺乏的不足，且对逆向选择和道德风险具有抑制作用。Kreps 和 Wilson（1982）等提出的 KMRW 声誉模型，解释了静态博弈中难以解释的"囚徒困境"问题。仇冬芳（2008）认为，声誉机制是一种内生化的信用担保机制，通过开发中小企业长期价值作为增信方式。孙回回

（2010）认为，在信贷市场上声誉可以在一定程度上降低信息不对称带来的交易成本和信贷风险，克服抵押物缺乏带来的赖账风险。声誉机制的作用在理论界得到普遍认可，但是，其有效性受到一定的环境要素的约束，因此，在实践中的运用并不充分。

（三）利用信用衍生品和资产证券化

信用衍生工具是 21 世纪西方金融市场最为抢眼的金融创新。信用衍生工具的风险缓释作用的研究也因此引起学者关注。Elijah 等（2000）研究发现，利率衍生工具能够扩大银行 C&I 的贷款规模，C&I 的贷款规模也会影响利率衍生工具的规模，贷款规模和资本比例正相关，与总资产的规模负相关。Lamb（2006）通过实证分析证明信用衍生品对缓释交易对手的风险具有显著的作用。Wagner 和 Marsh（2006）研究认为，信用违约互换能够降低贷款的风险溢价，发挥对风险的缓释作用。赵俊强、韩琳、李湛（2007）研究认为，商业银行的信用衍生工具对整体风险水平的影响是通过对贷款规模的影响在分散风险和追求收益之间进行平衡，但对银行的整体风险水平并没有显著的影响。徐晓青（2008）通过建立多元回归线性模型研究信用衍生工具对商业银行经营绩效的影响，即信用衍生工具对商业银行的经营有正负两方面的影响。张学陶、胡薇（2012）研究认为，商业银行使用信用衍生工具作为风险资产的信用风险缓释技术，信用衍生工具对商业的风险缓释作用在于贷款规模的增加。张波（2011）认为，信用衍生工具能够通过对金融市场风险的分摊来消除危机，因此，信用衍生工具能够作为商业银行转移风险的有效工具。在我国的金融市场中，商业银行占据着重要的地位，利用信用衍生工具来化解和分散信用风险对于我国金融体系的安全具有重大的意义。张强（2011）等认为，信用衍生工具能够将更多的信贷资产的风险剥离，如贷款、短期融资票据和中期票据，并转移给愿意承担风险的投资者，从根本上改变了商业银行管理信用风险的传统思路，完善风险分摊机制，充分发挥信用衍生工具的风险缓释功能。涂永红（2011）等认为，信用风险缓释工具（CRM）是中国金融体系通过金融创新、以市场手段管理信用风险的重要里程碑，与欧美国家的同类产品衍生工具相比，风险缓释工具（CRM）有其独特性，在发挥信用风险缓释中起到积极的作用。但 Vause（2010）分析表明，信用违约互换（CDS）实际交易量还是呈现了逐年增加的态势，显示了强大的市场生命力。陈成旭（2013）认为，中国信用风险缓释工具（CRM）存在的问题是中国风险缓释工具（CRM）市场参与者类型单一化，多头监管模式容易导致监管真空和监管套利以及有关信用风险缓释工具的法律体系不够完备。冯丹（2010）从法律概念、监管安排、信用环境和做市商机制等方面探讨了风险缓释工具（CRM）存在的缺陷。

闫果堂（2012）认为，我国信用债券和信用衍生产品市场起步较晚，与信用风险相关的基础数据累积时间较短，信息涵盖面较窄，使信用违约互换（CDS）定价模型的应用受到较大限制。中国银行间市场交易商协会（2013）指出，制约风险缓释工具（CRM）市场发展的因素包括参与主体类型单一、信用风险缓释功能未能发挥、市场外部环境不够完善以及定价基础薄弱。信用风险缓释工具（CRM）基本沿袭国际通行的信用违约互换（CDS）产品结构，但对于标的债物条款做了一项改造：在国际通行的信用违约互换（CDS）中，信用保护的范围涵盖一整类债务，而中国信用风险缓释工具（CRM）仅保护具体指定的债务。张海云（2014）提出，这项被誉为创新的产品改造使信用风险缓释工具（CRM）无法有效对冲银行贷款的信用风险。认为该项产品改造导致信用风险缓释工具（CRM）的风险缓释和资本缓释两项核心功能同时失效，因而可能是信用风险缓释工具（CRM）市场发展的真正瓶颈，是信用风险缓释工具（CRM）市场持续清淡的主因。

（四）多制度配合

信息经济学认为，信用风险产生的根源是信息不对称的存在，任何制度都有其局限性或缺陷，单一制度难以从根本上改变信息不完全状况，因此，需要多制度协调运作。卢曼（Luhmann，1979）将信任的建立分为两类：一类是靠以制度约束为基础、超越私人关系的法律、社会规范来维系的制度信任（Institutional Trust），另一类是靠血缘、姻缘、地缘或其他私人方式来维系的人际信任（Interpersonal Trust）。刘惠萍等（2005）认为，在市场不完备条件下需要建立声誉机制和显性机制相结合的激励机制。胡平波（2013）认为，解决农民合作意愿程度为单边非对称信息条件下农民专业合作社中农民机会主义问题，关键在于发挥合作社正式制度和声誉制度的协同治理作用。刘志英（2008）在研究小额信贷信用风险控制问题时提出信用工程使农村信任结构从人际信任转向制度信任，契合了农村社会经济结构变迁。信用社内控机制中的激励相容条件有效降低了信贷员的道德风险，而信贷额度控制和联保贷款控制从技术层面上减少了信息不对称和逆向选择行为。龙海明等（2015）建立博弈模型分析抵质押制度与声誉机制共同激励下中小企业的行为选择，研究发现共同激励可以有效扩大财务公司的安全授信边界，既能确保财务公司控制中小企业信用风险，又能增加中小企业的授信额度。

二、信用风险控制在实践中的运作

随着资本主义生产方式的发展，金融市场逐渐完善、金融产品的不断丰富，西方经济学的贷款风险管理理论先后经历了商业贷款理论、期限结构理论、预期收入理论、可转换理论以指导实践领域中商业银行风险控制。一是商业贷款理论。18世纪英国经济学家亚当·斯密（1776）在《国富论》中提出，商业银行业务应集中于短期自动清偿性贷款，即基于商业行为的自动清偿性贷款，认为这种贷款一定要以真实交易作基础，要用真实商业票据作抵押，以规避风险。二是期限结构理论。美国经济学家欧文·费雪（Irving Fisher, 1896）提出，纯粹预期假设——期限结构理论，认为银行应投资短期资产以规避信用风险。J. R. 希克斯（J. R. Hick, 1939）和 J. M. 卡尔博特林（J. M. Culbertson；1957）对纯粹预期理论进行了修正，提出流动性偏好假设，指出银行应持有高流动性资产。三是可转换理论。美国经济学家莫尔顿（1918）在《商业银行及资本形成》一书中提出银行规避风险是持有流动性资产，而保持流动性的最好办法是持有可转换资产，这类资产一般具有信誉好、期限短、容易出售的特点，从而保障了银行在需要流动性时能迅速转化为现金。四是预期收入理论。美国经济学家普鲁克诺（1949）在《定期存款及银行流动性理论》一书中提出银行资产风险取决于借款人的预期收入，而不是贷款期限的长短。强调的是贷款偿还与借款人未来预期收入之间的关系。随着资本市场的发展，金融创新浪潮出现，理论界关于贷款风险管理的视角也不再局限在资产管理方面。美国经济学家贝克（1997）提出资产负债风险管理理论，强调对资产业务风险、负债业务风险的综合协调管理，以规避银行经营风险。

从1988年旧巴塞尔资本协议到协议征求意见，乃至后来的新资本协议，信用风险缓释技术都占有相当重要的地位。长期以来巴塞尔委员会注重吸收信用风险管理理论研究和业务实践的成果，发布一系列文件强调信用风险缓释。1988年7月出台的《统一资本计量与资本标准的国际协议》承认抵押担保对降低信用风险的重要性；1999年1月出台的《银行与高杠杆机构交易的文件做法》指出抵押担保能够缓释信用风险，同时也会带来其他风险，银行应谨慎对待；1999年6月出台的《新资本协议征求意见稿》（第一稿）明确界定信用风险缓释技术的范围；2000年2月出台的《信用风险披露的最佳做法》要求银行披露信用风险缓释技术效果的信息；2000年9月出台的《信用风险管理原则》要求银行强化对抵押担保贷款的审查，同时制定相关制度，保障银行的贷款回收；2001年1月出台的《新资本协议征求意见稿》（第二稿）引入了信用风险缓释技术体系，允许银行在测算违约率时将抵押考虑在内；2003年4月出台的《新资本协议征求意见稿》（第三稿）详细界定了风险量化尺度的风险缓释技术，银行可以在使用内部评级法中将保证和信用衍生工具作为计量因子来测算违约概率和违约损失率；2004年6月出台的《资本计量和资本标准的国际协议：修订框架》从押品、担保人的认定，对资本要求的影响、风险权重的设定、法律确定性以及信息披露等方面，完善了信用风险缓释技术框架；因为次债危机的影响，新资本协议特别强调对系统性风险抗压；2009 年 5 月出台的《新资本协议框架完善建议》要求考虑信用风险缓释的顺经济周期性，风险缓释技术的有效性是否能接受系统性检验；《稳健的压力测试实践和监管原则》指出，在评估借款人与信用风险缓释工具之间的相关性时，应充分考虑系统性风险因子的影响。为确保监管资本计量的审慎性，中国银行业监督管理委员会（2008）出台了《商业银行信用风险缓释监管资本计量指引》，对合格信用风险缓释工具的范围、认定标准、内部管理要求进行了规范。

商业银行控制信用风险的措施主要有建设包含贷前授信和调查制度，贷中信用等级评定、信用额度和保障措施确定制度，贷后跟踪调查管理制度等信用风险管理制度；建立包括客户经理制、信用部、贷款复核部、审计部和审贷委员会等的风险控制链。

第四节　林权抵押贷款信用风险控制的研究

随着 2003 年福建、江西等省率先启动新一轮集体林产权制度改革试点与 2008 年新一轮集体林产权制度改革开展，林权抵押贷款诞生并在全国推广。然而林权抵押贷款发展不平衡不充分问题突出。信用风险控制问题已然成为林权抵押贷款中亟待解决的核心难点问题。为此，我国学者在林权抵押贷款信用风险控制领域展开积极的研究。

一、研究理论基础

（一）以信息不对称理论为理论依据的研究

我国学者在信息经济学理论（Stiglitz, Joseph, Andrew Weiss, 1981）框架内对林权抵押贷款信用风险问题展开了较为深入的研究，取得了丰硕的成果。研究认为金融机构与林业经营者之间存在着严重的"信息不对称"（陈玲芳、金德凌，2005）。金融机构人员对林业知识相对缺乏、对林业贷款业务不熟悉以及农户的信用体系建设不够完善等因素导致涉林金融机构面临因信息劣势导致的逆向选择和道德风险（廖文梅等，2011）。林业政策不完善可能影响抵押林木资产安全性与流动性，加剧了银行与借款人间信息不对称，继而引发借款人理性违约、被迫违约和故意违约（张兰花，2012）。应完善林权抵押贷款风险管理机制，减少信息不对称，加强林权担保效力（姜林等，2010；张弘昊等，2015）。由于村集体成员对本村林农抵押资产和农户信誉等认识比较准确，设立由村集体成员组成的资产评估小组能极大地降低银行对接农户的信息获取成本，解决银行与林农之间信息不对称问题（金婷等，2018）。只有建立在政府和其他机构提供相应政策保障的基础之上，森林资源才能发挥改善林农的信息传递机制和信誉的功能（金银亮，2017）。

（二）以相关法律法规作为理论依据的研究

相当多学者关注到林权抵押贷款过程中存在的一系列法律问题制约着林权抵押贷款的有序运行，主要依据《中华人民共和国担保法》《中华人民共和国物权法》《中华人民共和国民法通则》等法律法规分析林权抵押贷款中面临的法理问题及其对林权抵押贷款信用风险的影响，并提出相关政策建议。虽然林权抵押贷款已有《中华人民共和国物权法》《中华人民共和国担保法》《中华人民共和国农村土地承包法》《森林法实施条例》和《森林资源资产抵押登记办法》等法律依据。但是，林权为标的物的抵押权设定的法律依据不充分（夏云娇、赵国威，2009）。有关森林资源的立法简单地将林地使用权等同于承包经营权，而现行法律又禁止以家庭形式承包的土地承包经营权进行抵押（周伯煌、蔡斌，2010）。抵押权人缺乏对林权必要的处分权，此外，林权登记程序尚不满足最低限度的程序安全的要求（林苇等，2008）。因此，林权还不能被称为法律意义上的债权担保（高萍等，2014）。林权及林权抵押应有法律上的"名分"；林木所有权应与林地使用权一并抵押；"林随地走"的原则有利于林权交易的动态安全和静态安全（孔祥毅等，2010）。

二、实证研究方法

（一）案例分析方法

从2004年末福建省三明永安市开始，林权抵押贷款从南方集体林到北方国有林在全国各地展开。基于林权抵押贷款数据获取的困难及各地林权抵押贷款丰富的实践经验的考量，许多学者对福建等省份的重点林区展开调查，采用案例分析方法研究林权抵押贷款风险因素与控制措施。从江西省林业产权制度改革的七个试点县之一的黎川县来看，林权抵押登记虚设，林业部门的现实困境与林业生态工程的政策性强等因素，都是导致金融债权维护难的主要原因（纪文、任智勇，2005）。从云南省林权抵押贷款的实际情况来看，市场价格波动大、自然灾害、投资失败和产权纠纷、盗伐及其他因素是形成不良林权抵押贷款主要原因

（倪剑，2014）。从辽宁省抚顺市林权抵押贷款运行情况来看，森林保险不普及与部分担保公司实力不足导致林权抵押贷款风险补偿机制缺失，森林资源资产交易市场交易主体数量有限、市场流动性偏低等因素制约了金融机构债权的执行（于丽红等，2012）。辽宁省林权交易流转平台建设尚不完善，抵押标的物还不能在市场上自由地交易和转让（赵赫程，2015）。浙江省丽水、安吉、江山、浦江等地的民意调查显示林权流转市场不健全，林权处置困难（刘雨青等，2014）。中国人民银行内江市中心支行课题组（2016）以四川省威远县的"两权"抵押贷款案例、金婷等（2018）通过对全国第一个村级林权抵押贷款担保合作社——浙江省花桥村村级惠农担保合作社的典型案例调查、洪燕真等（2018）以福建省三明市"福林贷"产品为例、罗会潭（2016）以江西崇义县林权抵押贷款基本做法为例，介绍典型案例的主要做法、成功经验并从中探究林权抵押贷款风险控制措施，提出加强农村信用体系与信用担保制度建设、健全林权抵押贷款风险分担与防控机制等政策建议。

（二）计量模型分析法

许多学者采用农户问卷调查数据建立模型，在对林权抵押贷款供求影响因素进行讨论中间接说明的林权抵押贷款信用风险的因素，并进一步提出相关政策建议。例如，高露等（2012）基于安徽省黄山区和浙江省遂昌县87份农户调查问卷数据，采用二元 Logistic 方法中以 Wald 为标准的向后筛选法（Backward Wald）处理数据；肖轶（2012）以重庆市22个县（区）1141户参与农村"三权"抵押贷款意愿调查的农户问卷为样本数据、许宇鹏等（2011）基于南方集体林区5省1496户样本农户数据、林洁等（2017）基于福建省7县（市）350户农户的调研数据、叶宝治等（2017）采用浙江省175份农户问卷调查数据，建立 Logistic 模型；汪海洋等（2014）运用全国30个省份2005~2012年的面板数据，进行回归模型分析。研究表明：信息共享、社会资本、林地适度流转、简化林权抵押贷款手续、林木资产评估准确、林权交易效率等因素对林权抵押贷款有显著的影响。张兰花（2010）则采用198份对农村信用社信贷员的调查问卷数据，利用序数回归法，筛选出林权抵押贷款信用风险因子，并依此建立林权抵押贷款信用综合评价模型。

三、关于林权抵押贷款风险控制措施的研究

林权在林权抵押贷款中充当还款保证，在借款人违约时，可以变现以降低贷款人的损失（张兰花，2010）。可在现实中，因为林权自然属性、政策等因素制

约抵押林权面临估值风险、保存风险、处置风险（陆燕元等，2014；贺东航等，2015；吕洁华等，2015；谢向黎等，2014），林权的担保力受到广泛质疑。因此，如何克服以上风险，提高林权的担保力成为研究重点。当前研究结论，主要集中在健全林权管理服务体系、建立多元化的风险化解体系与规范金融机构信贷行为三个层面。

（一）健全林权管理服务体系

政府相关部门是规制主体，既是促进金融主体和获贷主体共生互动的"主裁判"，也是通过制定各项政策约束和扶持各大主体的"协调员"（赵赫程，2015），在农村产权资产价值评估、收储管理与交易变现体系监管中有着重要作用，但相关政府往往在这些关键领域"失效"（李松，2014）。因此，要打破林权抵押贷款困境，政府在法律上应当放宽限制，要大力发展政策性森林保险、适度放宽林木采伐管制、完善林权评估体系、完善林权交易市场（李或挥，2010；张冬梅，2010；陆燕元等，2014）。同时，利用市场运行机制调节农村产权抵押融资过程中产权资产价值评估难、收处变现难等问题（丁忠民等，2016）。进一步突出林权抵押贷款风险管理在政策制定中的重要性（李春波，2015）。

（二）建立多元化的风险化解体系

多元化的风险化解体系对降低林业信贷风险具有不可或缺的重要作用（于丽红，2012）。要建立包括规避风险、减少风险和转移风险在内的林权抵押贷款借款人风险防范体系（李春波、钟美，2015）。要打破林权抵押贷款困境就得大力发展政策性森林保险（李或挥等，2010）。此外，成立村级担保合作社，评估成员林木资产价值，合作社风险金对违约林权抵押借款进行偿付并处置相应的林地抵押资产，可以极大地降低林权抵押借款中估值风险、信息不对称风险等（洪燕真等，2018）。贷款证券化也是分散林权抵押贷款风险的一种思路（刘圻等，2013）。

中国银监会、国家林业局在《林权抵押贷的实施意见》（银监发〔2013〕32号）中指出，各级林业主管部门应完善配套服务体系，福建省《关于进一步深化集体林权制度改革的若干意见》（闽政〔2013〕32号）指出，可由市、县（区）林业投资公司成立林木收储中心。福建三明永安、南平邵武等地纷纷成立林业收储中心。由此，部分学者开始关注林权收储的担保效用。林权收储通过管控抵押林木的评估风险、监管风险、处置风险、自然风险等措施与规范出险林木资产处置方式保障了抵押权人的利益（董加云等，2017）。但是，林业收储存在过于依赖财政拨款、规模较小与缺乏合理的保值增值机制等局限性，无法从根本上化解林权抵押贷款中尚存在的抵押林权的安全性、流动性等风险（张兰花等，2016）。

（三）规范金融机构信贷行为

林权抵押贷款流程的风险控制可以降低林权抵押贷款风险（姜林等，2010）。林权抵押贷款的全流程管理模式能较好地克服林权抵押贷款中存在的信息不对称风险。"银政合作"的评估机制、"银政保"合作的森林保险模式和"银政合作"的反担保机制等信用风险管理机制可以较为有效地转移风险，降低金融机构林权抵押贷款信用风险发生的概率与损失率。但是，林权抵押贷款中仍存在贷款审查流于形式、信用评级粗放与贷款合约设计苛刻等问题（张兰花，2016）。因此，要优化制度设计和金融创新，建立审慎有效的信用风险管理程序（倪剑，2014）。

第五节　研究评述

一、文献分析的主要结论

（一）从研究采用的理论基础来看

马克思主义和西方经济学信用理论都构筑了庞大而系统的理论体系，在理论基础、研究内容、研究角度、研究方法和研究结论等方面都存在重大不同，但在关注焦点、信用形式和信用作用上存在许多相通和互补之处。对两者加以比较辨析，有助于以马克思主义经济学信用理论为指导，同时借鉴西方经济学信用理论中合理的分析方法和研究成果，解释现实中的新问题，构建符合时代特征的马克思主义信用理论（吴建树等，2013）。当前研究在西方经济学理论框架内取得了较为丰硕的成果，尚未见到采用马克思主义的信用理论对林权抵押贷款风险进行解释与应用的研究。马克思信用理论对商品经济中的信用问题具有普遍指导性。林权抵押贷款是社会主义市场的经济产物，反映的是一种商品经济关系，借款人、贷款人以及其他相关利益主体在借贷资金让渡过程中形成的相互的关系。其信用风险控制制度方面的研究缺乏马克思政治经济学理论指导是一大缺憾。

（二）从实证研究来看

由于受数据、环境等制约，目前大量贷款信用风险的研究主要是针对上市公司、中小企业、消费者与一般农户展开的。适应中国林业特质的贷款信用风险识别与控制研究亟待深入与系统化。因为林权抵押贷款发展历程尚短，数据获取有极大的局限性。当前研究多是采用问卷调查方法获取相关数据建立模型与开展案例分析。问卷答案取决于受访者的主观判断。这种判断是建立在调查对象工作经验心得体会基础上的，有一定的客观性。但答案会受到受访者价值取向影响，并且相当多问题答案选项是序数虚拟变量，受访者自身都会觉得不好确定选项。因此，依据此类数据建模得出的结论的科学有效性有一定欠缺。此外，大多案例分析法多是简单的现象罗列、归纳总结，没有遵循理论构建与理论（假说）检验的实证研究的思路展开，缺乏相对完整的理论框架，选取案例的逻辑与效度的理论依据明显不足。

（三）从研究内容来看

关于林权抵押贷款信用风险的研究只是初探性研究，大多停留在个案总结或零星研究状态，成果多见于林权抵押贷款相关问题研究中，作为研究结论出现。尚未见对林权抵押贷款风险识别与控制进行专门深入的研究。

二、对进一步研究的启示

综上，本书利用国内外学术研究成果，系统且深入地研究林权抵押贷款信用风险识别与控制，清晰且准确地认识林权抵押贷款信用风险本质特征，准确评估林权抵押贷款信用风险，力图得出更具说服力和操作性的林权抵押贷款信用控制对策，努力在以下六个方面实现对当前研究的突破：

（1）构建林权抵押贷款信用风险识别与控制研究框架，明确研究视角，使研究能够反映林业特质，实现林业产业与金融结合；做到研究始于微观，注重中观层面因素。

（2）剖析林权抵押贷款信用风险形成的金融机理，为林权抵押贷款信用风险识别与控制路径的科学合理性提供理论依据。

（3）明确林权抵押贷款信用风险因素。信用风险形成原因来自宏观经济、行业、借款人、抵押等多方面因素，信用风险控制的措施与手段也可以涵盖以上各因素，需确定研究视角，以使研究更具针对性与科学性，挖掘林权抵押贷款信用风险可能的影响因素并对其进行理论解释。

（4）建立林权抵押贷款信用风险评价指标体系。林权抵押贷款信用风险可能的影响因素繁杂，且对林权抵押贷款信用风险影响的显著程度不同，需明确对林权抵押贷款信用风险有显著性影响的因素，建立林权抵押贷款信用风险评价指标体系，为建立林权抵押贷款信用风险评估模型构建提供依据。

（5）构建林权抵押贷款信用风险评估模型，以明确林权抵押贷款信用风险水平以及各风险因素对林权抵押贷款信用风险影响程度。

（6）林权抵押贷款信用风险控制体系构建。抓住林权抵押贷款信用风险本质特征，构建一个目标合理、主体明确、重点突出、可行性强、科学有效的风险控制体系。

为了实现以上研究目标，本书按照"收集资料→提出问题→系统分析→理论和模型构建→验证分析→理论应用和对策建议"的基本逻辑展开研究，在识别林权抵押贷款信用风险的基础上，构建林权抵押贷款信用控制体系，具体逻辑思路如下：

（1）阐述研究背景、梳理国内外信用风险研究成果，明确研究目的意义，形成对研究问题的初步判断，明确自己的研究思路，确定研究方法，形成研究方案总体设计。

（2）林权抵押贷款信用风险形成机理分析。分析林权抵押贷款信用风险形成机理，揭示林木资产作为抵押物的经济价值，为从林木资产视角研究林权抵押贷款信用风险识别与控制的合理性提供理论依据。

（3）林权抵押贷款信用风险可能的影响因素。围绕抵押林权的安全性、盈利性、流动性风险，挖掘林权抵押贷款信用风险可能的影响因素并对其进行理论解释。

（4）林权抵押贷款信用风险评估指标筛选。林权抵押贷款信用风险可能的影响因素繁杂，但这些因素对林权抵押贷款影响的显著程度不同，通过对林权抵押贷款信用风险评估指标筛选，找出对林权抵押贷款信用风险有显著性影响的因素，分别从林木资产安全性、盈利性、流动性等不同视角定量研究这些因素对林权抵押贷款信用风险的影响程度，以此为基础，确定林权抵押贷款综合评价模型的指标体系。

（5）建立林权抵押贷款信用风险评估模型。从当前信用风险评估模型中获得启示，建立林权抵押贷款信用风险评估模型。

（6）明确林权抵押贷款信用风险控制主体。对政府参与林权抵押贷款信用风险控制必要性进行阐释，进而提出政府在林权抵押贷款信用风险控制中的目标选择。

（7）林权抵押贷款信用风险控制体系构建。在前面理论与实证分析的基础上，基于发挥政府信用的视角，以控制抵押林权风险为目标，从控制抵押林权价值公允性、安全性、变现性三个层面风险，构建涵盖培育集体森林资源资产评估主体、完善林权登记管理制度、构建政策性森林保险制度、实施"政府信用+林权"林业收储模式等四个模块的林权抵押贷款信用风险控制体系。

本书的研究技术路线如图 2-1 所示。

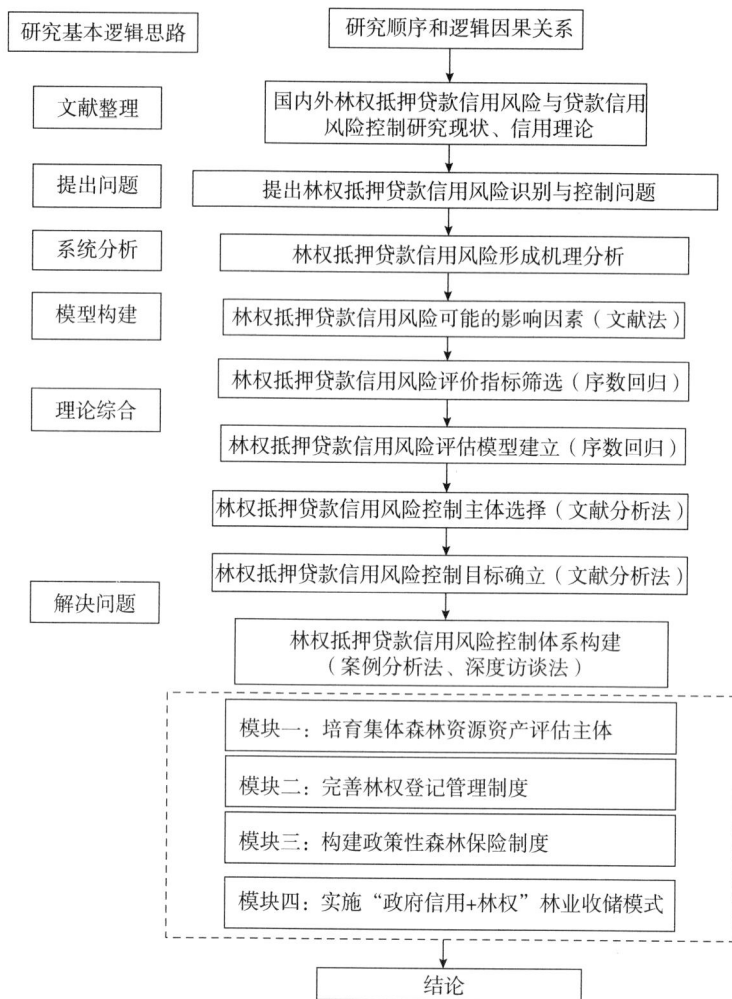

图 2-1　研究技术路线

第三章 林权抵押贷款信用风险形成机理分析

本章力图揭示林权抵押贷款信用风险具体表现及其形成机理，据此建立研究的理论框架，明确研究视角。

第一节 林权在抵押贷款中的作用

一、林权为抵押贷款违约补偿提供了物质基础

林权在林权抵押贷款中发挥贷款违约补偿功能。马克思通过对商业信用的考察科学地论证了抵押贷款补偿功能。马克思认为担保为贷款提供了物质基础，"商业信用的界限就其自身来考察：一是产业资本家和商人的财富，即在回流延迟时他们所能支配的准备资本；二是这种回流本身。"这里的"产业资本家和商人的财富"正是产业资本家和商人向借贷资本家做出的隐性或现实承诺的物质基础，实际上就是一种担保。森林资源资产具有较高的投资回报率并且其价值逐年增加。以林木资产为例，其处置是按林木的出材量计算销售值，出材量每年都在增加。森林资源资产具备了作为抵押品的保值增值基本特征。实际变现值高出银行的贷款额度较多，为抵押承诺提供了物质保证。

抵押林权的贷款补偿功能是通过借贷双方间的法律契约形式来维护的。马克思在《资本论》（第三卷）指出，贷出货币的回流"表现为买者和卖者之间的一种特有的法律契约的结果"，"对生息资本来说，它作为资本的回流，好像只取决于贷出者和借入者之间的协议。"按照借贷双方间的协议，森林资源资产的抵押权一经设定，具有对抗性和排他支配性，即独立于森林资源资产的经营权等其他权利，并以之对抗所有权人。当贷款到期时，如果借款人违约，抵押权人处分林权无须借助他人的意思或行为，就可以按照法律契约变现抵押林权而得到补偿。

二、林权可以防范借款人的道德风险

马克思在《资本论》(第一卷) 中在论述道德的本质时指出道德属于社会意识形态范畴，"道德的本质是现实社会人们之间利益关系在意识形态上的总结"。道德建立在经济基础之上并为之服务。《马克思恩格斯选集》(第二卷) 指出，"人们在自己生活的社会生产中发生一定的、必然的、不以他们的意志为转移的关系，即同他们的物质生产力的一定发展阶段相适合的生产关系。这些生产关系的总和构成社会的经济结构，即有法律的和政治的上层建筑竖立其上并有一定的社会意识形态与之相适应的现实基础。物质生活的生产方式制约着整个社会生活、政治生活和精神生活的过程。"可见，经济生活中的物质利益关系决定着道德关系，道德产生于交往的需要。在信用的下面隐藏着的不信任和完全的异化即可认为是道德风险。而林权抵押则有助于化解这种道德风险。森林资源资产作为抵押物，具有成为合格抵押物的经济特征，可以发挥事后监控机能，从而降低道德风险的发生。

现代经济学和金融学在不对称信息理论框架内的担保理论认为抵押在解决信贷市场上的道德风险问题中发挥了监督、激励作用。Smith 和 Wamer (1979) 认为，在道德风险模型中加入抵押担保要求，可以发挥监督借款人的作用，可以阻止借款人"将项目贷款挪作他用"或"消耗用作抵押担保的资产"。Watson (1984)，Clemenz (1986) 认为，抵押担保对借款人的激励监督作用，体现在其对借款人、对项目投入的努力程度的增加上。Chan 和 Kanatas (1985)、Chan 和 Thakor (1987)、Bester (1987)、Besanko 和 Thakor (1987) 的研究表明，借款人提供抵押可以减少借款人的逆选择行为，高风险借款人应接受高价格贷款，不提供担保；而低风险借款人应提供担保，同时接受低价格贷款；美国经济学家 Yuk-Shee Chan 和 Anjan V. Thakor (1990) 研究了在不对称信息条件下担保的信号传递功能，认为在理性预期信号传递环境中，担保可以充当一种附加的、间接的信号源，当借贷双方拥有不同信息时，担保可以提高贷款者对其预期收益的评估能力，即借款者对担保品的选择向贷款者传递了一个关于借款者信息的信号。Boot、Thakor 和 Udell (1991) 更深入地考察了抵押担保的这种激励效应与借款人风险之间的关系以及该效应对借款合约类型与项目质量关系的影响。Boot 等用努力函数将抵押担保的激励作用同利率激励作用的结果进行比较，说明了抵押担保可以解决信贷市场上的部分道德风险问题。Coco (2000) 从这个角度上继续了 Boot 等的研究，分析了努力函数对借款人风险的边际效应，完整地阐述了抵押担保的激励机制，认为抵押担保对借款人的激励机制通过努力函数的边际效应得到完全体现。Boot 和 Thakor (1994) 将道德风险模型拓展到多期，在这种情况下，如果在第一期借款人没有出现违约，则银行可以在以后的期间为借款人设计（低利率，低抵押）的信贷合约，减少作为激励监督工具的抵押担保的数量，既解决了道德风险问题，又降低了信贷成本。可见，抵押担保对信用风险的缓释作用得到了肯定，通过分析逆向选择和道德风险产生的根源和抵押担保在信贷合约中的作用的理论研究成果，都可以得出抵押担保可以有效缓解道德风险的结论。

三、林权抵押贷款违约期权模型

（一）研究假设

依据以上担保在抵押贷款中的作用的理论研究成果，本书提出研究假设：林权抵押具有很强的事后监控机能，可以降低信息不对称、逆向选择及道德风险的发生概率，尤其是对抵押品的留置权在一定程度上控制了借款者的违约风险。

（二）期权理论简介

美国经济学家巴罗（Robort J. B.，1976）把担保和利率联系起来，提出了关于信贷融资担保的交易成本理论。巴罗的理论模型指出，担保是执行贷款制约的一个机制，其关键性假定是担保品的价值相对于贷款者而言要比借款者低，这种价值的差异反映了担保的市场成本，或者执行把违约借款者的财产权转移给贷款者的相关成本。

抵押贷款违约风险的期权理论认为，每个借款人都是理性的，理性人追求的是在一定约束条件下的个人效用的最大化。因此，借款人是否违约取决于当时特定的经济条件，如果借款人认为违约对自己是有利的，那么借款人就会违约，如果不利，那么会继续履行还款义务。依照期权理论，借款人取得贷款，实质上是把抵押物卖给贷款人，以换取一个看跌期权，期权收入到的权利就是赋予借款人是否偿还抵押贷款的权利。当期权价值大于零时，借款人就会执行期权，也就是违约以获得经济利益；反之，借款人就不会执行期权。在这种理论下，违约被看作一个纯粹的金融问题，借款人特征如收入和职业状况对抵押贷款是否违约无关紧要。在理想状况下，只要抵押资产的价值加上行使该期权的所有成本低于抵押物的价值，借款人就会行使这个期权从而违约。

抵押贷款违约风险的期权理论在发展过程中形成了两种不同的假说，权益假说和还款能力假说。权益假说是指在完美的资本市场上，也就是不考虑各种交易费用，经济人可以以现有利率借入任意资金或者卖出资产而不用支出交易费用。在这个假设下，借款人通过比较其在抵押资产中的权益和抵押贷款债务额的大小衡量自己违约的收益，如果收益大于零，借款人就会选择违约。Waller（1988）

的研究发现，抵押资产权益是决定违约与否的决定性因素，这与理性违约理论中认为的违约与借款人个人特征无关的理论相吻合。后来的 Foster 和 order（1984，1985）的研究也再次证明了住房权益因素对违约风险的重要影响。

（三）林权抵押贷款违约的期权模型构建

抵押权的设立就是为了抵押权人通过支配抵押物的交换价值达到确保债权清偿的目的。《中华人民共和国担保法》第四十八条规定："抵押人将已出租的财产抵押的，应当书面告知承租人"。第四十九条规定："抵押期间，抵押人转让已办理登记的抵押物的，应当通知抵押权人并告知受让人转让物已经抵押的情况；抵押人未通知抵押权人或者未告知受让人的，转让行为无效。转让抵押物的价款明显低于其价值的，抵押权人可以要求抵押人提供相应的担保；抵押人不提供的，不得转让抵押物。"林权抵押贷款以林农或第三人以自己享有的森林资源资产为抵押标的，当债务人不履行债务时，债权人有权依照法律的规定以抵押物折价或以变卖抵押物的价款优先得到偿还。林权抵押贷款赋予持有人一种可进行采伐林木资源（付铭，2005），到借款人不能清偿债务时，银行将其采伐变现，以实现其价值的货币化，从而保证贷出资金的安全性。图 3-1 表示林权抵押贷款的贷款清偿机制。假设这是一笔林权抵押贷款，OB 表示以贴现方式发放的贷款数量（从技术上来讲，在期权定价公式中，贷款被当作一种期限固定的零息债券）。当借款人贷到资金后，将其投资到各种项目中去。假定贷款到期时，抵押森林资源资产价值为 OC（OC>OB），这时借款人归还银行贷款 OB，无论抵押森林资源资产价值 OC 高出贷款金额 OB 多少，借款人都有按时归还贷款的动机。但是，如果抵押森林资源资产价值低于贷款额 OB（如图中 OA），那么借款人产生违约的动机或把企业的剩余资产转让给银行（破产清偿），从而使银行面临贷款损失的风险。从银行角度来看，当抵押森林资源资产价值大于 OB 时，银行将获得固定的高于贷款本金的收益；也就是说，利息和本金将全额收回。当抵押森林资源资产价值小于 OB 时，银行将面临越来越大的资金损失风险，最极端的例子是本金和利息全部损失（本利和损失量为 OB）。

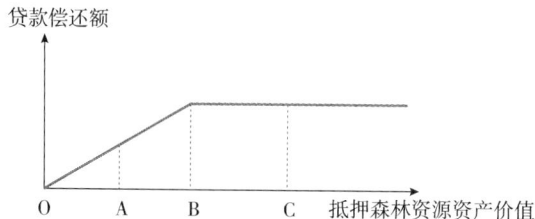

图 3-1　林权抵押贷款偿还机制

（四）结论

以上分析可见，假定林权抵押贷款是借款人的唯一债务，由于借款人的有限责任性质，如果抵押林权资不抵债，必然导致借款人违约收益大于履约收益，借款人就会选择违约。借款人的收益函数与抵押林权价值密切相关，抵押林权价值下降可能会导致林农违约的损失低于履约的收益，从而诱使借款人选择违约。

综上所述，从某种意义上来说林权抵押就是银行信用分析的替代机制，具有很强的事后监控机能，可以降低信息不对称、逆向选择及道德风险的发生概率，尤其是对抵押品的留置权在一定程度上制约了借款者的违约风险，可以最大可能地弥补借款人信用缺失与信用危机给林权抵押贷款带来的阻碍，保证林权抵押贷款交易的安全和贷款金融机构债权的实现。因此，明确林权抵押贷款信用风险识别与控制的研究视角，即识别林权抵押贷款信用应始于对林权风险的识别，而林权抵押贷款信用风险控制应落于林权风险的控制上。

第二节 林权抵押贷款信用风险形成机理

信贷市场是一个以利率为相对价格的跨期交换市场：今天的贷款与未来有利息、补偿的支付承诺相交换（Baltensperger，1989），而未来的支付承诺具有不确定性，有时很可能还是不可置信的（Wijkander，1992）。不确定性在不同程度上影响着林权抵押贷款业务中借贷双方的经济行为。偿还是林权抵押贷款得以维护的最基本条件，信用风险是与借款人违约行为紧密联系的，林权抵押贷款信用风险实际上是一种违约风险。此处违约风险可以使用违约概率与违约损失率衡量。违约类型可归纳分为理性违约和故意违约。分析林权抵押贷款信用风险形成机理，实际上即分析借款人理性违约和故意违约以及违约损失率不确定风险的形成机理。

一、基于抵押林权价值思考的借款人理性违约

抵押林权价值影响了林木资产作为抵押物的可置信威胁与可执行性的程度，直接决定了林权抵押贷款的违约概率与违约损失率，林权抵押贷款的资信来自抵押林权资产未来经济能力的增长。基于金融的视角，林权抵押贷款标的物价值不确定性可以表述为安全性和盈利性的不确定性。安全性指的是林木资产免遭损失的可靠程度，林木蓄积量可以作为林木资产安全性的量化表示。林木蓄积量可以

通过更新投入和生物生长的增值过程而增加，也可能由于树木的大量死亡和立木的采伐而耗尽。盈利性是抵押资产创造收益的能力，在一定条件约束下，实现利润最大化的能力，在一定经营期间财务收支活动的最终成果，集中反映了林木资产经营活动的效益。本书基于博弈理论考察抵押林权价值对借款人还贷决策的影响。

（一）借款人还贷决策博弈模拟

"博弈"译自英文"Game"，其基本意义是游戏。在经济学上是指一些人、队组或其他组织，面对一定的环境条件，在一定的规则下，同时或先后，一次或多次，从各自允许选择的行为或策略中进行选择并加以实施，并从中各自取得相应结果的过程。林权抵押贷款还款决策是个动态博弈过程。据张维迎（2001）所述，经典的不完全信息动态博弈过程有以下：一是选择参与人的类型，参与人自己知道，其他参与人不知道；二是在自然选择之后，参与人开始行动；三是参与人的行动有先有后，后行动者能够观察到先行动者的行动，但不能观察到先行动者的类型；四是由于参与人的行动是类型依存的，每个参与人的行动都传递着有关自己类型的某种信息，后行动者可以通过观察先行动者所选择的行动来推断其类型或修正对其类型的先验概率分布。然后选择自己的最优行动；先行动者预计到自己的行动将被后行动者所利用，就会设法传递对自己最有利的信息。避免传递对自己不利的信息。整个博弈过程不仅是参与人选择行动的过程，而且是参与人不断修正信念的过程。不完全信息动态博弈的基本均衡称为精炼贝叶斯均衡，它要求给定有关其他参与人的类型的信念，参与人的战略在每一个信息集开始的"后续博弈"上构成贝叶斯均衡；并且在所有可能的情况下，参与人使用贝叶斯法则修正有关其他参与人的类型的信念。

（二）林权抵押贷款还款博弈的经济学基础

在市场经济条件下的交易活动中，借款人行为完全处于微观经济活动领域，且其经济活动都摆脱不了人类行为的根本性——利益驱动性和有限理性，这是人性定律。Neils G. Noorderhaven（2002）认为，人生来就是可信的，但同时又有某种机会主义行为倾向。进而认为人性中的内核可分为可信度和机会主义两种倾向，内核的外围是交易环境，它的变化将在不同程度上凸显人性中的两个基本特性中的一个。个体行为的三个假设：利益最大化假设、有限理性假设和机会主义。利益最大化假设是指经济活动当事人在自利的动机驱动下，追求自身利益的最大化。经济活动当事人追求利益最大化，是在有限理性的条件下进行的。美国经济学家赫伯特·西蒙（1955）认为，"理性是指一种行为方式，是指在给定条件和约束限度内达到给定目标的行为方式",由于自身能力的限制和环境的不确定性两方面原因,人的理性是有限的。有限理性使人们不可能完全消除环境的不确定性,也难以获得和处理全部环境信息。因此,利益最大化行为实际上是给定条件下的"利益极大化"行为,这种行为目标常会导致现实经济活动中市场主体的机会主义行为。"机会主义"行为是指经济活动当事人都有借助不正当手段谋取自身利益的倾向,如欺骗、敲诈等。人的"机会主义"行为,要求制度能够对经济活动当事人施以有效的约束;没有约束,他就会"损人利己",以不正当手段追求自身利益的最大化,致使出现失信行为,损害他人利益和社会利益。

(三)博弈基本假设

(1)局中人假设。借款人—银行还贷博弈的局中人集合为(借款人 F,银行 B),他们是博弈的决策主体和策略的制定者,借款人是参与博弈的直接当事人之一,在此把所有的农户都看成是一个博弈的决策主体和策略的制定者,银行是另一个参与博弈的直接当事人。

(2)动态博弈次序假设。借款人—银行还贷博弈为二阶段借款人先行博弈:第一阶段(t_1期),借款人首先选择行动——履约或者违约;第二阶段(t_2期),银行观察到借款人的行动后选择行动——清算或者不清算。

(3)行为策略空间假设。借款人的行动空间为(违约 d,履约 nd),银行的行动空间为(清算 c,不清算 nc)。

(4)完美信息假设。借款人—银行还贷博弈为完美信息博弈,银行和借款人彼此都了解对方的行为策略空间和收益函数,双方都拥有完全信息。博弈双方的行动空间、支付函数均为共同知识,并且银行能观察到先行选择借款人的行动。

(5)收益假设。博弈收益函数为,借款人选择履约,则不进入银行信息集,博弈结束,对应的支付为(F_1,B_1),即借款人所得为 F_1、银行所得为 B_1;借款人选择违约,观察到借款人行动后银行选择清算,博弈结束,对应的支付为(F_{21},B_{21}),即借款人所得为 F_{21}、银行所得为 B_{21};借款人选择违约,观察到借款人行动后银行选择不清算,博弈结束,对应的支付为(F_{22},B_{22}),即借款人所得为 F_{22}、银行所得为 B_{22}。

(四)借款人与银行还贷博弈模型构建

根据前面假设分析,构建借款人—银行动态扩展式博弈树,如图 3-2 所示。

根据博弈树可以确定出博弈参与人的博弈结果,运用逆向归纳法,求解得到借款人—银行博弈的子博弈精炼纳什均衡解。

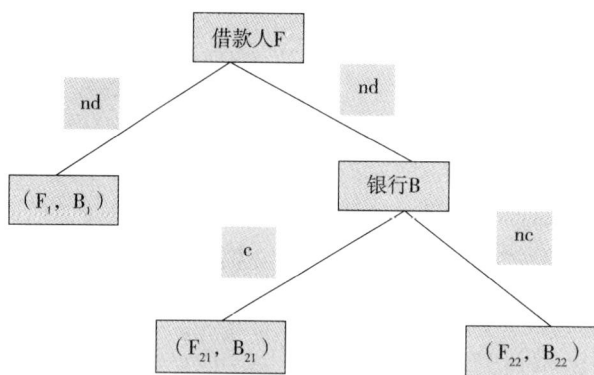

图 3-2 借款人—银行还贷博弈

（1）第一种情况。如果 $F_1 > F_{22}$，而 $B_{22} < B_{21}$，那么子博弈精炼纳什均衡解为（履约，清算），对应的均衡支付为借款人与银行分别得到 F_1、B_1。如果借款人选择违约、银行选择清算，借款人违约收益低于借款人履约的收益，而银行所获超过借款人选择违约、银行选择不清算的收益，那么博弈的均衡解为：借款人选择履约，博弈结束。而清算则是银行在非均衡路径上的选择，如果借款人违约，那么银行的占优选择是清算。如果银行观察到借款人违约后选择清算的收益大于选择不清算，$B_{21} > B_{22}$，那么博弈的第二阶段银行的占优选择是清算。在第一阶段，借款人知道如果自己选择违约，那么银行在第二阶段将选择清算，借款人视履约为占优选择，因为违约收益 F_{21} 小于履约所得 F_1。因此，博弈的均衡结果为：均衡行动组合是（履约，清算），借款人选择履约，博弈结束；均衡支付组合是（F_1，B_1），借款人所得为 F_1，银行所得为 B_1。

（2）第二种情况。如果 $F_{21} > F_1$，且 $B_{21} > B_{22}$，那么子博弈精炼纳什均衡解为（违约，清算），对应的均衡支付组合为（F_{21}，B_{21}），借款人得到 F_{21}，银行得到 B_{21}。如果借款人选择违约、银行选择清算，借款人违约收益高于借款人履约的收益，且银行所获也超过借款人选择违约、银行选择不清算的收益，那么博弈的均衡解为：借款人选择违约，观察到借款人违约后银行选择清算。如果银行观察到借款人违约后选择清算的收益大于选择不清算的收益，$B_{21} > B_{22}$，那么博弈的第二阶段银行的占优选择是清算。在第一阶段，借款人知道如果自己选择违约，那么银行在第二阶段将选择清算，因此借款人视违约为占优选择，因为违约收益几大于履约所得 F_1。因此，博弈的均衡结果为：均衡行动组合是（违约，清算），借款人选择违约；观察到借款人违约后银行选择清算，均衡支付组合是（F_{21}，B_{21}），借款人所得为 F_{21}，银行所得为 B_{21}。

（3）第三种情况。如果 $B_{22}<B_{21}$ 且 $F_{22}<F_1$，则子博弈精炼纳什均衡解为（履约，不清算），对应的均衡支付为借款人与银行分别得到 F_1、B_1。如果借款人选择违约、银行选择清算，借款人违约收益低于借款人履约的收益，且银行所获也低于借款人选择违约、银行选择不清算的收益，那么博弈的均衡解为：借款人选择履约，博弈结束。而不清算则是银行在非均衡路径上的选择，如果借款人违约，那么银行的占优选择是不清算。如果银行观察到借款人违约后选择清算的收益小于选择不清算的收益，$B_{21}<B_{22}$，那么博弈的第二阶段银行的占优选择是不清算。在第一阶段，借款人知道如果自己选择违约，那么银行在第二阶段将选择不清算，借款人视履约为占优选择，因为违约收益 F_{22}，小于履约所得 F_1。因此，博弈的均衡结果为：均衡行动组合是（履约，不清算），借款人选择履约，博弈结束；均衡支付组合是（F_1，B_1），借款人所得为 F_1，银行所得为 B_1。

（4）第四种情况。如果 $F_1<F_{22}$ 而 $B_{22}>B_{21}$，则子博弈精炼纳什均衡解为（违约，不清算）；对应的均衡支付组合为（F_{22}，B_{22}），借款人得到 F_{22}，银行得到 B_{22}。如果借款人选择违约、银行选择清算，借款人违约收益高于借款人履约的收益，而银行所获却低于企业选择违约、银行选择不清算的收益，那么博弈的均衡解为：借款人选择违约，观察到借款人违约后银行选择不清算。如果银行观察到借款人违约后选择清算的收益小于选择不清算 $B_{21}<B_{22}$，那么博弈的第二阶段银行的占优选择是不清算。给定第二阶段银行的占优选择，第一阶段借款人的占优选择为违约，因为违约收益 F_{22}，依然大于履约所得 F_1。因此，博弈的均衡结果为：均衡行动组合是（违约，不清算），借款人选择违约，观察到企业违约后银行选择不清算；均衡支付组合是（F_{22}，B_{22}），借款人得到 F_{22}，银行得到 B_{22}。

（五）结论

根据假定，银行贷款是借款人的唯一债务，由于借款人的有限责任性质，因此，更准确地说是借款人最大支付为抵押森林资源资产，也就是说，借款人如果因资不抵债，无论银行选择清算还是不清算，借款人的损失均不会超过抵押森林资源资产总额，借款人不会出现更大的损失，即 $F_{21}>F_1$、$F_{22}>F_1$。由此，如果抵押森林资产资不抵债，那么必然导致借款人违约收益大于借款人履约收益。根据前面得到的借款人—银行还贷博弈的子博弈精炼均衡解，给定 $F_1<F_{21}$、$F_1<F_{22}$，借款人的占优选择为违约。①给定 $F_1<F_{21}$、$F_1<F_{22}$，如果 $B_{21}>B_{22}$，那么博弈的均衡结果为：均衡行动组合是（违约，清算），借款人选择违约，银行观察到借款人违约后选择清算；均衡支付组合是（F_{21}，B_{21}），借款人所得为 F_{21}，银行所得为 B_{21}。②给定 $F_1<F_{21}$、$F_1<F_{22}$，如果 $B_{21}<B_{22}$，那么博弈的均衡结果为：均衡行动组合是（违约，不清算），借款人选择违约，银行观察到借款人违约后选择不

清算；均衡支付组合是（F_{22}，B_{22}），借款人得到 F_{22}，银行得到 B_{22}。综上所述，如果借款人资不抵债，那么无论银行的支付函数如何，借款人的最优选择都是违约。

由借款人—银行还贷博弈的子博弈精炼均衡解可以看出，借款人是否选择违约严格依赖于关于收益函数的假定，只要借款人的违约收益高于履约收益，借款人就会选择违约。抵押林权收益函数与抵押林木资产风险密切相关，林木资产风险可能会导致借款人违约的损失低于履约的收益，从而诱使借款人选择违约。

二、金融生态不完备条件下的借款人违约机理

金融生态是在借鉴英国生态学家 A. G. Tansle（1935）的生态系统（Eco-system）基础上提出的，生态系统，即在一定时间和空间范围内生物与非生物环境通过能量流动和物质循环所形成的一个彼此关联、相互作用并且有自动调节机制的统一整体。金融生态不再孤立地研究金融系统中各个组成部分和影响因素，而是把整个系统看成一个统一的有机整体，用生态系统的观点和方法来对待金融环境，全面地研究金融系统的各个细节。1949 年美国学者威廉·福格特提出生态平衡的概念，用以指自然环境没有遭受人类严重干扰的天然状态。美国科学家 McKenzie 于 20 世纪 20 年代首次提出经济生态学的概念，把自然科学中的生态学和社会科学中的经济学联系到了一起。英国经济学家阿尔弗雷德·马歇尔（Alfred Marshall，1980）在其出版的《经济学原理》中指出，经济学的目标在于经济生物学，而不是经济力学。20 世纪 60 年代美国经济学家 Boulding 在其论文《一门科学——生态经济学》中正式提出了"生态经济学"的概念（徐诺金，2007）。在这种思维模式的基础上，中国的经济学家们和社会学家们尝试运用研究生态学的方法来研究中国的金融运行。当前，学术界对金融生态概念的界定主要有两种观点：一是"金融生态环境"观，认为金融生态是借用生态学的概念来比喻金融业运行的外部环境；二是从生态学的基本原理出发，对比金融体系与自然生态的相似性，认为金融生态是各种金融组织为了生存和发展，与其生存环境之间及内部金融组织之间长期的密切联系和相互作用的过程。本书遵循金融生态的第二个研究视角进行分析，认为金融生态是指影响金融业生存和发展各种因素的总和，既包括金融主体如金融市场、金融机构、金融工具、金融产品，也包括与金融业发展相互影响的政治、经济、法律、信用这些金融生态的环境因素（韩平，2005），它是一个金融主体和金融生态环境相互作用、相互影响的动态平衡系统。林权抵押贷款的参与主体主要有林农、林业主管部门、银行、资产评估部门及保险公司等，形成了一条金融生态链。林权抵押贷款是一个跨时的交易过程，信贷交易的

整个过程也受到金融生态环境的直接影响，使抵押森林资源资产充满不确定性风险。

（一）林业信息不对称引发借款人故意违约

Smith 和 Warner（1979）认为，在道德风险模型中加入抵押担保要求，可以阻止借款人"将项目贷款挪作他用"或"消耗用作抵押担保的资产"，发挥监督借款人的作用。但如果抵押物不真实、银行抵押权遭虚置，抵押物就无法执行，抵押物也就不存在承诺行动与可置信威胁，抵押机制无法缓释信用风险。

Stiglitz 和 Weiss（1981）将借款人信用风险归因于双方之间的信息不对称以及借款人有限责任所引起的逆向选择与道德风险问题。Stiglitz J. 和 E. Weiss A. 指出，在市场上，借款人通常在借款人的还贷意愿、还贷能力、项目风险等方面的信息远比银行完备、准确。当前，金融机构对林权抵押贷款风险管理存在以下两个困难：一是信贷调查开展困难。由于林权权属面积认定复杂，其无法像房地产产权认定一样，可以丈量。林权面积没有标识，信贷员开展信贷调查无从下手，大班、小班等班号复杂，相邻的两个林权，非专业人员根本无法认清，有的抵押林地几百亩方圆，沿着林地爬上几天都很困难。外部林业资产评估才刚刚起步，银行还不能够依赖外部评估公司提供的评估结果对贷款申请进行准确的风险判断。信用风险评估仍然依赖于信贷人员主观判断，尚无定量方法。二是对抵押林权监管困难。由于自然、工作条件限制等，责任信贷人员无法按期到方圆几十亩甚至上百亩偏僻的山林进行贷后跟踪检查，银行无法对抵押林木资产进行有效监管。基于上述原因，林业信贷市场风险较高，商业银行的林业信贷业务成本（包括风险）与收益严重不对称，再加上发展林权抵押贷款所需的金融配套体系还很不完善，加剧了银行与林农之间的信息不对称。

信息不对称造成银行对抵押林木资产价值的真实可靠性的把握不到位，而借款人则可能利用其拥有的信息优势，通过勾结评估人员、钻政策空隙等手段，骗取远高于抵押林木资产价值的贷款额度，贷款到期后又恶意拖欠。

由于林业政策不完善，银行与林业管理部门间缺乏协调等，如按现行规定林农凭林权证复印件就可办理采伐证，借款人对已办理抵押的林权资产进行采伐，因此，导致银行的抵押权虚置，致使林权抵押解决不了信贷市场上的道德风险问题。

（二）价值补偿机制缺失引发借款人理性违约

森林资源是一个与自然和社会紧密结合的生产过程，森林资源的安全管理任务十分艰巨。森林资源漫山遍野，既不能仓储，又难以封闭，使其安全保卫十分困难，火灾、虫灾、冰冻雪压、盗伐等人为或自然灾害很难控制。林业生产与经营的风险客观存在，单靠林农自身对风险的管理来面对各种风险是不够的。风险补偿机制不健全，不能有效地分散风险。如果发生灾害事故，造成抵押森林资源资产发生损毁或灭失，抵押林权价值得不到适当补偿，如果抵押物价值低于贷款额度，那么借款人的违约收益高于履约收益，借款人的最优选择都是违约（见上文基于抵押林权价值思考的借款人理性违约分析）。

三、基于抵押林权流动性风险的林权抵押贷款违约受偿风险形成机理

流动性是指林木资产转化为现金及现金等价物的能力，即变现能力。著名财务管理专家范霍恩认为，流动性有两层含义：一是变现所需的时间；二是变现比率的稳定性。狭义的流动性只包含第一层含义，广义的流动性则包含两层含义。资产的流动性是决定资产价值的重要因素之一，森林资源流转市场的存在及其交易效率的高低直接决定了森林资源的流动性强弱，进而决定其价值的高低。

林权在林权抵押贷款中发挥贷款违约补偿功能。当贷款到期时，如果借款人违约，抵押权人可以按照法律契约变现抵押林权而得到补偿。自集体林权制度改革以来，林权权利人的经营主体地位得到进一步确立，林业资源的所有权、经营权、处置权和受益权等"四权"明晰了。虽然《中华人民共和国森林法》有"谁造谁有"的法律规定，林权所有者有权依法行使木竹采伐、运输、经营加工、林下资源和森林景观资源开发利用、林权流转等处置权，但实际上林权所有者在行使这些处置权时，却往往要受到采伐限额、林地流转政策、国家经济和生态建设需要征占用林地、划定自然保护区政策等诸多限制。森林资源流转市场的存在及其交易效率的高低直接决定了抵押林权流动性的强弱，进而决定借款人违约后，抵押权人受偿程度，即林权抵押贷款的损失率高低。

第四章　林权抵押贷款信用风险可能的影响因素

本书在第一章构建的林权抵押贷款概念模型揭示林权抵押维系了借贷双方间的信任，林权抵押贷款信用风险识别要明确林权抵押贷款中抵押林权的财产关系及其所反映的生产关系。第三章基于马克思财产理论与劳动价值论的启示，揭示了抵押林权在林权抵押贷款信用风险形成中的经济学意义，林权抵押贷款违约的期权模型分析进一步验证了抵押林权对林权抵押贷款形成的决定性作用。基于抵押森林资源资产价值风险、金融生态、森林资源资产流动性风险视角考察林权抵押贷款违约表现及其形成机理的分析表明，贷款人的违约收益高于履约收益，贷款人就会理性违约；金融生态不完备引发借款人故意违约，价值补偿机制缺失会引发借款人理性违约；森林资源资产流动性风险会影响借款人违约后金融机构的受偿程度，即林权抵押贷款违约损失率。因此，本书认为，基于抵押林权视角识别与控制林权抵押贷款信用风险。

本章梳理贷款信用风险影响因素相关理论研究，并通过对林权抵押贷款相关数据分析，明确林权抵押贷款信用风险影响因素，可以使研究更具特色、更富针对性。对基于抵押林权的视角研究林权抵押贷款信用风险因素的理论合理性进行论证。借鉴马克思科学的财产理论与劳动价值论，探究抵押林权风险因素。为了更加全面地挖掘林权抵押贷款信用风险因素，在对林权抵押贷款相关数据分析的基础上，进一步综合相关文献材料，围绕抵押林权的安全性、盈利性、流动性风险，列出林权抵押贷款信用风险可能的影响因素并对其进行理论解释。

第一节　林权抵押贷款信用风险产生原因的调查

一、借款信用风险产生原因的理论研究

根据《巴塞尔协议》定义，信用风险即银行交易对手可能无法按照约定的

条件完成还款义务的可能性，从而使银行遭受经济损失的风险。国外对信用风险原因的解释，主要体现在三个方面：一是借贷双方之间的信息不对称（Stiglitz, J. E., 1981）；二是银行或政府对于债务的软预算约束（Dewatri Pont, 1995）；三是因受信方经营失败导致资不抵债，进而其无法履行信贷合约，决定何时违约的变量是权益贷款比率（Morton T. Gregory, 1975）。但是，Kerry D. Vandell 和 Thomas Thibodeau（1985）认为，许多如收入来源、离婚率、失业率等非权益因素也是影响借款人违约决策的重要因素。鉴于对中国实践的考察，学者把国有银行的信用风险因素总结为以下四点：一是政策性因素（林毅夫等，1994）；二是金融制度原因（张亦春等，1998）；三是信息不对称；四是社会信用缺失（张维迎，1975）。西方商业银行主要围绕借款合同的项目寻求贷款信用风险的影响因素，认为信用风险大体上取决于客户的偿债意愿与偿债能力两个方面因素，具体的影响因素主要分为"5P""5W""5C"。"5P"包括借款目的（Purpose）、个人因素（Personal）、保障（Protection）、偿还（Payment）和前景（Perspective）。"5W"是指借款人（Who）、还款期限（When）、借款用途（Why）、担保物（What）和如何还款（How）；"5C"指品质（Character）、资本（Capital）、抵押（Collateral）、能力（Capacity）与条件（Condition）。可见，贷款信用风险的影响因素是诸多方面的，涵盖了借款人自身道德品质、宏观经济环境、担保、银行风险管理等多种因素。那么林权抵押贷款信用风险实际影响因素有哪些呢？为了回答该问题，本书通过对福建省S市林权抵押贷款相关数据分析林权抵押贷款信用风险实际影响因素。

二、数据来源

本书林权抵押贷款相关数据来源于福建省S市，该市是中国重点林区、中国集体改革策源地；该市林业用地面积2854万亩，占土地总面积的82.5%；森林面积2646万亩，森林覆盖率达76.8%；全市森林蓄积量1.65亿立方米，平均亩蓄积7.75立方米；林业产业发达，2016年林业总产值849亿元，已成为该市四大产业集群之首。该市在全国率先启动集体林权制度改革，在20世纪80年代初期开展的"分股不分山、分利不分林"改革被《中国农民的伟大实践》列为典型；1988年被国务院批准成为全国农村改革试验区，开展明晰产权、分类经营、落实承包、保障权益的集体林经营体制改革；2005年底率先完成集体林权制度改革的主体任务，即明晰产权，随之开展配套改革；2014年该市林权改革进入新一轮全面深化阶段。

为了推动森林资源变资产，该市积极推动林权抵押贷款业务发展，成立林业金融事业部和林业支行，围绕林权改革，积极探索林权抵押贷款业务，并在业务授权、信贷流程、资源配置等方面予以倾斜。同时，该市发改、林业、经信、环保、金融办等有关部门积极与银行沟通联动，全力推进林产业贷款中心、林产业金融服务中心和林产业信息中心建设，成立林权收储机构，引入资产评估、保险、资产管理公司。形成资产评估、森林保险、林权监管、收购处置、收储兜底"五位一体"的林权抵押贷款风险防控机制。中国国家开发银行等政策性银行、农业银行等全国性商业银行、海峡银行等全省性商业银行、农商行等地方法人商业银行以及兴业银行等中小股份制银行纷纷在该市聚集。在此背景下，自 2005年以来，该市的林权抵押贷款快速增长，在 2015 年达到峰值（见图 4-1）。

因此，本书以该市的林权抵押贷款数据为依据分析林权抵押贷款信用风险影响因素，是极富代表性的。

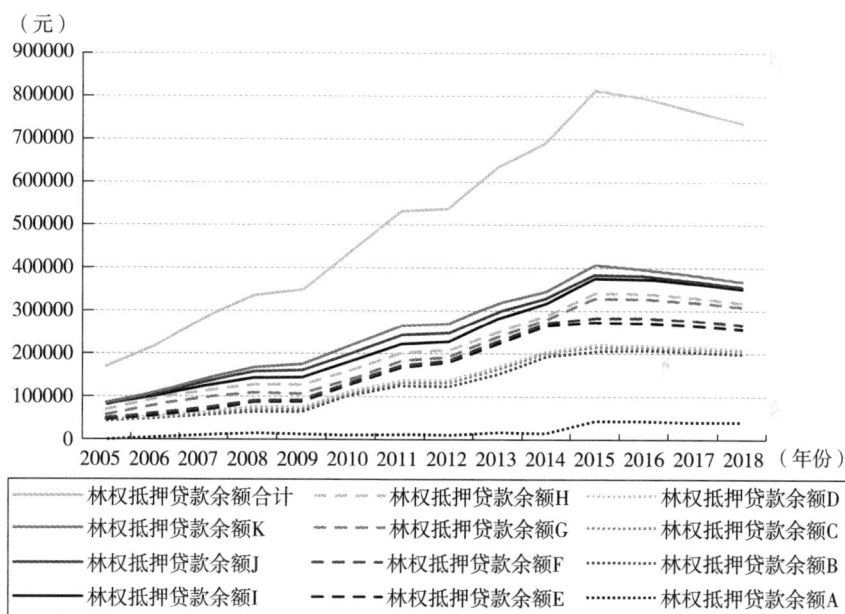

图 4-1 林权抵押贷款余额

三、林权抵押贷款信用风险基本情况

（一）林权抵押贷款信用风险评价指标的选择

1998 年以前，中国贷款分类一直沿用财政部《金融保险企业财务制度》的分类标准，把贷款分为正常、逾期、呆滞、呆账四类。从 2004 年起，依据《中国银行业监督管理委员会关于推进和完善贷款风险分类工作的通知》，银行业金融机构开始全面实施五级分类制度。贷款五级分类法将贷款划分为"正常""关注""次级""可疑""损失"五个等级（见表 4-1），其中"次级""可疑""损失"总称为不良贷款。不良贷款是指借款人无法按照贷款合同约定按时偿还商业银行的贷款本息，或者已有迹象表明借款人不可能按照原定的借款协议按时偿还商业银行的贷款本息而形成的贷款。本书按照当前贷款实务的惯例，采用不良贷款作为评价林权抵押贷款信用风险的评价指标。

表 4-1　五级分类贷款定义

类别	定义
正常贷款	借款人能够履行合同，没有足够理由怀疑贷款本息不能按时足额偿还
关注贷款	尽管借款人目前有能力偿还贷款本金，但存在一些可能对偿还产生不利影响的因素
次级贷款	借款人的还款能力出现明显问题，完全依靠其正常营业收入无法足额偿还贷款本息，即使执行担保，也可能会造成一定损失
可疑贷款	借款人无法足额偿还贷款本息，即使执行担保，也肯定要造成较大损失
损失贷款	在采取所有可能的措施或一切必要的法律程序之后，本息仍然无法收回，或者只能收回极少部分

（二）不良林权抵押贷款整体情况

本书对 S 市 11 个县从 2005~2018 年末各年末不良林权抵押贷款余额及笔数整理发现，S 市不良林权抵押贷款整体情况如图 4-2 所示。

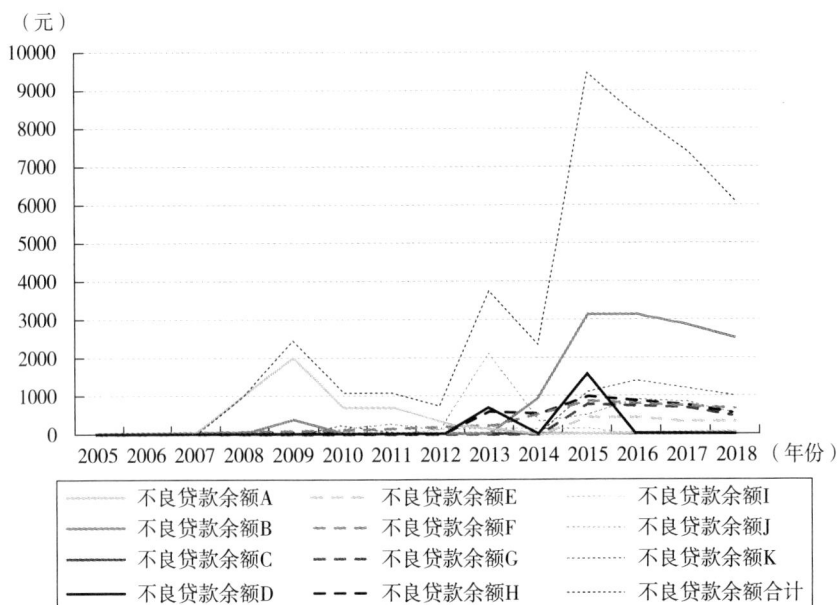

图 4-2　不良林权抵押贷款余额

（1）2005~2008 年，林权抵押贷款的不良贷款余额和不良贷款率一直处于"双升"的态势，并在 2008 年达到一个峰值。

（2）2008~2012 年，林权抵押贷款的不良贷款余额和不良贷款率一直处于"双降"的良好形势；然而情况在 2012 年出现了转折。

（3）2012~2015 年，林权抵押贷款的不良贷款余额和不良贷款率出现反弹，一直处于"双升"的态势，并在 2015 年达到一个最高峰值。

四、林权抵押贷款信用风险产生原因

对 S 市 11 个县从 2005~2018 年各年全部不良林权抵押贷款发生原因进行归纳，发现林权抵押贷款信用风险影响因素是诸多方面的（见表 4-2），大体上取决于借款人的偿债意愿与偿债能力两个方面因素。依据前文对林权抵押贷款信用风险概念模型的分析，其影响因素可以分为影响借款人（收入）价值创造下降风险因素、抵押林权无法实现风险因素以及道德风险因素三大类（见表 4-3 至表 4-5）。

表 4-2　林权抵押贷款信用风险原因

风险因素编号	具体原因
1	借款人自身经营不善
2	宏观经济下行影响
3	国家林业政策变化，商品林变成生态林，砍伐量减少
4	抵押物处置难
5	国家林业政策变化，商品林变成生态林
6	虚报林权骗贷
7	改变信贷资金用途
8	借款人外债负担重，导致资金链断裂
9	外出承包林木种植及园艺被骗
10	企业外部投资增加，企业资金紧张

表 4-3　林业经济中的价值创造下降风险因素

风险因素编号	具体原因
1	借款人自身经营不善
2	宏观经济下行影响
3	国家林业政策变化，商品林变成生态林，砍伐量减少
5	国家林业政策变化，商品林变成生态林
10	企业外部投资增加，企业资金紧张

表4-4　抵押林权无法实现风险因素

风险因素编号	具体原因
4	抵押物处置难
5	国家林业政策变化，商品林变成生态林

表4-5　道德风险因素

风险因素编号	具体原因
6	虚报林权骗贷
7	改变信贷资金用途
8	借款人外债负担重，导致资金链断裂
9	外出承包林木种植及园艺被骗
10	企业外部投资增加，企业资金紧张

第二节　基于抵押林权视角识别林权抵押借款信用风险因素的理论合理性

　　根据贷款信用风险因素的理论研究成果以及对违约林权抵押贷款分析发现，林权抵押贷款信用风险的发生受到借款人自身道德品质、宏观经济环境、担保、银行风险管理等多种因素影响，这些因素分别影响着借款人收入高低、抵押林权是否实现以及道德风险是否发生。这些因素繁杂，对林权抵押贷款信用风险的影响路径与影响程度各不相同。如果把所有因素都置于一个框架内分析，有失现实可行性与科学性。依据上文分析结论，抵押无疑是决定林权抵押贷款是否违约与违约损失率的重要因子。为了使研究更有针对性、更富特色，本书从抵押林权的视角识别林权抵押贷款信用风险因素并探寻林权抵押贷款信用风险控制的路径与具体措施。下文对基于抵押林权的视角研究林权抵押贷款信用风险研究的理论合理性进行分析。

　　Bester H.（1985）认为，抵押担保的功能主要在于允许借款人和贷款人在逆向选择与道德风险之间进行自我选择，从而起到甄别不同类型的借款人的作用。Robort J. B.（2011）在关于信贷融资担保的交易成本理论中指出，违约借款者的财产权转移给贷款者的相关成本是担保执行贷款制约的一个机制。Kauwell G. P.（2002）认为，当住宅价值低于抵押贷款价值时违约就会发生。Clemens M. 和Waller M. D.（1988）进一步验证了抵押资产权益是决定是否违约的决定性因素。

Foster C. 和 Van Order R. （1985）使用 FHA（美国联邦住宅管理局）1960~1978 年的违约数据，研究发现资产净值变量就解释了 90% 以上的违约行为。Quigley 等（1996）研究认为，个人住房抵押贷款违约损失取决于违约频率与清算时抵押品的价值损失程度。根据以上研究，抵押是影响贷款信用风险的重要因素。押品也因此成为历史最悠久、最主要的信用缓释工具。实践中，银行也有着强烈的担保偏好。

林权抵押就是贷款人通过支配抵押林权实现确保林权抵押贷款债权安全的目的，是还款的安全保证。依据第三章分析，抵押林权是林权抵押贷款是否发生信用风险的关键因素，抵押林木资产安全性与流动性风险引发借款人理性违约和故意违约，并决定了贷款违约后抵押权人的受偿率。可见，基于抵押林权的视角研究林权抵押贷款信用风险因素符合现有研究结论，也与金融机构实践活动相符。

第三节　抵押林权价值约束研究视角

基于抵押林权的视角研究林权抵押贷款信用风险因素，然而抵押林权价值的影响因素也是纷繁复杂的。林权作为一种财产，同时也是人类劳动的凝结，具备马克思财产理论所揭示的财产属性与劳动价值的基本特征。为了使研究视角更具科学性与合理性，本书借鉴马克思科学的财产理论与劳动价值论，明确抵押林权价值约束研究视角。

一、马克思财产理论

《马克思恩格斯全集（第一卷）》指出，"和自己时代的现实世界接触并相互作用"，所以，敏锐地关注到初期德国市场化的林木盗窃、与摩塞尔河沿岸地区"贫困状况的普遍性"等社会经济问题，开始对西欧社会财产问题展开研究。马克思批判地汲取 19 世纪上半叶空想社会主义财产理论等资产阶级财产理论的合理成分，从《1844 年经济学哲学手稿》到《共产党宣言》，对科学的财产理论体系做了初步构思。马克思采用唯物史观方法论，在《神圣家族》、《詹姆斯·穆勒〈政治经济学原理〉一书摘要》、《评弗里德里希·李斯特的著作〈政治经济学的国民体系〉》、《关于费尔巴哈的提纲》以及《德意志意识形态》等著作中，在科学诠释西欧社会财产问题中，从内容和形式两个方面系统阐述了科学的财产理论，揭示了财产的社会形式和物质内容二重属性，论述了财产的生产力与生产关系属性。

马克思认为，财产内在地包含着生产力与生产关系二重属性，实现了财产的物质内容与社会形式的有机统一，正如《马克思恩格斯全集（第四卷）》所述

"社会关系和生产力密切相连。……人们按照自己的物质生产的发展建立相应的社会关系，正是这些人又按照自己的社会关系创造了相应的原理、观念和范畴。"马克思指出，社会贫困、现代化与市场化初期的财产分化等西欧社会财产问题是旧制度的弊端与现代国家机体本身缺陷两者综合作用的结果。因此，马克思科学的财产理论不仅要研究财产的生产力属性，也要研究财产的生产关系属性，并且财产的社会属性应该是主要研究对象。同理，揭示抵押林权所面临的价值约束因素，既要关注林权的生产力属性，也要关注林权的生产关系属性。

二、马克思科学的劳动价值论

马克思在古典李嘉图劳动价值论的基础上，批判继承古典经济学思想，从古典经济学未能解释的矛盾出发，创造了科学的劳动价值论。其主要观点见《马克思恩格斯全集》第一、三、三十卷：

第一，马克思把价值的本质归结为是人与人的社会关系的体现，并对此进行了科学地论证。

第二，马克思严格区分了价值和使用价值，指出商品是使用价值与价值的对立统一体，使用价值只是价值的物质承担者，进一步明确了价值的社会属性。在《资本论》中，马克思指出："古典政治经济学在任何地方也没有明确地和十分有意识地把表现为价值的劳动同表现为产品使用价值的劳动区分开。"

第三，马克思严格区分了价值和交换价值（价格），把决定交换价值的实质归结为价值，进一步把价值归结为人类劳动，价值的实质是人与人的社会经济关系。人类劳动使不同使用价值的商品实现交换，交换比例及其变化实际上是价值运动的一定数量表现。

第四，马克思科学地论证了价值的源泉，深入分析了劳动如何创造价值。马克思创造了劳动二重性学说，具体劳动创造使用价值，抽象劳动才创造价值。具体劳动包含着人与自然的关系，抽象劳动作为对具体劳动的抽象反映的是人们劳动的社会性质和历史形式，具体劳动实现抽象，具体劳动的具体形式还原为共同的最为本质的抽象劳动，不仅是理论分析上的抽象过程，而且也是把个别劳动还原为社会一般劳动的过程，即社会对于个别劳动是否承认以及承认多少的过程。具体劳动形成使用价值，但这种使用价值是否具有价值，必须经过社会承认并将其还原为抽象劳动，这进一步说明价值属性在于社会性，是一定社会关系的运动。马克思指出："劳动作为同表现为资本的货币相对立的使用价值，不是这种或那种劳动，而是劳动本身，抽象劳动；同自己的特殊规定性决不相干，但是可以有任何一种规定性……劳动的特殊技巧越来越成为某种抽象的、无差别的东西，而劳动越来越成为纯粹抽象的活动，纯粹形式的活动，或者同样可以说单纯物质的活动，同形式无关的一般意义的活动。"抽象劳动之所以抽象，并不是因为它的技术属性，而是在于它的社会性质。马克思指出："表现在交换价值中的劳动可以叫作一般人类劳动。一般人类劳动这个抽象存在于平均劳动中。"作为人类无差别的抽象劳动，既不是个体劳动的直接转化，也不是它们的机械相加，而是整个人类劳动在社会生产过程中所呈现出来的一种客观抽象，是扬弃所有个体劳动的一种平均劳动。马克思从劳动二重性理论出发，批判了古典政治经济学的内在缺陷，揭示了财富的真正源泉。此时他不仅不再把直接劳动当作财富的唯一源泉，反而从根本上批判了这一错误观点，将具体劳动和自然界视为物质财富的共同源泉。

第五，马克思阐释了价值量如何决定，提出了"社会必要劳动时间"范畴，马克思指出，价值量由社会平均生产条件下的必要劳动时间决定，而不是由个别劳动时间决定，不仅科学地解释了价值量怎样决定，而且进一步强调了价值量决定本身是一种社会过程，从而进一步申明价值是一种社会关系的运动，而不是人与物的具体的个别的活动关系。

三、启示

马克思科学的财产理论与劳动价值论为探研抵押林权风险因素提供了理论与方法启示。林权作为一种财产，具备生产力与生产关系属性。探寻抵押林权价值约束因素，不仅要从林权独特的自然风险挖掘，更要从林权涉及的社会关系去寻找；不仅要关注林权的自然风险，也要关注从制度、林业政策等林业经济关系方面探寻林权价值的制约因素。

第四节　林权抵押贷款信用风险可能的
影响因素及其理论解释

虽然本书对 S 市 11 个县 2005~2018 年各年全部不良林权抵押贷款发生原因进行分析，列出了林权抵押贷款信用风险因素，但是，有些因素对林权抵押贷款信用风险的影响是潜在的，还未转为现实因素，对林权抵押贷款信用风险的影响是不可忽视的。因此，本书进一步综合相关文献材料，围绕抵押林权的安全性、盈利性、流动性风险，列出图 4-3 所示的林权抵押贷款信用风险可能的影响因素，并对这些因素进行解释。抵押林权风险可以依据金融资产特征的评价标准具体表述为安全性、盈利性、流动性风险。从林业生产的角度来看，安全性风险是指抵押森林资源资产免遭损失的可靠程度。盈利性风险是指抵押森林资源资产创造收益的能力，集中反映了一定的经营期间内抵押林权创造的收益。流动性风险是指抵押森林资源资产在价值不遭受损失的情况下转化为现金及现金等价物的能力，包含了变现所需时间长短与变现比率的稳定性这两层含义。

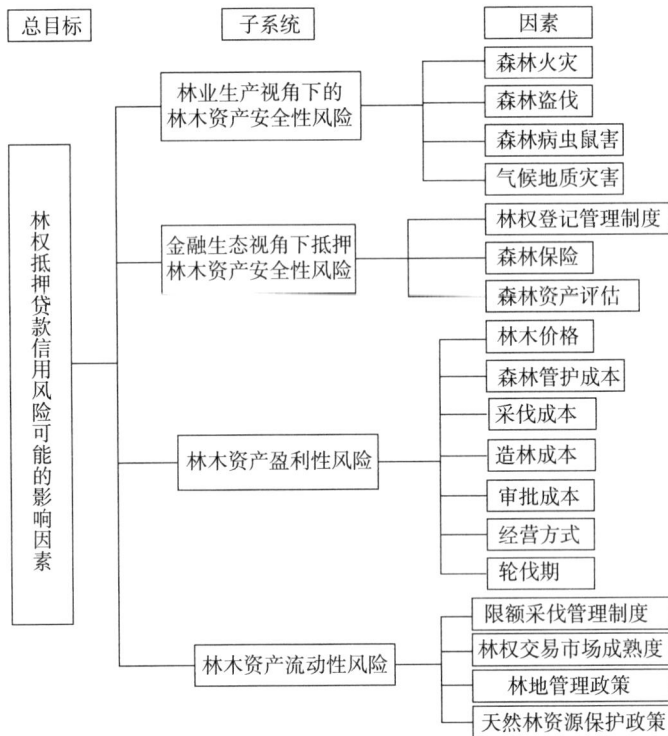

```
总目标              子系统              因素
                                    ┌ 森林火灾
                  ┌ 林业生产视角下的    ├ 森林盗伐
                  │ 林木资产安全性风险  ├ 森林病虫鼠害
                  │                   └ 气候地质灾害
      林                              ┌ 林权登记管理制度
      权          ┌ 金融生态视角下抵押  ├ 森林保险
      抵          │ 林木资产安全性风险  └ 森林资产评估
      押          │                   ┌ 林木价格
      贷          │                   ├ 森林管护成本
      款                              ├ 采伐成本
      信          ┤ 林木资产盈利性风险  ├ 造林成本
      用                              ├ 审批成本
      风                              ├ 经营方式
      险                              └ 轮伐期
      可                              ┌ 限额采伐管理制度
      能          │ 林木资产流动性风险  ├ 林权交易市场成熟度
      的                              ├ 林地管理政策
      影                              └ 天然林资源保护政策
      响
      因
      素
```

图 4-3　林权抵押贷款信用风险可能的影响因素

一、林业生产视角下的林木资产安全性风险可能影响因素

影响林木资产安全性风险的因素可归为自然风险、人为风险两大类。自然风险主要由自然灾害、意外事故等造成。森林自然灾害具体包括森林火灾、干旱、霜冻、冰雹、雪灾、风灾、洪涝灾害、地裂、雹灾、冻灾、崩塌、滑壤、泥石流、海啸、虫灾、病灾，包括森林病虫鼠（兔）害和外来有害生物入侵等灾害，其中，森林火灾和森林病虫害对森林、林木、种苗的正常生长发育影响最大。人为风险主要是森林盗砍滥伐风险。据此，结合以上林权抵押贷款信用风险可能影响因素表，确定了基于林业生产视角的林木资产安全性的可能影响因素（见表 4-6）。

表4-6 基于林业生产视角的林木资产安全性的可能影响因素

编号	名称	因素含义
1	森林火灾	森林火灾对林木安全性的影响程度
2	森林病、虫、鼠害	森林病、虫、鼠害对林木安全性的影响程度
3	气候、地质灾害	气候、地质灾害对林木安全性的影响程度
4	森林盗砍	森林盗砍对林木安全性的影响程度

（一）森林火灾

森林火灾是指失去人为控制，在林地内自由蔓延和扩展，对森林、森林生态系统和人类带来一定危害和损失的林火行为。近年来在全球气候变暖、厄尔尼诺现象等多重因素影响下，持续高温、干旱、大风等极端天气不断增多；森林林分质量不高，人工纯林比重较大，抵御自然风险的能力较弱；再加上野外用火等因素，森林火灾风险较大。虽然2009～2019年森林火灾相关数据表明森林火灾发生频率有所下降，但依然较为频繁，2019年达到2345次，其中，一般火灾1534次，较大火灾802次，重大火灾8次，特别重大火灾1次（见图4-4）。图4-5与图4-6显示2009～2019年森林火灾造成的损失有所下降，但依然不容忽视，其中，仅2019年火灾面积就达39704.7公顷，受害森林面积达13504.9公顷。可见，森林火灾对林木安全性影响较大。

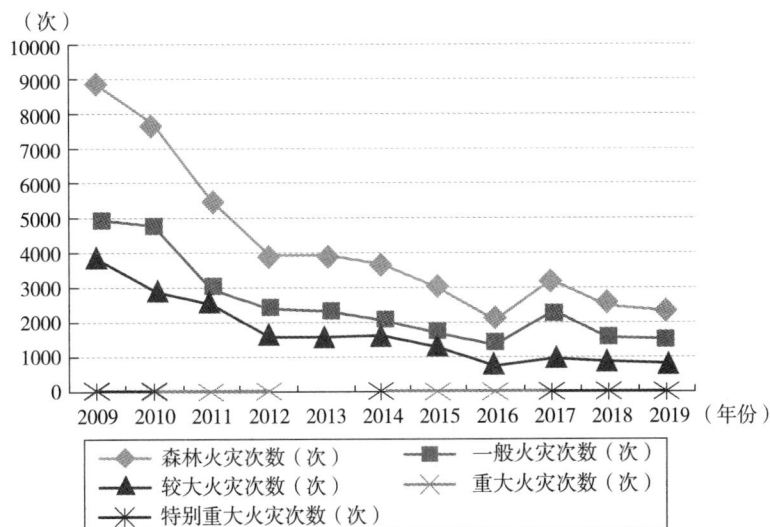

图4-4 森林火灾发生次数

资料来源：《中国统计年鉴》（2009～2019年）。

（公顷）

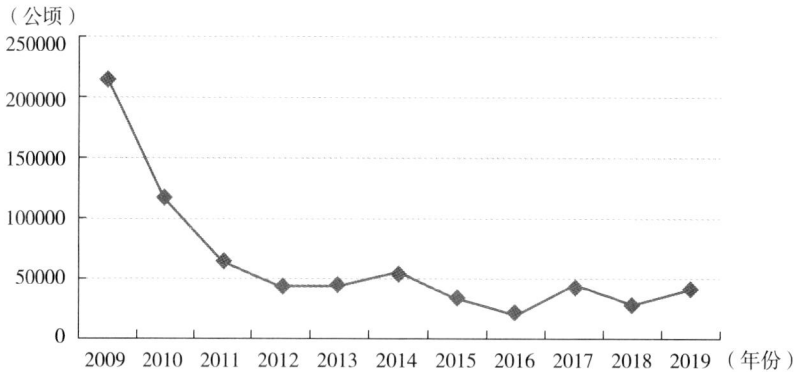

图 4-5　森林火灾火场总面积

资料来源：《中国统计年鉴》（2009~2019 年）。

（公顷）

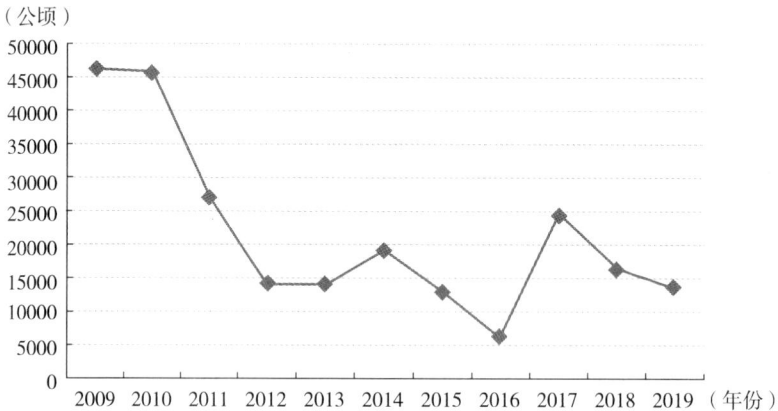

图 4-6　森林火灾受害森林面积

资料来源：《中国统计年鉴》（2009~2019 年）。

（二）森林病虫鼠害

森林中的微生物、昆虫、鼠类的生存和活动超过一定限度时，导致林木死亡、减产，称为森林病虫鼠害，亦称森林生物灾害。森林病虫鼠害是林业"三害"之一，被称为"不冒烟的森林火灾"。我国森林有害昆虫 5020 种，病害 2918 种，鼠类 160 余种。危害我国森林的害虫主要有松毛虫、松林线虫、杨树蛀干害虫、泡桐大袋蛾等。在森林病害中，有杨树烂皮病、松疱锈病、松萎蔫病、枣疯病、落叶病、泡桐丛枝病等。2009~2019 年森林病虫鼠害发生面积数据（见图 4-7~图 4-10），表明森林病虫鼠害影响森林面积较大。此外，图 4-11 表明2009~2019 年森林病虫鼠害防治率平均为 70.5%，还有待提高。可见，森林病虫鼠害对林业生产安全性影响较大。

（万公顷）

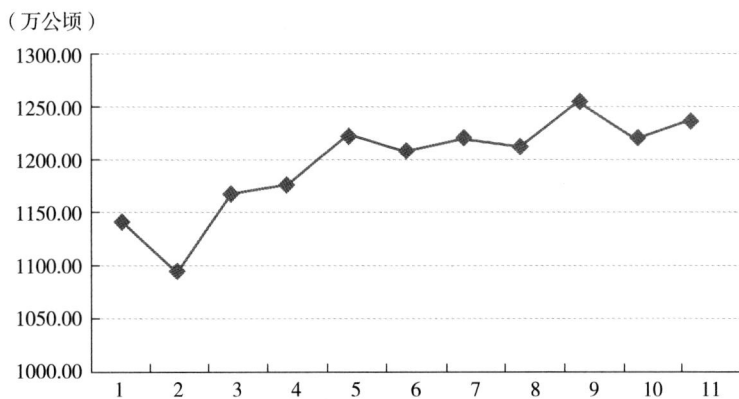

图 4-7　森林病虫鼠害发生面积

资料来源：《中国统计年鉴》（2009~2019 年）。

（万公顷）

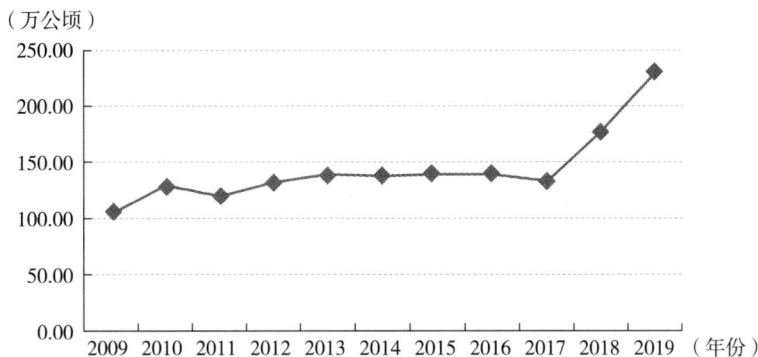

图 4-8　森林病害发生面积

资料来源：《中国统计年鉴》（2009~2019 年）。

（万公顷）

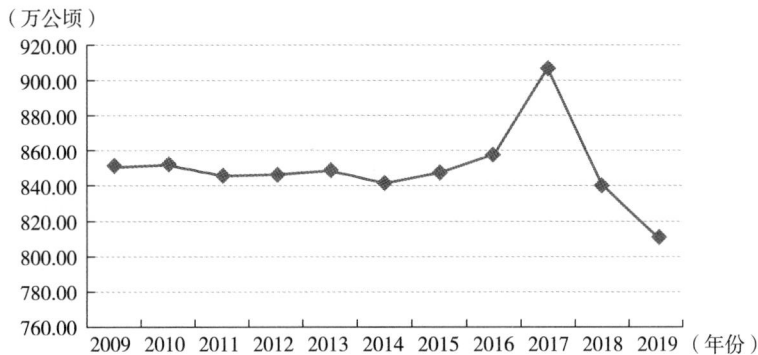

图 4-9　森林虫害发生面积

资料来源：《中国统计年鉴》（2009~2019 年）。

（万公顷）

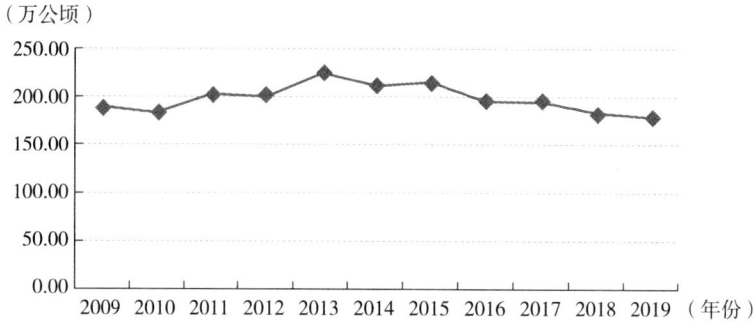

图 4-10　森林鼠（兔）害发生面积

资料来源：《中国统计年鉴》（2009～2019 年）。

（%）

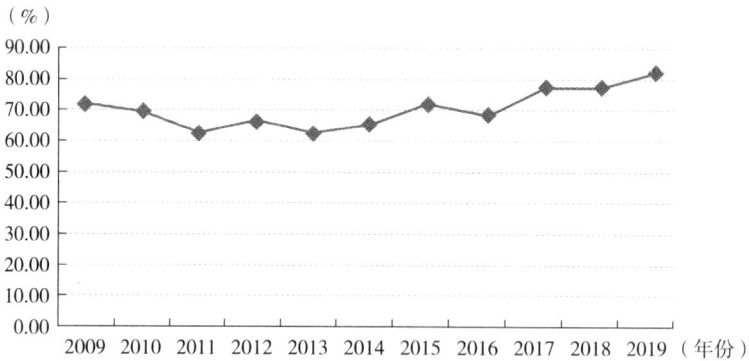

图 4-11　森林病虫鼠害防治率

资料来源：《中国统计年鉴》（2009～2019 年）。

（三）气候、地质灾害

气候灾害包含风灾、寒潮、干旱、雪灾、冰雹等。风灾是我国森林资源灾害的一个重要灾种，包括龙卷风、雷雨大风、寒潮大风、台风等。寒潮是我国冬天常发生性的一种灾害性天气，给林业生产造成严重威胁。干旱是我国影响面最广的气象灾害，最显著的特点是频率大、分布广，长期降水偏少而使新栽的树苗大量死亡，造成植树成活率下降或完全死亡，在严重干旱的年份，也会使已长成的树木因缺水而枯死。此外，干旱容易引起森林火灾。适量的冬雪，对林木越冬、增加土壤水分、冻死害虫大有好处，但是大雪连降，形成积雪过深，长期不消也会造成对林业的危害，虽然雪灾对我国对森林危害总体不大，但在人们缺乏准备和无法应急的情况下，却往往造成巨大的经济损失。雹灾是带有较强的局部性和地方性的一种灾害。低温冷冻、雪灾、旱灾与风雹造成农作物损失情况（见图 4-12 至图 4-14）表明，林业作为大农业中的一大产业受气候灾害的影响很大。

（千公顷）

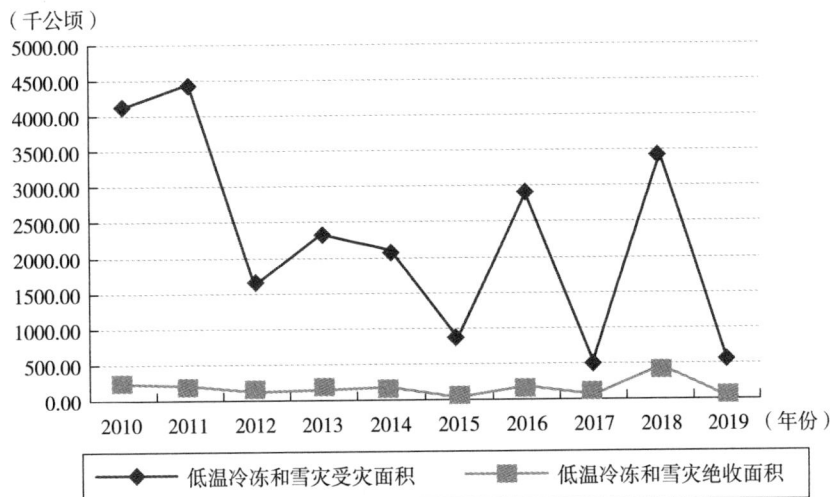

图 4-12　低温冷冻和雪灾造成农作物损失情况

资料来源：《中国统计年鉴》（2010~2019 年）。

地质灾害包括滑坡泥石流，崩塌，水土流失等，直接危害林业的主要是崩滑流特别是泥石流。中国地质灾害发生较为频繁（见图 4-15），对森林安全影响从（见图 4-16）洪涝、地质灾害和台风造成农作物受灾面积中窥见一斑。

（千公顷）

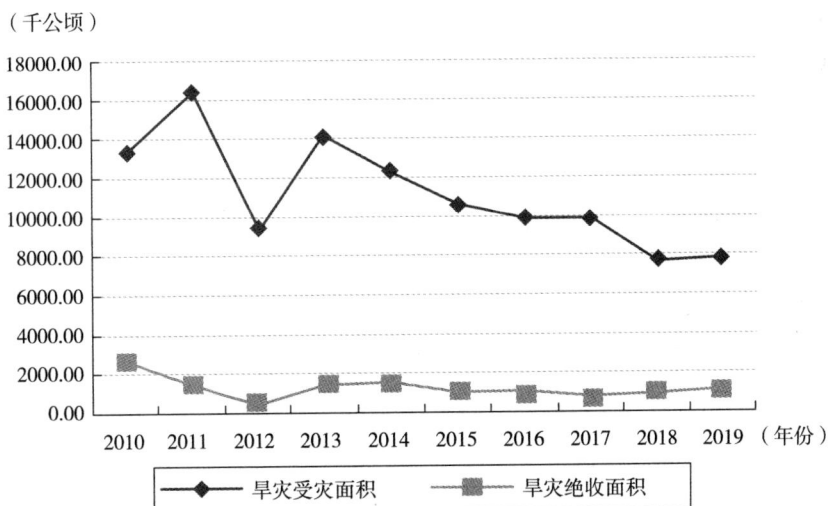

图 4-13　旱灾造成农作物损失情况

资料来源：《中国统计年鉴》（2010~2019 年）。

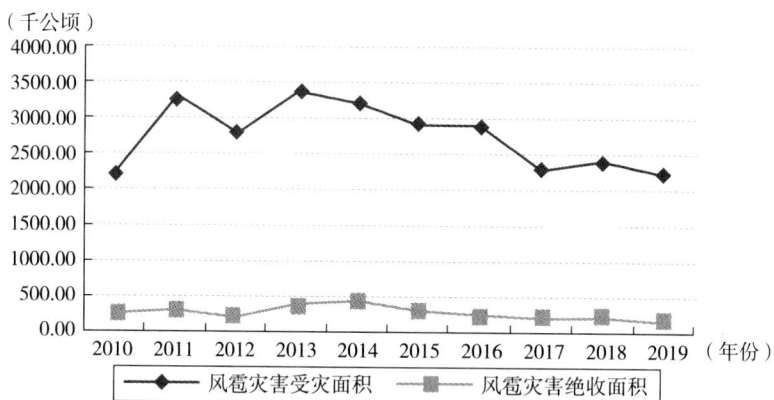

图 4-14　风雹灾害造成农作物损失情况

资料来源：《中国统计年鉴》（2010~2019 年）。

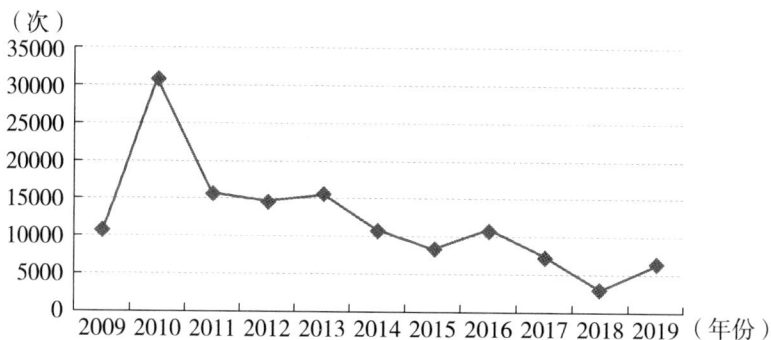

图 4-15　地质灾害数量

资料来源：《中国统计年鉴》（2010~2019 年）。

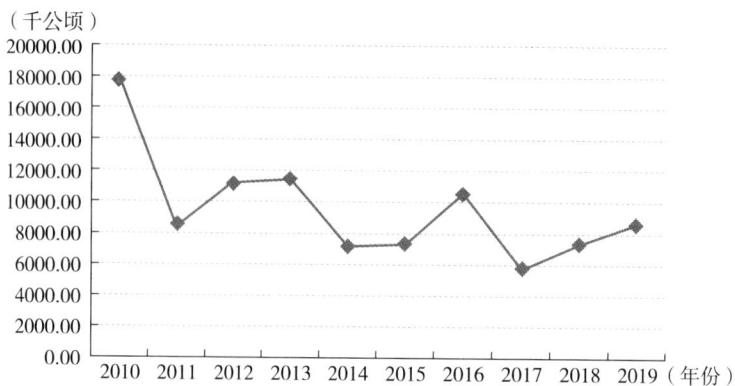

图 4-16　洪涝、地质灾害和台风造成农作物受灾面积

资料来源：《中国统计年鉴》（2010~2019 年）。

（四）森林盗伐

盗伐林木是指违反国家保护森林法规，以非法占有为目的，擅自砍伐国家、集体所有或者个人所有的森林或者其他林木，数量较大的行为。滥伐林木是指违反《中华人民共和国森林法》的规定，未经有关部门批准并核发采伐许可证，或者虽然持有采伐许可证，但违背采伐证所规定的地点、数量、树种、方式而任意采伐本单位所有或管理的，以及本人自留山上的森林或者其他林木，数量较大的行为。

从福建省闽侯县部分林政执法案件统计（见表4-7）来看，林木盗伐占林政案件还是相当多的。林木盗伐也成为影响林木安全的重要风险因素。

表4-7　闽侯县部分林政执法案件　　　　　　　　　　单位：件

年度	合计	无证运输	盗砍滥伐	非法收购	非法占用林地	其他
2017	205	121	20	17	20	27
2018	203	118	21	17	21	26
2019	199	125	21	20	18	15

资料来源：闽侯县林业综合行政执法大队。

二、金融生态视角下抵押林木资产安全性可能影响因素

结合以上林权抵押贷款信用风险可能影响因素，确定了基于金融生态视角的抵押森林资源安全性可能影响因素（见表4-8）。

表4-8　基于金融生态视角的抵押森林资源安全性可能影响因素

编号	名称	因素含义
1	林权登记管理制度	林权登记管理制度对抵押林木安全性的影响程度
2	森林保险	森林保险对抵押林木安全性的影响程度
3	森林资产评估	森林资产评估对抵押林木安全性的影响程度
4	林业部门协调	林业部门协调对抵押林木安全性的影响程度

（一）林权登记管理制度

林权登记，是指林权登记机关根据当事人的申请，依照法定程序，将林权上设定、变更、终止抵押权等事项记载于林权登记簿上的行为。林权登记作为抵押

森林资源资产管理的一项基础性工作，在建立"归属清晰、权责明确、保护严格、流转顺畅"的现代产权制度中发挥着重要作用。林权登记是抵押权获得公信力的必要途径，强化抵押的担保功能，林权经过登记，抵押权获得公信力，可以对抗善意第三人，债权人都可以行使追及权，实现其抵押权，维护金融交易安全。

现阶段由于我国林权登记管理制度不健全，因此，导致银行抵押森林资源安全性得不到有效维护。原因主要有两点：一是林权档案管理不够规范，林权登记机关没能做到确保登记依据充分、内容准确、程序合法、发证准确无误。主要表现为申请登记的森林、林木和林地坐落位置、四至界址、面积或株数等填写有误；林权证明材料存在权属争议；林权附图中界址、明显地物地貌标志与实地不符。特别是一些乡村林权档案管理更是薄弱，擅自改变原始纸质林权档案数据时有发生，存在纠纷隐患。二是林权管理手段落后，技术力量不足，对林权流转的动态情况掌握得不够及时，无法有效监管林权。林农一旦获得贷款，就会出现种种机会主义行为，如对已抵押林木资产进行砍伐等。

（二）森林保险

森林保险是林农转移风险比较有效的方式，可以有效分散林业信贷风险，为金融机构开展贷款提供了有保障的林权抵押，降低了金融机构的风险。

虽然各金融机构都规定用于贷款抵押的林权原则上必须办理保险（当地没有开办林权保险除外），并指定银行为第一受益人，贷款具体保额按照当地保险公司有关规定执行。但由于林业生产的特殊性，林业风险大并且很难人为规避，个体营林规模小，保险标的分散，很多商业性的保险公司缺乏这一类的人才；此外，森林保险还存在保额过低等问题，林农无法根据林业生产的潜在风险进行有效投保。

此外，实践中还存在林农对森林保险有效需求不足等情况。笔者对福建省198户造林户的调研中，对林农风险意识的调查结果显示，对自己林木面临的风险大小的选项（很大、一般、较小）中，12.21%选择"很大"，71.8%选择"一般"，8.99%选择"较小"。可见，林农对林业生产风险认识充分。然而，影响林业生产者对森林保险需求的因素还包括费率考虑、保险意识等。在对森林保险了解程度选项（很了解、一般、不了解）中，16.31%户选择"了解"，58.98%户选择"一般"，24.71%户选择"不了解"。可见，大部分林农对于森林保险了解不多甚至不了解。在对投保意愿选项（愿意、不愿意、无所谓）中，13.45%户选择"愿意"，48.229%户选择"不愿意"，38.33%户选择"无所谓"。在访谈中还发现，相当一部分林农存有侥幸心理，认为如果不出险就白交保费了；一部分林农对保险公司理赔存有疑虑，认为保险公司让人投保时态度积极，而等到理赔时就不一样了；另外，还有一部分林农保费负担能力有限。由于林区多为经济不发达地区，林农收入水平普遍较低，特别是林业生产经营周期长，连续投保保费支出对林农而言是一笔不小的开支，广大林农特别是小户还是普遍认为承担不起保费。普通小林户投保意愿不高，相比而言，林业大户资金比较充裕，保险意识也较强。

（三）森林资产评估

1996 年和 1997 年由原林业部和国家国有资产管理局联合颁布的《关于〈森林资源资产产权变动有关问题的规范意见（试行）〉的通知》、《加强森林资源资产评估管理工作若干问题的通知》及《森林资源资产评估技术规范》三个文件标志着我国开始逐步建立发展起森林资产评估制度，它们对森林资源资产产权变动和森林资源资产评估的内容和方法做出了原则性的规定。2006 年底，财政部、国家林业局联合下发了《关于印发〈森林资源资产评估管理暂行规定〉的通知》（财企〔2006〕529 号）进一步规定了森林资源资产评估工作。这些文件为我国开展森林资源资产评估工作提供了政策依据和理论指导，促进了林业资源资产化管理的需要，客观上推动了我国森林资源资产评估和林业经济的发展。但是，当前的森林资产评估存在以下两个问题：

1. 评估机构评估报告可靠性受质疑

森林资源资产评估是森林资源资产的实物量向价值量的转化过程。不实抵押评估报告中的评估结果一般都高估抵押物价值，资产评估公司的评估价值偏离度过大，对授信都是重大的风险隐患，这些报告一旦成为商业银行贷款决策参考依据，必然误导商业银行做出错误的授信决策。如果估价对象的产权资料系伪造，而金融机构没有核实抵押物合法性就放贷，那么该笔贷款有可能血本无归。因此，森林资源资产评估要求客观、真实、公正，要求评估的森林资源资产具备真实性。森林资源资产真实性有两种含义：一是指森林资源资产数据本身是否真实；二是指森林资源资产数据对森林资产状况的揭示是否真实。然而目前部分森林资源资产评估机构出具不实的抵押评估报告——即由具有合法资质的评估机构出具的价格虚高或者虚低的不实抵押评估报告。产生不实报告的原因存在两个方面：一是评估行业信誉风险，评估机构争取客户的内在利益驱动，抵押物评估由借款人委托，评估机构会遵循"谁委托、谁付费、对谁负责"的潜规则，借款人作为评估机构的业务来源，通常处于优势地位，对评估结果具有不可低估的影响力。借款人为了尽最大能力融资，必然要在评估费可以接受的范围内尽量以较高的价值要求资产评估公司出具能满足银行贷款条件的资产评估报告，甚至要求评估公司通过技术手段增加被评估对象价值。二是评估机构的评估能力有待提高。评估业务质量取决于资产评估人员对专业知识技能的掌握，对影响森林资源价值因素把握的经验和能力。森林资源资产具有动态存在性、分布广阔性、生物多样性、地域差异性、效益多重性、经营周期长等特点。因此，在评估过程中，除考虑一般的评估因素之外，还需针对其森林资源资产的自身特点，对其权属、起源、面积、林种、树种、林龄、树高、胸径、蓄积、材分质量、可及度、气候、水文、土壤、地质、林下经济作物及生物多样性等进行实地调查，也需要对采、造、集、装、运、贮成本、林区道路修建费用、交通运输价格、林产品市场价格等进行市场调查，了解当地林业政策对委托评估的森林资源资产价值的影响。因此，森林资源资产评估人员除具备一般资产评估理论知识和实践经验之外，还需要具备扎实的林业基础知识，熟悉林业生产经营过程，掌握林业的方针政策。这样的复合型人才在目前从事森林资源资产评估业务人员之中少之又少，成为制约森林资源资产评估工作的瓶颈。

2. 有能力从事森林资源资产评估的机构严重不足

当前在全国范围内从事森林资源资产评估业务的机构有三类：具有资产评估资质的资产评估公司；由林业主管部门批准的，依托林业调查规划设计单位、林业科研院所设立的专职森林资源资产评估服务机构、其他机构（如近年来成立的物价鉴定机构）。

既有资产评估资质，又有从事森林资源资产评估能力的评估机构数量极少。森林资源资产本身所具有的特性，要求从事森林资源资产评估的人员要有丰富的林业专业知识，熟悉林业行业的法律法规和相关技术规范。森林资源资产大多地处偏远地区，条件艰苦，环境恶劣，资产清查工作量大、难度大、风险高。如果评估面积小，虽然森林资源资产评估机构可以独立完成，但收取的费用少，考虑作业成本，资产评估机构不愿承接，如果评估面积大，标的大，评估机构无法依靠机构自身的人力物力完成，就需要外聘当地林业系统的大量专业技术人员和临时雇佣人员配合工作才能完成。但林业的各类调查所关注的重点及调查因子与评估机构计算价值量时所关注的重点及计算因子不同。如果资产评估机构的林业专业人员数量有限或专业能力不强，就不能从资产评估专业的角度来指导实物量调查工作，也不能从评估所需要资料的角度对调查成果提出要求，对调查结果也无法合理予以确信，从而导致评估结果不科学、不客观，不能反映森林资源资产的实际价值，给评估机构造成很大风险。由林业主管部门批准设立的专职森林资源资产评估服务机构。依托林业调查规划设计单位、林业科研院所设立的森林资源评估服务机构，在成立初期为当地的林业经济发展和林业体制机制改革做出了贡献。随着我国对评估行业的规范，法律法规的健全，（森林资产评估）机构本身的法律地位和所出具评估报告的合法性、有效性受到了质疑。虽然评估服务机构有着丰富的林业专业知识和经验，但整体来看，规模小、区域性强、行业管理制度不健全、管理不到位、机构独立性差、风险意识薄弱、资产评估方面的知识技术相对不足。因此，尽管 20 世纪 90 年代后期在南方个别省成立了一批森林资源资产评估机构，但能坚持从事开展森林资源资产评估业务的却很少，即使坚持下来，也仅是从事一些森林资源资产价值的咨询性工作。

三、抵押林权盈利性风险可能影响因素

盈利性是抵押资产创造收益的能力，在一定的条件约束下，实现利润最大化的能力，在一定的经营期间财务收支活动的最终成果，集中反映了抵押资产经营活动的效益。本章是在林木资产安全性既定，即在林木蓄积量既定的情况下讨论抵押林木盈利性的影响因素，因此，可用资产收益率来反映抵押林木资产盈利性。反映资产收益率的指标"会计利润"是以经营林业实际发生的经济业务所得的各种收入与相应的费用成本相抵计算出来的，是建立在实际发生的经济业务基础之上的利润，反映了一个营林周期的经营成果。因此，林木资产收益率可表示为如下的利润公式：利润=销售收入−成本=价格×数量−成本。分析抵押林木资产收益率的表征指标就可以用林木市场价格和生产成本表示。根据以上林权抵押贷款信用风险可能影响因素，确定了林木资产盈利性的可能影响因素表（见表4-9）。

表4-9 林木资产盈利性的可能影响因素

编号	名称	因素含义
1	林木价格	林木价格对林木盈利性的影响程度
2	森林管护成本	森林管护成本对林木盈利性的影响程度
3	采伐成本	采伐成本对林木盈利性的影响程度
4	造林成本	造林成本对林木盈利性的影响程度
5	审批成本	审批成本对林木盈利性的影响程度
6	经营方式	经营方式对林木盈利性的影响程度
7	轮伐期	轮伐期对林木盈利性的影响程度
8	经营树种	经营树种对林木盈利性的影响程度
9	立地条件	立地条件对林木盈利性的影响程度

（一）林木价格

狭义的林价主要是针对商品用材林而言，它是指木材生产中的主要成本要素，是活立木价值的货币表现，包括了从采种、育苗、造林、抚育、护林防火一直到成林全过程支出的一切费用和应取得的社会平均利润的总和。广义的林价，不仅包括活立木价值，还包括森林中动植物价值以及生态效益所产生的价值。林价作为林木价值的货币表现，使营林者的投入得到补偿，并取得社会平均利润，保证了营林再生产能够持续下去（汪建平，2002）。木材市场价格受劳动生产成本、市场供求状况、经济环境、技术进步和国家宏观政策调控的影响而表现出阶段波动性和不稳定性（张建国，1994）。木材市场价格的波动直接影响着森林资源经营者的经济效益和经营决策，是经营者最为关心的问题之一（魏远竹，2002）。

（二）成本

林木成本包含造林、管护、采伐成本。造林成本包括林地成本、林地清理、整地、苗木、栽植、农药费等。管护成本包括幼林抚育、化肥、农药、抚育间伐、施肥灌水、管护等用工费用等。采伐成本包括调查设计、用工等费用。营林投资项目阶段性成本通常较大，影响成本变化的因素很多，预算的科学性、施工期内人工材料价格的变动、成本监督管理工作的水平、施工质量和进度的要求都使较大的施工成本发生波动。

（三）审批成本

虽然政府取消了育林基金、维简费等林木采伐审批费用，但林业经营者通常需付出一些隐性成本方可获取采伐指标。

（四）经营方式

营林投资项目实施后林地的经营面临着许多不确定的状况，活立木林地运营的收益受到产经营方式的影响呈现出较大的波动。

（五）轮伐期

轮伐期是指对成熟林分或部分成熟林木进行的采伐。森林效益随年龄而变化，当达到成熟龄（见森林成熟）后，林木生长的质和量都会逐渐降低，各种生态效益也日趋削弱。这时应伐去老林，培育新林。因此主伐的目的不仅在于获取木，更重要的是为了保证主伐后的森林更新，以实现森林永续利用。森林资源轮伐期长短不同，其面临的自然灾害、人为地破坏风险、市场风险、政策风险等也不同。一般来说轮伐期越长，面临的不确定性越大，风险也越大。

（六）立地条件

森林资源由于立地条件条件不同，其生长速度、质量也有很大区别，因而其使用价值和经济收益也会有很大差异。

四、林权流动性风险可能影响因素

根据以上林权抵押贷款信用风险可能影响因素，确定了林木资产流动性可能影响因素表（见表4-10）。

表4-10 林木资产流动性可能影响因素

编号	名称	因素含义
1	限额采伐管理制度	限额采伐管理制度对林木流动性的影响程度
2	林权交易市场成熟度	林权交易市场成熟度对林木流动性的影响程度
3	林地管理政策	林地管理政策对林木流动性的影响程度
4	天然林资源保护政策	天然林资源保护政策对林木流动性的影响程度

（一）限额采伐管理制度

按照林业体制改革的要求，除村委会可以预留一定的林权以外，其他林权均分到村民，由村民自主管理，发展林业生产，林业部门为村民换发《中华人民共和国林权证》，当村民林业生产、家庭需要生活资金时，可以凭《中华人民共和国林权证》到金融机构办理林权抵押贷款，虽然看起来是一件林农与金融机构双赢的好事，但为保护森林生态环境以及生态资源不受破坏，按照商品林采伐审批管理制度，林业部门严格控制林木采伐指标。林权所有人要变现林权，需付出极大的经济与非经济成本。关于限额采伐管理政策，张兰花在《限额采伐管理制度对林农采伐决策影响分析——基于采伐成本的思考》一文中进行了较为详细的描述，由于时间已经过去了8年，出于政策是否产生变化的考虑，作者走访了福建省闽侯县林业局等相关部门，根据访谈与其他相关材料，绘制了采伐许可证申领程序图（见图4-17）。可见，要获取采伐许可证需要耗费林农大量的时间与精力，如果非"特殊能力""关系"的人基本无法获得。在严格的限额采伐制度下，林木的处置权受到采伐许可证和限额采伐的限制，林农无法自由交易，商品林投资经济利益最大化很难实现。

（二）林权交易市场成熟度

所谓市场是指商品交换的场所以及由商品交换所联结起来的人与人之间各种

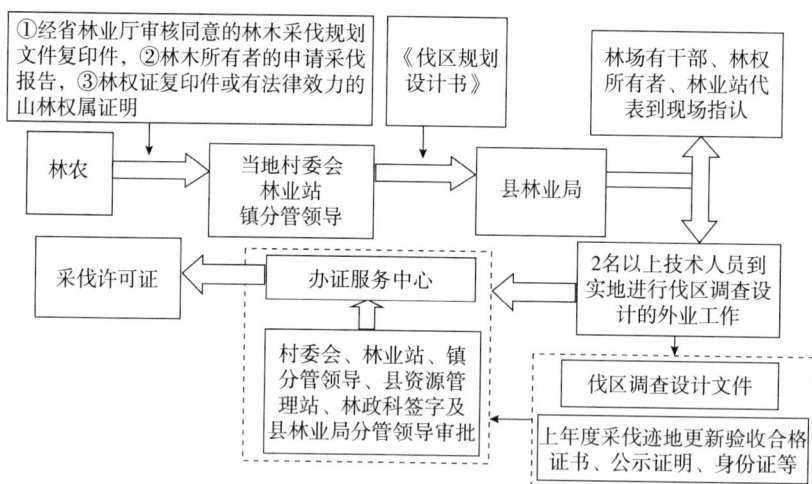

图 4-17　采伐许可证申领程序

经济关系的总和，包括市场主体、市场客体、市场中介等。森林资源产权交易市场，主要指市场主体作为独立的产权主体从事有关森林、林地以及林木的各种权利有偿转让的交易场所。在该市场中，市场主体是指参与林权交易双方，市场客体是指林权。森林资源流转是指森林资源所有权人或使用权人将其可以依法转让的森林、林木的所有权或使用权和林地的使用权，按照法定程序以有偿或互换的方式转移给他人的行为。

随着森林资源产权改革进程的深入，建立规范的国有森林资源产权交易市场也成为国有森林资源产权改革的重要内容。目前，区域性的产权交易市场建设成了"热点"。然而，由于目前产权交易市场分割、市场机制不健全、法制不完善、管理和监督缺位以及行政干预过多等原因，导致正在形成的森林产权交易市场无序运作。

虽然抵押权人可以按照《中华人民共和国担保法》的规定，抵押权人可以采用抵押物折价，或以拍卖、变卖该抵押物所得价款受偿等方式实现抵押权，但由于林权交易市场处于起步阶段，交易法规不完善，变现渠道窄，手续烦琐，交易费用高，因此，导致银行通过以上方式实现抵押物变现在实际可行性差而引起抵押权行使可行性变小或消失。

（三）林地管理政策

林地管理政策是我国森林资源保护和发展的一项关键性政策，实施林地管理既是森林可持续经营的要求，也是保护人类的生存环境、实现人类社会可持续发展的需要。林地管理就是政府通过法律和行政手段以及其他措施，对保护、改善和合理利用林地资源进行经常性的监督和科学管理。具体包括林地保护的制约、考核和奖励办法；林地恢复和宜林地开发的优惠政策；林地质量的监测、评估、登记、分类办法；征用、占用林地的审批和管理办法；征用、占用林地补偿费的收缴和管理办法等（杨建州，2000）。我国对林地管理强调统一管理、统一规划、统一征地、统一开发、统一出让的五统一。在实际工作中，违法、违规征占林地的现象较普遍，建筑、农业、交通等行业需要使用林地时，通常强制征占用林地资产。林农产权遭侵犯，林农无法按自己的意愿变现林地产权。

（四）天然林资源保护政策

为了更好地满足社会对生态环境服务不断增长的需求，我国实施天然林保护工程。自中华人民共和国成立以来，我国实行了如下的天然林保护政策：20世纪50年代的划定自然保护区和禁伐林政策；20世纪60年代的实行以营林为基础、控制森林采伐量的方针；20世纪70年代的把一部分原来划为用材林的天然林改划为防护林，以扩大被保护的天然林的范围的措施；20世纪80年代的调减天然林内的木材产量的措施；20世纪90年代实施的天然林保护工程。禁伐使天然林保护工程区内林业企业木材产量减少，由于木材减产，林业企业收入减少，导致企业债务无法偿还（陈钦，2004）。

第五章 林权抵押贷款信用风险评估指标筛选

第四章分析表明，林权抵押贷款信用风险影响因素是诸多方面的，基于抵押林权的视角研究林权抵押贷款信用风险因素既符合现有研究结论，也与金融机构实践活动相符。探寻抵押林权价值约束因素，不仅要从林权独特的自然力风险挖掘，更要从林权涉及的社会关系去寻找；不仅要从林权的自然风险，更要从制度、从林业政策等方面寻求林权价值的制约因素。综合 S 市不良林权抵押贷款数据与相关文献材料，列出了林权抵押贷款信用风险 20 个可能的影响因素：森林火灾、森林病虫鼠害、气候地质灾害、森林盗砍、林木价格、森林管护成本、采伐成本、造林成本、审批成本、经营方式、轮伐期、经营树种、立地条件、限额采伐管理制度、林权交易市场成熟度、林地管理政策、天然林资源保护政策、林权登记管理制度、森林保险、森林资产评估。这些因素可划分为安全性、盈利性、流动性三类风险因素，对林权抵押贷款信用风险的影响程度不一。为了使林权抵押贷款信用风险评估指标更加科学性、明确性，识别风险的力度更强，本章在对林权抵押贷款信用风险因素分为林木资产安全性、盈利性、流动性三大类风险因素的基础上，建立高层类别双对数函数，对林权抵押贷款信用风险可能的影响因素进行筛选，确定对林权抵押贷款信用风险具有显著性影响的因素，进而构建林权抵押贷款综合评价模型的指标体系。

第一节 数据来源

一、调查地区

本研究选择福建省三明市和南平市作为调查区域，原因如下：

（1）这两个地区森林资源丰富。其中，三明市是林业大市，全市森林面积 164.5 万 hm²，森林覆盖率 76.1%，活立木蓄积量 1.21 亿 m³，竹林储量 3.66 亿株，森林资源十分丰富。南平市是中国南方的重要林区。全市山地面积 215 万

hm^2，其中，有林地 147 万 hm^2，占福建省的 34.4%；森林覆盖率 66.4%；林木蓄积量 1 亿多立方米，占福建省 1/3；毛竹林 24 万 hm^2。南平是中国南方重要林区，素有"南方林海""中国竹乡"之称。全市林业用地面积 3259 万亩，占全市土地面积的 83%，其中有林地面积 2946 万亩，占福建省的 24%；森林覆盖率 71.14%，活立木总蓄积量 1.18 亿立方米，为福建省的 1/3；竹林面积 527 万亩，占中国大陆的 1/10、福建省的 2/5。

（2）这两个地区在全国率先开展林权制度改革且林权制度及相关配套政策改革较为成熟。自 2003 年以来，福建省率先进行了集体林权制度改革，到目前为止，三明市集体林权改革面积达 118.3 万 hm^2，占全部有林地面积的 71.95%，全市商品林已基本全部确权，林权证发证率达 95% 以上。南平市集体林权改革面积 124.9 万 hm^2，全市商品林林权发证率达 96.7%。林区各级政府把改善林业要素市场作为一项非常重要的工作，加强主导推动林业要素市场建设。自 2004 年福建省永安市成立首家融信息发布、交易实施、中介服务为一体的林业综合性管理与中介服务机构——福建省永安市林业要素市场以来，这两个地区都完善森林资源资产评估和建立要素市场。在林业要素市场建成后，森林资产则较易转让，由于林木交易市场规模逐步扩大，民间交易流转活动日益活跃，且森林资产作为新的投资产品，投资者众多，流转变现效率大大提高。发达的二级市场使林权抵押的有效性大大提高。

（3）这两个地区是林权抵押贷款业务试点地区，并且林权抵押贷款在这两个地区正得到规范有序开展。为了解决林业融资难问题，福建省三明市、南平市林业部门和金融部门携手合作，发挥当地森林资源优势，率先在这两个地区开展了以森林资源资产抵押贷款为核心的林业投融资改革试点，并取得了较明显成效。至 2006 年，自三明市、永安市试点开办森林资源资产抵押贷款业务以来，林权抵押贷款在福建三明市和南平市迅速开展。

二、调查方法

数据问题是信用风险度量的瓶颈之一，林权抵押贷款违约历史记录少、数据质量差。因此，本研究借鉴专家系统法，信贷专家凭借自己的专业技能和主观判断，对每一变量进行评分，获取原始数据。本研究采取非概率抽样方法，在非概率抽样当中，又选取了配额抽样方法，即把总体按一定标志进行分类，然后在每个类中采用方便抽样的方式来选取样本。

（一）抽样方法

本研究采取非概率抽样方法，在非概率抽样当中，又选取了配额抽样方法，即把总体按一定标志进行分类，然后在每个类中采用方便抽样的方式来选取样本。这种抽样方式操作比较简单，而且可以保证总体中不同类别的单位都能包括在所抽的样本之中，使样本的结构和总体的结构类似（贾俊平，2007）。

（二）调查对象

本研究以福建省农村信用社的林业贷款客户经理为调查对象。自福建省开展林业产权制度改革以来，各金融机构对森林资源资产抵押贷款进行了不同程度上的探索和实践。从 2016 年，主要金融机构林权抵押贷款占区域全部林权抵押贷款的比重（见图 5-1）来看，在三明市、南平市这两个城市中，农村信用社的林权抵押贷款余额在同业中居前列。农村信用社作为长期面向"三农"的金融机构，其客户经理对林权抵押贷款信用风险的把握更到位。因此，将他们作为调查对象，得出的结论具有代表性。

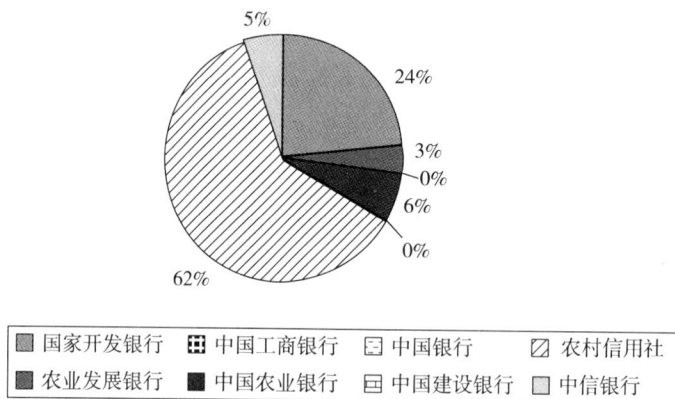

图 5-1　各金融机构林权抵押贷款份额

三、样本资料的收集及结果

本研究以南平光泽、建瓯、建阳、浦城、邵武、顺昌、松溪、武夷山、延平，三明泰宁、大田、建宁、将乐、明溪、清流、城区、沙县、永安、尤溪这 19 个信用联社以及南平市和三明市办事处作为调查点，在样本收集过程中总共发放了 210 份调查问卷，请每个调查点的 10 位信贷员各做 1 份问卷，填写完毕后即时回收，没有无法回收的问卷，因此问卷回收率达到 100%。但是，可能是因为问题答案选项都是序数虚拟变量，某些信贷员觉得不好确定选项，所以出现一些填写不完整的问卷，从而产生了一些废卷，有效样本 198 份，有效率达 93.3%。

第二节　指标筛选方法

本书把林权抵押贷款信用风险界定为因变量，记作 y。因变量 y 取 3 个顺序类别，记为 1，2，3，表示顺序的大小，1 表示信用风险小、2 表示信用风险一般、3 表示信用风险大。由于 y 是顺序型变量，使用序数回归来对林权抵押贷款信用风险可能的影响因素进行筛选。通过对因变量的频数分析发现类别 3 出现频率是 91、类别 2 出现频率是 63、类别 1 出现频率是 44，可见，样本出现频率类别 3 大于类别 2，而两者又都大于类别 1，属于高层类型出现概率大的分布，因此选择高层类别双对数函数（Link Function：Complementary Log-Log），位置联系模型的数学表达式为：

$$Link(y_{ij}) = \beta_j - (\beta_1 x_{i1} + \beta_2 x_{i2} + \cdots + \beta_p x_{ip})$$

第三节　林业风险下的林木资产安全性风险评价指标

一、变量定义

根据以上分析，本研究将林业生产视角下林木资产安全性的影响因素分析分解成四个变量，如表 5-1 所示。

表 5-1　林业生产视角下林木资产安全性风险相关变量的定义

变量名称	取值	定义
森林火灾（X_{1i}）	1，2，3	大 = 3，一般 = 2，小 = 1
森林病虫鼠害（X_{2i}）	1，2，3	大 = 3，一般 = 2，小 = 1
气候、地质灾害（X_{3i}）	1，2，3	大 = 3，一般 = 2，小 = 1
森林盗砍（X_{4i}）	1，2，3	大 = 3，一般 = 2，小 = 1

二、回归过程

采用 SPSS 统计软件中的 Complementary Log-Log（高层类别双对数回归法），

考察森林火灾，气候、地质灾害，森林病虫鼠害，气候、地质灾害，森林盗砍对林权抵押贷款信用风险的影响。

样本的类别频数分布如表5-2所示，从表中可以看到采样的198个样本数据都被模型采用，数据样本质量良好，占总比重的100%。

表5-2　观测值处理情况汇总

		个数（N）	边际比例（Marginal Percentage）（%）
林权抵押贷款信用风险	1.00	44	22.2
	2.00	63	31.8
	3.00	91	46.0
森林火灾	1.00	20	10.1
	2.00	59	29.8
	3.00	119	60.1
森林病虫鼠害	1.00	63	31.8
	2.00	121	61.1
	3.00	14	7.1
气候、地质灾害	1.00	104	52.5
	2.00	71	35.9
	3.00	23	11.6
森林盗砍	1.00	30	15.2
	2.00	103	52.0
	3.00	65	32.8
有效样本（Valid）		198	100.0
丢失样本（Missing）		0	
总量（Total）		198	

表5-3至表5-5揭示了回归模型的-2LL检验、卡方值（Chi-Square）和显著度（Sig.）都符合统计要求。模型的-2 LL检验（-2 Log Likelihood）为146.711，卡方值（Chi-Square）为308.721，显著度（Sig.）为0.000，远小于0.05，说明模型整体检验十分显著。

表 5-3　模型适合信息

进入模型（Model）	−2 LL 检验 （−2 Log Likelihood）	卡方值 （Chi-Square）	自由度 （df）	显著度 （Sig.）
Intercept Only	308.721			
Final	146.711	308.721	8	0.000

注：联系函数：高层类别双对数函数。

表 5-4　拟合优度

	卡方（Chi-Square）	自由度（df）	显著度（Sig.）
皮尔逊 x^2（Pearson）	75.151	70	0.315
偏差（Deviance）	70.389	70	0.464

注：联系函数：高层类别双对数函数。

表 5-5　判定系数

Cox and Snell	0.790
Nagelkerke	0.898
McFadden	0.738

注：联系函数：高层类别双对数函数。

三、回归结果及分析

SPSS 的回归结果显示见表 5-6。

表 5-6　参数估计

		估计值 （Estimate）	标准误差 （Std. Error）	统计量 （Wald）	自由度 （df）	显著度 （Sig.）
类别临界值 （Threshold）	［林权抵押贷款 信用风险 = 1.00］	−6.652	0.932	50.956	1	0.000
	［林权抵押贷款 信用风险 = 2.00］	−4.185	0.817	26.264	1	0.000
位置 （Location） （1）	［森林火灾 = 1.00］	−3.401	0.544	39.008	1	0.000
	［森林火灾 = 2.00］	−2.002	0.342	34.229	1	0.000
	［森林火灾 = 3.00］	0[a]	—	—	0	—

续表

		估计值 （Estimate）	标准误差 （Std. Error）	统计量 （Wald）	自由度 （df）	显著度 （Sig.）
（2）	［森林病虫鼠害＝1.00］	0.090	0.568	0.025	1	0.874
	［森林病虫鼠害＝2.00］	−0.844	0.545	2.396	1	0.122
	［森林病虫鼠害＝3.00］	0ᵃ	—	—	0	—
（3）	［气候、地质灾害＝1.00］	−0.544	0.468	1.354	1	0.245
	［气候、地质灾害＝2.00］	0.202	0.479	0.177	1	0.674
	［气候、地质灾害＝3.00］	0ᵃ	—	—	0	—
（4）	［森林盗砍＝1.00］	−4.505	0.611	54.388	1	0.000
	［森林盗砍＝2.00］	−3.092	0.495	39.022	1	0.000
	［森林盗砍＝3.00］	0ᵃ	—	—	0	—

注：联系函数：高层类别双对数函数，a 这个参数调零因为它是多余的。

在 SPSS 中对分类变量的处理，是 n 个分类，拆分成 n−1 个哑变量。

（1）森林火灾。取值的显著度（Sig.）为 0，小于 0.05，通过了显著度检验，是选入模型的变量。森林火灾＝1.00 与森林火灾＝2.00 对林业生产视角下林木资产安全性的影响系数分别为 −3.401 与 −2.002。说明森林火灾与林权抵押贷款信用风险呈正相关关系，森林火灾风险越大，林权抵押贷款信用风险也就越大。

（2）森林病虫鼠害。森林病虫鼠害＝1.00 和森林病虫鼠害＝2.00 的显著度（Sig.）分别为 0.874 与 0.122，都大于 0.05，没能通过检验，是不显著的自变量，因此，可以剔除。森林病、虫、鼠害虽然对林业生产安全有影响，但随着林业科技进步，防治率提高，对林木安全性影响的重要性在下降。

（3）气候、地质灾害。气候地质灾害＝1.00 与气候地质灾害＝2.00 取值的显著度（Sig.）分别为 0.245 与 0.674，都大于 0.05，没能通过检验，是不显著的自变量，因此，可以剔除。气候、地质灾害对林业生产安生有一定影响，可能因为其发生频率小，破坏性也相对较小，对林木资产安全性影响也相对较小。

森林病虫鼠害和气候地质灾害这两个变量被剔除还有一个重要原因，即银行根据不同的树种确定可抵押林木的树龄，可抵押林木的树龄原则上应在 6 年（含）以上，其中，杉木树龄须拥有 8 年（含）以上，松木树龄须拥有 15 年（含）以上，竹林生长期须拥有 6 年（含）以上。由于抵押林木林龄都是中龄以上的，其抵抗森林病虫鼠害和气候地质灾害的能力大为提高。

（4）森林盗砍。取值的显著度（Sig.）为 0，小于 0.05，通过了显著度检验，是选入模型的变量。森林盗砍＝1.00 与森林盗砍＝2.00 对林业生产视角下林木资产安全性的影响系数分别为-4.505与-3.092。说明森林盗砍与林权抵押贷款信用风险呈正相关关系，森林盗砍风险越大，林权抵押贷款信用风险也就越大。

（5）剔除不显著的变量，筛选出基于林业生产风险视角下林木资产安全性风险指标及其对林木资产安全性风险的影响程度，建立基于林业生产风险视角下林木资产安全性风险评估模型：

$$Link(y_1) = -6.652 - (-3.401x_{11} - 2.002x_{12} - 4.505x_{41} - 3.092x_{42})$$
$$Link(y_1) = -4.185 - (-3.401x_{11} - 2.002x_{12} - 4.505x_{41} - 3.092x_{42})$$

第四节 金融生态视角的抵押林权安全性风险评价指标

一、变量定义

根据以上分析得知，基于金融生态视角下林木资产安全性的影响因素分解成三个变量，如表5-7所示。

表5-7 金融生态视角的林木资产安全性风险相关变量的定义

变量名称	取值	定义
林权登记管理制度（X_{1i}）	1, 2, 3	大=3，一般=2，小=1
森林保险（X_{2i}）	1, 2, 3	大=3，一般=2，小=1
森林资产评估（X_{3i}）	1, 2, 3	大=3，一般=2，小=1

二、回归过程

利用SPSS统计软件，对变量进行序数回归分析，以考察林权登记管理制度、森林保险、森林资产评估及林业部门协调对林权抵押贷款信用风险的影响。在SPSS统计软件中采用Complementary Log-log（高层类别双对数回归法）运行这些数据，得到如下结果：

样本的类别频数分布如表5-8所示，从表中可以看到采样的198个样本数据都被模型采用，数据样本质量良好，占总比重的100%。

表 5-8　观测值处理情况汇总

	个数（N）		边际比例（Marginal Percentage）（%）
林权抵押贷款信用风险	1.00	44	22.2
	2.00	63	31.8
	3.00	91	46.0
林权登记管理制度	1.00	30	15.2
	2.00	40	20.2
	3.00	128	64.6
森林保险	1.00	18	9.1
	2.00	98	49.5
	3.00	82	41.4
森林资产评估	1.00	25	12.6
	2.00	34	17.2
	3.00	139	70.2
有效样本（Valid）	198		100.0
丢失样本（Missing）	0		
总量（Total）	198		

　　表 5-9 至表 5-11 揭示了回归模型的-2LL 检验、卡方值（Chi-Square）和显著度（Sig.）都符合统计要求。模型的 -2 LL 检验（-2 Log Likelihood）为153.657，卡方值（Chi-Square）为 255.744，显著度（Sig.）为 0.000，远小于0.05，说明模型整体检验十分显著。

表 5-9　模型适合信息

进入模型（Model）	-2 LL 检验 （-2 Log Likelihood）	卡方（Chi-Square）	自由度 （df）	显著度 （Sig.）
Intercept Only	255.744	—	—	—
Final	153.657	255.744	6	0.000

注：联系函数：高层类别双对数函数。

表 5-10　拟合优度

	卡方（Chi-Square）	自由度（df）	显著度（Sig.）
皮尔逊 x^2（Pearson）	19.743	42	0.999
偏差（Deviance）	27.498	42	0.959

注：联系函数：高层类别双对数函数。

表 5-11 判定系数

Cox and Snell	0.725
Nagelkerke	0.825
McFadden	0.612

注：联系函数：高层类别双对数函数。

三、回归结果及分析

SPSS 的回归结果如表 5-12 所示。

表 5-12 参数估计

		估计值 （Estimate）	标准误差 （Std. Error）	统计量 （Wald）	自由度 （df）	显著度 （Sig.）
类别临界值 （Threshold）	［林权抵押贷款 信用风险 = 1.00］	-3.570	0.391	83.271	1	0.000
	［林权抵押贷款 信用风险 = 2.00］	-1.086	0.217	25.049	1	0.000
位置 （Location） （1）	［林权登记管理制度 = 1.00］	-3.399	0.472	51.843	1	0.000
	［林权登记管理制度 = 2.00］	-1.677	0.288	33.816	1	0.000
	［林权登记管理制度 = 3.00］	0a	—	—	0	—
（2）	［森林保险 = 1.00］	0.091	0.442	0.042	1	0.837
	［森林保险 = 2.00］	0.184	0.251	0.538	1	0.463
	［森林保险 = 3.00］	0a	—	—	0	—
（3）	［林木资产评估 = 1.00］	-2.160	0.441	23.975	1	0.000
	［林木资产评估 = 2.00］	-1.279	0.304	17.748	1	0.000
	［林木资产评估 = 3.00］	0a	—	—	0	—

注：联系函数：高层类别双对数函数，a 这个参数调零因为它是多余的。
在 SPSS 中对分类变量的处理，是 n 个分类，拆分成 n-1 个哑变量。

（1）林权登记管理制度。林权登记管理制度 = 1.00 与林权登记管理制度 = 2.00 的显著度（Sig.）都为 0.000，小于 0.05，通过了显著度检验，是选入模型的变量。林权登记管理制度 = 1.00 与林权登记管理制度 = 2.00 对基于金融生态视角下林木资产安全性的影响系数分别为 -3.399 与 -1.677。说明林权登记管理制度风险与林权抵押贷款信用风险呈正相关关系，林权登记管理制度越不完善，林

— 81 —

权抵押贷款信用风险也就越大。

（2）森林保险。森林保险 = 1.00 和森林保险 = 2.00 的显著度（Sig.）分别为 0.837 与 0.463，大于 0.05，没能通过显著性检验，是不显著的自变量，可以剔除。因为当前银行规定用于贷款抵押的林权原则上必须办理保险，因此，对银行来说抵押物风险可以得到一定程度上的分散，稳定了银行的风险预期。

（3）林木资产评估。林木资产评估 = 1.00 与林木资产评估 = 2.00 显著度（Sig.）都为 0.000，小于 0.05，通过了显著度检验，是选入模型的变量。林木资产评估 = 1.00 与林木资产评估 = 2.00 对基于金融生态视角下林木资产安全性的影响系数分别为 -2.160 与 -1.279。说明林木资产评估风险与林权抵押贷款信用风险呈正相关关系，林木资产评估风险越大，林权抵押贷款信用风险也就越大。

（4）剔除不显著的变量，筛选出基于金融生态视角下林木资产安全性风险指标及其影响程度。建立基于金融生态视角下林木资产安全性风险评估的数学模型：

$$Link(y_1) = -3.680 - (-3.393x_{11} - 1.663x_{12} - 2.158x_{31} - 1.308x_{32})$$
$$Link(y_1) = -1.197 - (-3.393x_{11} - 1.663x_{12} - 2.158x_{31} - 1.308x_{32})$$

第五节　林木资产盈利性风险评价指标

一、变量定义

根据以上分析，本研究假设林木资产安全性既定条件下，将林木资产盈利性的影响因素分解成 8 个变量，这 8 个自变量的定义如表 5-13 所示。

表 5-13　林木资产盈利性风险相关变量的定义

变量名称	取值	定义
林木价格（X_{1i}）	1，2，3，4，5	1 = 特别不重要；2 = 不重要；3 = 一般；4 = 重要；5 = 特别重要
森林管护成本（X_{2i}）	1，2，3，4，5	1 = 特别不重要；2 = 不重要；3 = 一般；4 = 重要；5 = 特别重要
采伐成本（X_{3i}）	1，2，3，4，5	1 = 特别不重要；2 = 不重要；3 = 一般；4 = 重要；5 = 特别重要
造林成本（X_{4i}）	1，2，3，4，5	1 = 特别不重要；2 = 不重要；3 = 一般；4 = 重要；5 = 特别重要
审批成本（X_{5i}）	1，2，3，4，5	1 = 特别不重要；2 = 不重要；3 = 一般；4 = 重要；5 = 特别重要
经营方式（X_{6i}）	1，2，3，4，5	1 = 特别不重要；2 = 不重要；3 = 一般；4 = 重要；5 = 特别重要
立地条件（X_{7i}）	1，2，3，4，5	1 = 特别不重要；2 = 不重要；3 = 一般；4 = 重要；5 = 特别重要
轮伐期（X_{8i}）	1，2，3，4，5	1 = 特别不重要；2 = 不重要；3 = 一般；4 = 重要；5 = 特别重要

二、回归过程

利用 SPSS 统计软件，对林木资产盈利性风险因素进行序数回归分析。考察林木价格、森林管护成本、采伐成本、造林成本、审批成本、经营方式、轮伐期、立地条件等因素对林权抵押贷款信用风险的影响。在 SPSS 统计软件中采用 Complementary Log-log（高层双对数回归法）运行这些数据后得到如下结果：

样本的类别频数分布如表 5-14 所示，从表中可以看到采样的 198 个样本数据都被模型采用，数据样本质量良好，占总比重的 100%。

表 5-14　观测值处理情况汇总

		数值（N）	边际比例（Marginal Percentage）（%）
林权抵押信用风险	1.00	44	22.2
	2.00	63	31.8
	3.00	91	46.0
（1）林木价格	1.00	8	4.0
	2.00	20	10.1
	3.00	33	16.7
	4.00	98	49.5
	5.00	39	19.7
（2）森林管护成本	1.00	4	2.0
	2.00	18	9.1
	3.00	75	37.9
	4.00	72	36.4
	5.00	29	14.6
（3）采伐成本	1.00	4	2.0
	2.00	13	6.6
	3.00	114	57.6
	4.00	63	31.8
	5.00	4	2.0
（4）造林成本	1.00	8	4.0
	2.00	4	2.0
	3.00	130	65.7
	4.00	52	26.3
	5.00	4	2.0

续表

	数值（N）		边际比例（Marginal Percentage）（%）
（5）审批成本	1.00	8	4.0
	2.00	29	14.6
	3.00	100	50.5
	4.00	46	23.2
	5.00	15	7.6
（6）经营方式	1.00	8	4.0
	2.00	29	14.6
	3.00	99	50.0
	4.00	46	23.2
	5.00	16	8.1
（7）轮伐期	1.00	20	10.1
	2.00	31	15.7
	3.00	97	49.0
	4.00	38	19.2
	5.00	12	6.1
（8）立地条件	1.00	24	12.1
	2.00	38	19.2
	3.00	65	32.8
	4.00	54	27.3
	5.00	17	8.6
有效样本（Valid）	198		100.0
丢失样本（Missing）	0		
总量（Total）	198		

表 5-15 至表 5-17 显示回归模型的 -2 LL 检验、卡方值（Chi-Square）和显著度（Sig.）都符合统计要求。模型的 -2 LL 检验（-2 Log Likelihood）为 157.327，卡方值（Chi-Square）为 392.027，显著度（Sig.）为 0.000，远小于 0.05，说明模型整体检验十分显著。

表 5-15　模型适合信息

进入模型（Model）	-2 LL 检验 （-2 Log Likelihood）	卡方 （Chi-Square）	自由度 （df）	显著度 （Sig.）
Intercept Only	392.027	—	—	—
Final	157.327	392.027	32	0.000

注：联系函数：高层类别双对数函数。

表 5-16 拟合优度

	卡方（Chi-Square）	自由度（df）	显著度（Sig.）
皮尔逊 x^2（Pearson）	179.040	262	1.000
偏差（Deviance）	146.950	262	1.000

注：联系函数：高层类别双对数函数。

表 5-17 判定系数

Cox and Snell	0.862
Nagelkerke	0.981
McFadden	0.938

注：联系函数：高层类别双对数函数。

三、回归结果及分析

SPSS 的回归结果显示如表 5-18 所示。

表 5-18 参数估计

		估计值（Estimate）	标准误差（Std. Error）	统计量（Wald）	自由度（df）	显著度（Sig.）
类别临界值（Threshold）	［林权抵押贷款信用风险 = 1.00］	−9.117	3.466	6.919	1	0.009
	［林权抵押贷款信用风险 = 2.00］	−6.089	3.420	3.170	1	0.075
位置（Location）（1）	［林木价格 = 1.00］	−3.126	1.554	4.047	1	0.044
	［林木价格 = 2.00］	−1.808	0.782	5.346	1	0.021
	［林木价格 = 3.00］	−3.030	0.648	21.864	1	0.000
	［林木价格 = 4.00］	0.159	0.533	0.088	1	0.766
	［林木价格 = 5.00］	0ª	—	—	0	—
（2）	［森森管护成本 = 1.00］	0.634	1.972	0.103	1	0.748
	［森森管护成本 = 2.00］	−0.080	0.624	0.016	1	0.898
	［森森管护成本 = 3.00］	0.380	0.515	0.546	1	0.460
	［森森管护成本 = 4.00］	0.386	0.480	0.646	1	0.421
	［森森管护成本 = 5.00］	0ª	—	—	0	—

		估计值 （Estimate）	标准误差 （Std. Error）	统计量 （Wald）	自由度 （df）	显著度 （Sig.）
（3）	［采伐成本 = 1.00］	1.019	1.418	0.516	1	0.472
	［采伐成本 = 2.00］	0.243	1.334	0.033	1	0.855
	［采伐成本 = 3.00］	0.524	1.206	0.189	1	0.664
	［采伐成本 = 4.00］	0.794	1.232	0.415	1	0.520
	［采伐成本 = 5.00］	0ᵃ	—	—	0	—
（4）	［造林成本 = 1.00］	−1.054	1.220	0.747	1	0.388
	［造林成本 = 2.00］	−0.121	1.795	0.005	1	0.946
	［造林成本 = 3.00］	−0.590	1.127	0.274	1	0.601
	［造林成本 = 4.00］	−0.856	1.143	0.561	1	0.454
	［造林成本 = 5.00］	0ᵃ	—	—	0	—
（5）	［审批成本 = 1.00］	−1.558	1.674	0.865	1	0.352
	［审批成本 = 2.00］	−2.674	1.562	2.931	1	0.087
	［审批成本 = 3.00］	−2.445	1.531	2.550	1	0.110
	［审批成本 = 4.00］	−2.423	1.513	2.566	1	0.109
	［审批成本 = 5.00］	0ᵃ	—	—	0	—
（6）	［经营方式 = 1.00］	1.999	1.453	1.892	1	0.169
	［经营方式 = 2.00］	2.110	1.169	3.256	1	0.071
	［经营方式 = 3.00］	1.980	1.148	2.976	1	0.085
	［经营方式 = 4.00］	2.382	1.111	4.595	1	0.032
	［经营方式 = 5.00］	0ᵃ	—	—	0	—
（7）	［轮伐期 = 1.00］	−1.486	5.869	0.064	1	0.800
	［轮伐期 = 2.00］	−0.934	5.852	0.025	1	0.873
	［轮伐期 = 3.00］	−0.998	5.845	0.029	1	0.864
	［轮伐期 = 4.00］	−1.102	5.808	0.036	1	0.850
	［轮伐期 = 5.00］	0ᵃ	—	—	0	—
（8）	［立地条件 = 1.00］	−7.375	4.994	2.181	1	0.140
	［立地条件 = 2.00］	−5.618	4.950	1.288	1	0.256
	［立地条件 = 3.00］	−4.450	4.948	0.809	1	0.368
	［立地条件 = 4.00］	−3.085	4.945	0.389	1	0.533
	［立地条件 = 5.00］	0ᵃ	—	—	0	—

注：联系函数：高层类别双对数函数，a 这个参数调零因为它是多余的。
在 SPSS 中对分类变量的处理，是 n 个分类，拆分成 n−1 个哑变量。

（1）森林管护成本、采伐成本、造林成本、审批成本、立地条件、轮伐期取值的显著度（Sig.）大于 0.05，是不显著的自变量，可以剔除。虽然森林管护成本、采伐成本、造林成本、造林成本与审批成本影响到林木资产的收益，但基本上处在一个相对稳定的水平，对林木资产收益的影响是可以合理预期的。立地条件、轮伐期影响到林木资产的产出水平，进而影响了抵押山林的整体收益，但其影响较为稳定。

（2）林木价格。林木价格取值的显著度（Sig.）较小，是选入模型的变量。林木价格=1.00、林木价格=2.00、林木价格=3.00 与林木价格=4.00 对基于林木资产盈利性视角的林权抵押贷款信用风险影响系数分别为-3.126、-1.808、-3.030 与 0.159。说明林木价格风险与林权抵押贷款信用风险呈正相关关系，林木价格风险越大，林权抵押贷款信用风险也就越大。

（3）经营方式。经营方式的取值的显著度（Sig.）较小，是选入模型的变量。经营方式=1.00、经营方式=2.00、经营方式=3.00 与经营方式=4.00 对基于林木资产盈利性视角的林权抵押贷款信用风险影响系数分别为 1.999、2.110、1.980 与 2.382，说明林业经营方式与林权抵押贷款信用风险呈负相关关系，林业经营方式越集约，经营状况越好，林权抵押贷款信用风险也就越小。

（4）剔除不显著的变量，筛选出基于林业生产风险视角下林木资产安全性风险指标及对林木资产安全性风险的影响程度，建立基于林木资产盈利性视角的林权抵押贷款信用风险评估模型：

$$Link(y_1) = -9.117 - (-3.126x_{11} - 1.808x_{12} - 3.030x_{13} +$$
$$0.159x_{14} + 1.999x_{61} + 2.110x_{62} + 1.980x_{63} + 2.382x_{64})$$
$$Link(y_1) = -6.089 - (-3.126x_{11} - 1.808x_{12} - 3.030x_{13} +$$
$$0.159x_{14} + 1.999x_{61} + 2.110x_{62} + 1.980x_{63} + 2.382x_{64})$$

第六节　林木资产流动性风险评价指标

一、变量定义

根据以上分析，林木资产流动性的影响因素分解成四个变量，如表 5-19 所示。

表 5-19　林木资产流动性风险影响因素相关变量的定义

变量名称	取值	定义
限额采伐管理制度（X_{1i}）	1, 2, 3, 4, 5	1=特别不重要；2=不重要；3=一般；4=重要；5=特别重要
林权交易市场成熟度（X_{2i}）	1, 2, 3, 4, 5	1=特别不重要；2=不重要；3=一般；4=重要；5=特别重要
林地管理政策（X_{3i}）	1, 2, 3, 4, 5	1=特别不重要；2=不重要；3=一般；4=重要；5=特别重要
天然林资源保护政策（X_{4i}）	1, 2, 3, 4, 5	1=特别不重要；2=不重要；3=一般；4=重要；5=特别重要

二、回归过程

利用 SPSS 统计软件，对林木资产流动性的影响因素进行序数回归分析，从林木资产流动性视角考察限额采伐管理制度、林权交易市场成熟度、林地管理政策与天然林资源保护政策等因素对林权抵押贷款信用风险的影响。在 SPSS 统计软件中采用 Complementary Log-log（高层双对数回归法）运行这些数据后得到如下结果：

样本的类别频数分布如表 5-20 所示，从表中可以看到，采样的 198 个样本数据都被模型采用，数据样本质量良好，占总比重的 100%。

表 5-20　观测值处理情况汇总

		个数（N）	边际比例（Marginal Percentage）（%）
林权抵押贷款信用风险	1.00	44	22.2
	2.00	58	29.3
	3.00	96	48.5
（1）限额采伐管理制度	1.00	6	3.0
	2.00	10	5.1
	3.00	23	11.6
	4.00	76	38.4
	5.00	83	41.9
（2）林权交易市场成熟度	1.00	8	4.0
	2.00	21	10.6
	3.00	91	46.0

	个数（N）		边际比例（Marginal Percentage）（%）
（2）林权交易市场成熟度	4.00	55	27.8
	5.00	23	11.6
（3）林地管理政策	1.00	70	35.4
	2.00	72	36.4
	3.00	56	28.3
（4）天然林资源保护政策	1.00	90	45.5
有效样本（Valid）	198		100.0
丢失样本（Missing）	0		
总量（Total）	198		

表 5-21 至表 5-23 揭示了回归模型的-2LL 检验、卡方值（Chi-Square）和显著度（Sig.）都符合统计要求。模型的-2 LL 检验（-2 Log Likelihood）为 163.713，卡方值（Chi-Square）为 306.301，显著度（Sig.）为 0.000，远小于 0.05，说明模型整体检验十分显著。

表 5-21　模型适合信息

进入模型（Model）	-2 LL 检验 （-2 Log Likelihood）	卡方 （Chi-Square）	自由度 （df）	显著度 （Sig.）
Intercept Only	306.301	—	—	—
Final	163.713	306.301	12	0.000

注：联系函数：高层类别双对数函数。

表 5-22　拟合优度

	卡方（Chi-Square）	自由度（df）	显著度（Sig.）
皮尔逊 x^2（Pearson）	94.802	108	0.814
偏差（Deviance）	97.562	108	0.754

注：联系函数：高层类别双对数函数。

表 5-23　判定系数

Cox and Snell	0.787
Nagelkerke	0.898
McFadden	0.740

注：联系函数：高层类别双对数函数。

三、回归结果及分析

SPSS 的回归结果显示见表5-24。

表5-24　参数估计

		估计值 （Estimate）	标准误差 （Std. Error）	统计量 （Wald）	自由度 （df）	显著度 （Sig.）
类别临界值 （Threshold）	［林权抵押贷款 信用风险 = 1.00］	−6.355	1.537	17.104	1	0.000
	［林权抵押贷款 信用风险 = 2.00］	−4.620	1.519	9.250	1	0.002
位置 （Location） （1）	［限额采伐管理制度 = 1.00］	−5.040	0.924	29.741	1	0.000
	［限额采伐管理制度 = 2.00］	−2.955	0.536	30.359	1	0.000
	［限额采伐管理制度 = 3.00］	−2.961	0.477	38.505	1	0.000
	［限额采伐管理制度 = 4.00］	−1.621	0.314	26.660	1	0.000
	［限额采伐管理制度 = 5.00］	0ᵃ	—	—	0	
位置 （Location） （2）	［林权交易市场成熟度 = 1.00］	−5.234	1.645	10.127	1	0.001
	［林权交易市场成熟度 = 2.00］	−4.125	1.504	7.521	1	0.006
	［林权交易市场成熟度 = 3.00］	−3.389	1.476	5.275	1	0.022
	［林权交易市场成熟度 = 4.00］	−2.539	1.488	2.911	1	0.088
	［林权交易市场成熟度 = 5.00］	0ᵃ	—	—	0	
位置 （Location） （3）	［林地管理政策 = 1.00］	0.844	0.411	4.219	1	0.040
	［林地管理政策 = 2.00］	−0.013	0.323	0.002	1	0.968
	［林地管理政策 = 3.00］	0ᵃ	—	—	0	
位置 （Location） （4）	［天然林资源保护政策 = 1.00］	−0.451	0.376	1.442	1	0.230
	［天然林资源保护政策 = 2.00］	−0.100	0.363	0.076	1	0.782
	［天然林资源保护政策 = 3.00］	0ᵃ	—	—	0	

注：联系函数：高层类别双对数函数，a 这个参数调零因为它是多余的。
在 SPSS 中对分类变量的处理，是 n 个分类，拆分成 n−1 个哑变量。

（1）限额采伐管理制度。限额采伐管理制度取值的显著度（Sig.）小于 0.05，通过了显著度检验，是选入模型的变量。限额采伐管理制度 = 1.00、限额采伐管理制度 = 2.00、限额采伐管理制度 = 3.00 与限额采伐管理制度 = 4.00 对基于林木资产流动性视角的林权抵押贷款信用风险的影响系数分别为 −5.040、−2.955、

-2.961 与-1.621。说明限额采伐管理制度与林权抵押贷款信用风险呈正相关关系，限额采伐管理制度风险越大，林农获取采伐指标越困难，林权抵押贷款信用风险也就越大。

（2）林权交易市场成熟度的取值的显著度（Sig.）都较小，基本上通过了显著度检验，是选入模型的变量。林权交易市场成熟度=1.00、林权交易市场成熟度=2.00、林权交易市场成熟度=3.00与林权交易市场成熟度=4.00对基于林木资产流动性视角的林权抵押贷款信用风险的影响系数分别为-5.234、-4.125、-3.389与-2.539。说明林权交易市场成熟度与林权抵押贷款信用风险呈正相关关系，林权交易市场越不成熟，林权抵押贷款信用风险也就越大。

（3）自变量林地管理政策和天然林资源保护政策的取值的显著度（Sig.）大于0.05，是不显著的自变量，可以剔除。林地管理政策和天然林资源保护政策在贷前进行控制，同时，林地管理政策和天然林资源保护政策中的一些管理规定属于行政法律法规，在林权抵押贷款管理规定中已经进行了严格的规定，这两项指标对林权抵押贷款信用风险的影响应该能够得到更好的控制。

（4）剔除不显著的变量，筛选出基于林木资产流动性风险指标及其影响程度，建立基于林木资产流动性视角的林权抵押贷款信用风险评估模型：

$$Link(y_1) = -6.411 - (-5.102x_{11} - 3.045x_{12} - 3.069x_{13} - 1.678x_{14} - 5.234x_{21} - 4.125x_{22} - 3.389x_{23} - 2.539x_{24})$$

$$Link(y_1) = -4.666 - (-5.102x_{11} - 3.045x_{12} - 3.069x_{13} - 1.678x_{14} - 5.234x_{21} - 4.125x_{22} - 3.389x_{23} - 2.539x_{24})$$

第七节 林权抵押贷款信用风险评价指标体系

前文以福建省三明市和南平市农村信用社涉林信贷员198份调查问卷数据为依据，建立高层类别双对数函数，分别基于抵押林木资产安全性、盈利性、流动性等视角，筛选出对林权抵押贷款信用风险有显著性影响的因素，回归结果显示：林业生产视角下的林木资产安全性的显著性影响因素是森林火灾、森林病虫鼠害和森林盗砍；金融生态视角下的林木资产安全性的显著性影响因素是林权登记管理制度和林木资产评估；林木资产盈利性显著性影响因素是林木价格和经营方式；林木流动性的显著性影响因素是限额采伐管理制度和林权交易市场成熟度。据此，本书建立了林权抵押贷款信用风险评估的指标体系（见图5-2）。

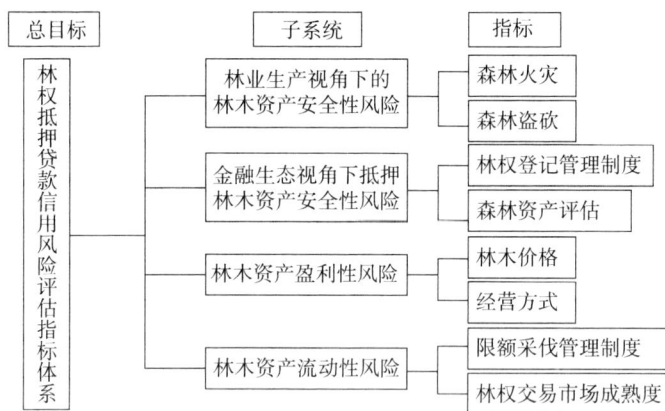

图 5-2　林权抵押贷款信用风险评估的指标体系

第六章　林权抵押贷款信用风险综合评估

本章依据前文理论与实证分析结果确定林权抵押贷款信用风险综合评估指标体系，建立林权抵押贷款信用风险评估模型，揭示林权抵押贷款信用风险显著性影响因素。

第一节　信用风险评估模型介绍

一、专家系统法

自 20 世纪 80 年代以来，专家系统法逐步被应用到了信用评价分析领域。信贷专家凭借自己的专业技能和主观判断，选取一定特征目标要素，对每一要素评分，从而确定评估对象的信用等级，评估其信用风险，并以此为依据做出相应的信贷决策。目标特征的评价要素通常采用 "5C" "5W" "5P" 因素。5C 法是 20 世纪 80 年代前金融机构主要采用的风险评估技术，从道德品质、盈利及还款能力、资本实力、抵押品和经营环境条件（5C 要素）五个方面，将每一要素逐一进行评分，使信用风险程度数量化，借此判别借款人的还款意愿和还款能力。专家方法可以充分发挥专家的知识和经验，在银行信用风险分析中发挥着积极的作用。但是专家方法有许多难以克服的弊病，主要是该方法属于定性分析法，难以遵循统一的标准，主要取决于信贷决策官员的经验判断，造成信用评估的主观性、随意性和不一致性；此外，专家方法需要大量的经过长期训练的专业信息分析人员，成本非常高。Messier 和 Hansen（1988）从知识获取角度探讨了专家系统在信用风险领域的应用，结果证明，专家系统相对线性判别法分类预测的效果要好。

二、基于财务指标的信贷评分模型

基于财务指标的信贷评分模型是将反映借款人经济状况或影响借款人信用状

况的若干财务指标赋予一定权重，通过某些特定方法得到能够反映信用状况的信用综合分值或违约概率值，并将其与基准值相比来决定是否给予贷款。实质上是一类以借款人特征指标为解释变量的计量经济模型，主要包括多元线性概率模型、Logit 模型、Probit 模型、线性判别分析模型。

（1）财务比率分析法。财务比率综合分析法就是将各项财务分析指标作为一个整体，系统、全面、综合地对企业财务状况和经营情况进行剖析、解释和评价。Fitzpatrik（1932）最早利用单变量判别分析模型对企业财务困境进行研究预测，他以 19 对破产和非破产公司为样本，运用单个财务比率将样本划分为破产和非破产两组，发现判别能力最高的是净利润/股东权益和股东权益/负债这两个比率。Beaver（1966）利用一个由 79 对公司组成的样本，分别检验了反映公司不同财务特征的 6 组 30 个变量在公司破产前 1~5 年的预测能力，发现最好的判别变量是营运资本/总负债和净利润/总资产，它们的破产前一年判别准确率分别达到 90%和 88%，他还发现越临近破产日，误判率越低。Zmijewski（1983）从 100 多个财务指标中选取了 75 个分成 10 类，并对破产与非破产两类企业的财务比率数据进行 F 检验，发现回报率、财务杠杆、固定收入保障和股票回报率四类财务指标有显著的预测能力。但是，这种采用单一财务指标变量来判别企业的违约概率是很难令人信服的，自 20 世纪 80 年代以来，随着信用市场的发展和信用风险的变化，风险度量和管理研究领域开始出现了许多新的量化分析方法、度量模型和管理策略。

（2）多变量信用风险判别模型。Horrigan（1966）以财务会计信息为基础，以特征财务比率为解释变量，采用多元回归分析对债券的 Moody 和 S&P 评级进行预测，对两者评级预测的正确率分别达到 58%和 52%。Pogue 和 Soldofsky（1969）建立二元变量回归模型，对 Moody 公司债权分组（投资级和投机组）进行预测，正确率能达到 80%。

（3）多元线性判定模型（Z-score 模型）。Edward I. Altman 在 1968 年提出了著名的 Z 评分模型（Z-score Model），1977 年 Altman、Haldeman 和 Narayanan 对 Z 评分模型做了较大的改进，利用美国企业样本建立了 7 因素 ZETA 模型；1995 年 Altman 又在 Z 模型和 ZETA 模型的基础上建立 Z-Score 模型，Z-Score 模型适应性更广，对不良贷款企业的辨认精度也有较大提高。Z 模型和 ZETA 模型均为以会计资料为基础的多变量信用评分模型，用几个财务指标能够反映企业的综合信用状况变化，操作简单并具有一定的标准性，具有适应面广，预测能力强等特点。因此一经推出便在许多国家和地区得到推广和使用，并取得了显著的效果，成为当代观测企业违约和破产的核心方法之一。

（4）Logistic 回归法（Logistic Regression）。Ohlson（1980）、Press 和 Wilson（1978）、Westgaard（2001）采用了逻蒂斯特函数（Logistic Function）建立了 Logit 信用评分模型，该模型不需要自变量服从多元正态分布和两组间协方差相等的条件，消除判别了分析法的严格假设条件，先根据多元线性判定模型确定企业破产的 z 值，然后推导出企业破产的条件概率。Westgaard（2001）研究表明，企业资产规模（取总资产/GDP 物价指数的对数）、资本结构（总负债/总资产）、资产报酬率、短期流动性（营运资金/总资产、流动负债/流动资产）等四个指标对评估企业破产具有统计显著性，模型预测的正确率也高达 92%。但是计算过程比较复杂，而且在计算过程中有很多的近似处理，这不可避免地会影响到预测精度。因此，该模型仍不够理想。

（5）神经网络分析法。Coats 和 Fant（1993）、Odom 和 Shard（1990）将神经网络（NN）引入银行业，用于信用风险识别和预测。采用美国银行信贷数据，建立了神经网络信用评分模型，实证认为，神经网络方法预测效果很好。Odom 和 Sharda（1993）开拓了用人工神经网络预测财务危机的新方法，选用了 1975～1982 年 65 家失败公司与 64 家健全公司为研究对象，分为训练样本与测试样本两组，以 Altman 所构建的五个财务比率为研究变量，将公司失败前一年的资料，使用前向三层神经网络和传统的多元判别分析进行比较研究，显示出人工神经网络具有较好的预测能力。Altman 和 Macro（1994）对意大利财务危机预测中应用于神经网络分析方法，实证研究取得较好的效果。Kerling（1995）却认为，神经网络并没有明显的优势，但大多数的实证倾向于 MLP 更好。Desai 和 Crook（1996）将模式神经网络引入消费者贷款的信用风险分析，结果表明，其分类能力不及 LMA、线性回归、MNN、MLP，原因可能是建立的网络结构不合理。Mal-hotra 和 Malhotra（2002）采用了人工神经模型判别系统（Artifical Neuro-Fuzzy Inference System）和多元判别分析法，对美国个人贷款实证检验发现前者应用效果明显优于后者，而且前者具有多种相对优势，弹性好，对数据质量容忍度高，能给出非线性函数。Chen 和 Huang（2003）实证认为，神经网络相对优越于线性判别分析法。Huang 和 Hsnchun（2004）通过对美国和中国台湾银行信贷数据对信用评级分析发现，尽管采用神经网络对信用等级变预测准确率达到 80%，但对不同地区的样本，变量会不同。

（6）多元概率比回归模型（Probit 回归模型）。该模型假定企业破产的概率为 P，并假设企业样本服从标准正态分布，其概率函数的 P 分位数可以用财务指标线性解释。其计算方法是先确定企业样本的极大似然函数，通过求似然函数的极大值得到参数 a、b，然后利用公式，求出企业破产的概率；其判别规则与

Logit 模型判别规则相同。

另外，还有非参数方法也应用到企业违约预测上，如聚类分析和 K 近临判别法。Lundy（1993）运用聚类分析方法对消费贷款申请人的典型信用进行每类评分。Tang 和 Kiang（1992）运用 K 近临判别法进行实证分析，但实证效果不如线性判别法。

基于财务指标的信贷评分模型财务比率模型是最早用于信用风险定量分析的模型，其以统计思想和判别分析为依据的方法为以后的信用风险的评估模型的建立提供了思路。这些模型以大量的会计数据信息为基础，而会计数据只有在会计期间结束后才能获取报告，因而会影响对信用评价的时效性以及连续性。并且 z 计分模型以及其相关的发展模型都是以线性关系为假设前提的，而世界本身并不是线性的，所以财务数据模型预测的准确性也受到了质疑。以上基于财务信息的评估模型并不适合用于评估林权抵押贷款信用风险。因为其主要评级指标的有效性需依靠较高的财务报表质量，但是，一般的林农没有报表，即使有报表质量也不高，使用不真实的财务数据无法真正辨别会计信息，信用评价会高估或低估林权抵押贷款的信用等级。

三、现代金融工程模型

自 20 世纪 80 年代以来，西方先进商业银行开始探索运用现代金融理论和数学工具来评估信用风险。现代金融工程模型的研究主要可分为三类：基于期权理论的信用风险度量模型、基于统计方法的信用风险度量模型以及基于计算机技术的信用风险度量模型。这三类模型都是以风险价值为基础，以违约概率、预期损失为核心指标的度量模型。

（一）基于期权理论的信用风险预测模型

基于期权理论的信用风险预测模型是以期权定价模型为基础的模型。用期权定价理论来度量信用风险的思想始于 Merton（1974）。Merton 在研究资本定价模型的过程中，提出了一种包括利率和公司特征变量在内的动态变化的模型。其基本思想是：对于一个简单负债的公司而言，可以将公司的股权看作是以公司未来价值为标的看涨期权，当公司资产价值低于债券价值时，股权所有者就会放弃执行看涨期权而执行看跌期权，即股权所有者向债权人违约。基于期权理论的信用风险预测模型主要有 KMV 模型、信用风险附加模型（Credit Risk+）和信用度量术（Credit Metrics）。

衡量违约概率模型（Kealhofer，McQuown & Vasicek，KMV）是著名的风险

管理公司于 1995 年创立的，是以经典的莫顿模型（Merton，1974）为理论基础，将期权定价理论应用于贷款和债券估值而开发出的一种信用监控模型。该模型采用了一种从授信企业股票市场价格变化的角度估计违约概率的方法来分析企业的信用风险，估计借款企业违约概率。衡量违约概率模型（KMV）把贷款看作期权，股份公司的资产价值是公司股票和债务价值之和，当公司资产价值低于债务面值时，就发生违约，因此债权人相当于卖空一个基于公司资产价值的看涨期权。衡量违约概率模型（KMV）最适用于上市公司，因为这些公司的价值是由市场决定的，公司股价和资产负债表中的数据能够被诠释为隐含的违约风险。通过股票价格来测算上市公司的预期违约概率，使市场信息能被反映在模型当中。该方法适用于资本市场工具的风险衡量，不适合贷款信用风险的衡量。

1994 年 J. P. Morgan 在其 1987 年信用转换矩阵的基础上，提出了基于在险价值（Value at Risk，VaR）的市场风险度量模型，即 Risk Metrics。1997 年，J. P. Morgan10 联合其他几家机构（美国银行、KMV、瑞士联合银行等）共同开发出信用度量术（Credit Metrics）。该方法的主要思想是根据借款人的信用评级和评级转移概率，违约贷款的回收率、贷款的信用风险溢价，计算出公司资产价值和公司资产收益的波动率，从而可以计算出个别贷款或贷款组合的价值，得到信用风险的度量。Jones 和 Mingo（1999）、Nyfeler（2000）、Forest 和 Kpmecpeat（2000）对此作了进一步解释和拓展。Credit Metrics 模型对贷款和非交易资产进行估价和风险计算，主要目的是对非交易性金融资产，如贷款和私募债券的价值和风险进行度量的模型，它是全球首个信贷风险组合模型。

基于期权理论的信用风险预测模型有着坚实的理论基础以及科学的方法，被认为是有效的信用风险评价模型，都可以用于债务人的信用风险评价。但是KMV 模型主要用于上市公司的信用风险的评价，而对于非上市公司的评价存在着局限性，并且 KMV 模型主要评价单个资产的信用风险，所以需要对其改进才可以用于资产组合的信用风险分析。Credit Metric 模型的分析需要信用评级以及转移矩阵为基础工具，并且需要大量的数据库支持，而在目前由于我国的信用市场环境以及信用数据库的不完善，Credit Metric 模型在我国的运用还不适合，但是其对资产组合分析评价的方法和思想却非常值得借鉴。

（二）基于统计分析方法的信用风险度量模型

通过统计分析等手段分析出违约风险。该类模型主要有考察微观主体的Credit Risk+模型和考察宏观变量的 Credit Portfolio View 模型。

Credit Risk+模型思想源于保险精算学，基于精算方法的信息风险计量模型，由瑞士信贷第一波士顿银行（Credit Suisse Frist Boston，CSFB）金融产品部开发并于 1997 年底推出。该模型的主导思想即违约决定于灾害发生的概率和灾害发生时造成的损失或破坏程度。该模型不去探讨违约事件的内在形成机制，而是直接对违约事件本身建模，把违约看作是由某个外生的随机过程决定的随机事件。Credit Risk 模型所需的输入数据很少，只需每笔贷款的违约概率和给定违约概率下的损失，无须有关利率期限结构或信用等级转换矩阵的信息，模型不需要采用模拟技术，计算速度较快。主要缺点是模型并非充分估值在险价值，它关注的是损失率，而不是贷款价值的变化。Credit Risk+模型可以直接用来评价资产组合的信用风险，其独特的信用敞口划分技术不仅简化了信用敞口的计算并且通过统计得出其违约损失以及回收率，也为信用风险的评价提供了便利。然而这些都需要强有力的数据库支持，这使模型难以适应目前我国的具体情况。

可以将 Credit Portfolio View 模型看作是一个多因素模型，它将违约率与经济增长率、失业率、利率、汇率、政府支出等宏观经济变量联系起来，并通过蒙特卡罗技术、模拟周期性因素的冲击来测定评级转移概率的变化。Credit Portfolio View 模型在预测信用违约概率时以 Logit 模型方式表现，该模型是由麦肯锡咨询公司开发的一个离散型多时期模型，其中，把违约概率看成一系列宏观经济变量如失业率、利率、经济增长率、政府支出、汇率等的函数。Credit Portfolio View 模型通过宏观经济状态模拟方程，在资产证券化的信用风险评价中可以用来评价资产证券化面临的整体外部环境。一旦针对某个特定的证券化产品或过程，模型的预测分析能力就甚小了。用该模型来表述目前全球正在面临的次级债危机是比较适用的，这场危机也体现了该模型所运用的思想。

2004 年 6 月 26 日公布的"巴塞尔新资本协议"提出，信用风险计量采用标准法或基于内部评级法确定。标准法以 1988 年协议为基础，采用外部评级机构确定风险权重，适用对象是复杂程度不高的银行。内部评级法又有初级和高级法之分。在初级法中，银行根据内部数据对于不同级别的借款测算违约概率（PD），金融监管当局则必须提供其他参数，如违约风险暴露（EAD）及给定违约损失率（LGD）等。而在高级法中，上述参数由银行自行测算决定，但必须由监管当局加以确认。目前世界各国银行都在按照巴塞尔新资本协议的要求进行违约概率的测度与评估模型构建。

四、现代信贷风险评估模型的启示

从总体上看，以上研究为林权抵押贷款信用风险的评估模型的建立提供了思路与方法启示。从基于统计分析方法的信用风险度量模型得到启发，把林权抵押贷款信用风险看作是与林木资产风险相关的因素的函数，通过统计分析的手段分析出各因素对违约风险的影响。数据问题是信用风险度量的瓶颈之一，从 2005 年林权抵押贷款试点到目前虽然有十几年时间，但是，违约历史记录少、数据质量差。因此，本研究借鉴专家系统法，信贷专家凭借自己的专业技能和主观判断，选取一定特征目标要素，对每一要素评分，获取原始数据。另外，还从财务比率分析法中获得启发，将反映林木资产风险的若干指标赋予一定权重，通过序数回归的方法得到能够反映信用状况的信用综合分值。

第二节 模型选择与指标定义

一、模型选择

因变量 y 表示顺序变量，取 3 个顺序类别，记为 1，2，3，表示顺序的大小，1 表示信用风险小、2 表示信用风险一般、3 表示信用风险大。通过对因变量的频数分析发现类别 3 出现频率是 91、类别 2 出现频率是 63，类别 1 出现频率是 44，可见，样本出现频率类别 3 大于类别 2，而两者又都大于类别 1，属于高层类型出现概率大的分布，因此选择高层类别双对数函数（Link function：Complementary Log-log.），位置联系模型的数学表达式为：

$$Link\ (y_{ij}) = \beta_j - (\beta_1 x_{i1} + \beta_2 x_{i2} + \cdots + \beta_p x_{ip})$$

二、指标定义

根据前述理论分析，本研究将林权抵押贷款信用风险评估指标分解成 8 个变量，有关各变量（自变量和因变量）的定义如表 6-1 所示。通过这些变量对林权抵押贷款信用风险进行综合评估。这里将变量林权抵押贷款信用风险（y）作为因变量。

表 6-1 林权抵押贷款信用风险影响因素相关变量的定义

变量名称	取值	定义
林权抵押贷款信用风险（y）	1，2，3	大 = 3，一般 = 2，小 = 1
森林火灾（x_{1i}）	1，2，3	大 = 3，一般 = 2，小 = 1
森林盗砍（x_{2i}）	1，2，3	大 = 3，一般 = 2，小 = 1
林权登记管理制度（x_{3i}）	1，2，3	大 = 3，一般 = 2，小 = 1

续表

变量名称	取值	定义
森林资产评估（x_{4i}）	1，2，3	大 = 3，一般 = 2，小 = 1
林木价格（x_{5i}）	1，2，3，4，5	1 = 特别不重要；2 = 不重要；3 = 一般；4 = 重要；5 = 特别重要
经营方式（x_{6i}）	1，2，3，4，5	1 = 特别不重要；2 = 不重要；3 = 一般；4 = 重要；5 = 特别重要
限额采伐管理制度（x_{7i}）	1，2，3，4，5	1 = 特别不重要；2 = 不重要；3 = 一般；4 = 重要；5 = 特别重要
林权交易市场成熟度（x_{8i}）	1，2，3，4，5	1 = 特别不重要；2 = 不重要；3 = 一般；4 = 重要；5 = 特别重要

第三节　建模过程

利用 SPSS 统计软件，对计量模型进行序数回归分析，森林火灾、森林盗伐、林权登记管理制度、森林资产评估、林木价格、经营方式、限额采伐管理制度和林权交易市场成熟度这 8 个风险因素对林权抵押贷款信用风险的影响。在 SPSS 统计软件中采用 Complementary Log-log（高层双对数回归法）运行这些数据后得到如下结果：

样本的类别频数分布如表 6-2 所示，可见 198 个样本数据都被模型采用，数据样本质量良好，占总比重的 100%。

表 6-2　观测值处理情况汇总

		数值（N）	边际比例（Marginal Percentage）（%）
林权抵押信用风险	1.00	44	22.2
	2.00	63	31.8
	3.00	91	46.0
林权登记管理制度	1.00	30	15.2
	2.00	40	20.2
	3.00	128	64.6
森林资产评估	1.00	25	12.6
	2.00	34	17.2
	3.00	139	70.2

续表

	数值（N）		边际比例（Marginal Percentage）（%）
林木价格	1.00	8	4.0
	2.00	20	10.1
	3.00	33	16.7
	4.00	98	49.5
	5.00	39	19.7
经营方式	1.00	8	4.0
	2.00	29	14.6
	3.00	99	50.0
	4.00	46	23.2
	5.00	16	8.1
森林火灾	1.00	20	10.1
	2.00	59	29.8
	3.00	119	60.1
森林盗伐	1.00	30	15.2
	2.00	103	52.0
	3.00	65	32.8
限额采伐管理制度	1.00	6	3.0
	2.00	10	5.1
	3.00	23	11.6
	4.00	76	38.4
	5.00	83	41.9
林权交易市场成熟度	1.00	8	4.0
	2.00	21	10.6
	3.00	90	45.5
	4.00	56	28.3
	5.00	23	11.6
有效样本（Valid）	198		100.0
丢失样本（Missing）	0		—
总量（Total）	198		—

表 6-3 至表 6-5 揭示了回归模型的 -2LL 检验、卡方值（Chi-Square）和显著度（Sig.）都符合统计要求。模型的 -2LL 检验（-2 Log Likelihood）为 163.357，

卡方值（Chi-Square）为415.936，显著度（Sig.）为0.000，远小于0.05，说明模型整体检验十分显著。

表6-3 模型适合信息

进入模型（Model）	−2 LL 检验 （−2 Log Likelihood）	卡方（Chi-Square）	自由度 （df）	显著度 （Sig.）
Intercept Only	415.936	—	—	—
Final	163.357	415.936	24	0.000

注：联系函数：高层类别双对数函数。

表6-4 拟合优度

	卡方（Chi-Square）	自由度（df）	显著度（Sig.）
皮尔逊 x^2（Pearson）	115.570	270	1.000
偏差（Deviance）	117.566	270	1.000

注：联系函数：高层类别双对数函数。

表6-5 判定系数

Cox and Snell	0.878
Nagelkerke	0.998
McFadden	0.995

注：联系函数：高层类别双对数函数。

第四节 模型结果分析

SPSS的回归结果如表6-6所示。

表6-6 参数估计

		估计值 （Estimate）	标准误差 （Std. Error）	统计量 （Wald）	自由度 （df）	显著度 （Sig.）
类别临界值 （Threshold）	［林权抵押贷款 信用风险 = 1.00］	−7.168	1.004	50.961	1	0.000
	［林权抵押贷款 信用风险 = 2.00］	−4.168	0.887	22.098	1	0.000

续表

		估计值（Estimate）	标准误差（Std. Error）	统计量（Wald）	自由度（df）	显著度（Sig.）
位置（Location）（1）	［林权登记管理制度＝1.00］	−2.031	0.616	10.855	1	0.001
	［林权登记管理制度＝2.00］	−1.375	0.375	13.467	1	0.000
	［林权登记管理制度＝3.00］	0ᵃ	—	—	0	—
位置（Location）（2）	［林木资产评估＝1.00］	−1.187	0.495	5.739	1	0.017
	［林木资产评估＝2.00］	−0.659	0.370	3.173	1	0.075
	［林木资产评估＝3.00］	0ᵃ	—	—	0	—
位置（Location）（3）	［林木价格＝1.00］	−1.116	0.870	1.646	1	0.199
	［林木价格＝2.00］	−0.828	0.660	1.572	1	0.210
	［林木价格＝3.00］	−0.925	0.594	2.424	1	0.119
	［林木价格＝4.00］	0.201	0.506	0.158	1	0.691
	［林木价格＝5.00］	0ᵃ	—	—	0	—
位置（Location）（4）	［经营方式＝1.00］	0.217	0.953	0.052	1	0.820
	［经营方式＝2.00］	−0.672	0.783	0.737	1	0.391
	［经营方式＝3.00］	−0.501	0.719	0.484	1	0.486
	［经营方式＝4.00］	−0.478	0.746	0.411	1	0.521
	［经营方式＝5.00］	0ᵃ	—	—	0	—
位置（Location）（5）	［森林火灾＝1.00］	−1.595	0.577	7.633	1	0.006
	［森林火灾＝2.00］	−1.529	0.316	23.380	1	0.000
	［森林火灾＝3.00］	0ᵃ	—	—	0	—
位置（Location）（6）	［森林盗伐＝1.00］	−1.561	0.673	5.385	1	0.020
	［森林盗伐＝2.00］	−1.762	0.489	12.997	1	0.000
	［森林盗伐＝3.00］	0ᵃ	—	—	0	—
位置（Location）（7）	［限额采伐管理制度＝1.00］	−0.805	0.894	0.810	1	0.368
	［限额采伐管理制度＝2.00］	−0.026	0.666	0.001	1	0.969
	［限额采伐管理制度＝3.00］	−0.750	0.600	1.563	1	0.211
	［限额采伐管理制度＝4.00］	−0.665	0.358	3.455	1	0.063
	［限额采伐管理制度＝5.00］	0ᵃ	—	—	0	—
位置（Location）（8）	［林权交易市场成熟度＝1.00］	−1.445	1.107	1.703	1	0.192
	［林权交易市场成熟度＝2.00］	−0.690	0.823	0.703	1	0.402
	［林权交易市场成熟度＝3.00］	−0.801	0.716	1.251	1	0.263
	［林权交易市场成熟度＝4.00］	−0.024	0.713	0.001	1	0.973
	［林权交易市场成熟度＝5.00］	0ᵃ	—	—	0	—

注：联系函数：高层类别双对数函数，a 这个参数调零因为它是多余的。
在 SPSS 中对分类变量的处理，是 n 个分类，拆分成 n−1 个哑变量。

（1）林木价格。林木价格 = 1.00、林木价格 = 2.00、林木价格 = 3.00 与林木价格 = 4.00 的显著度（Sig.）分别为 0.199、0.210、0.119 与 0.691，都大于 0.05，是不显著的自变量，可以剔除。原因是随着我国经济的快速发展和人民生活水平的迅速提高，对各种木材的需求日益增加，市场需求量不断扩大，在相当长的一个时期内林木仍是一种紧俏商品，产品供不应求，其价格呈继续上涨趋势。

（2）限额采伐管理制度。限额采伐管理制度 = 1.00、限额采伐管理制度 = 2.00、限额采伐管理制度 = 3.00 与限额采伐管理制度 = 4.00 的显著度（Sig.）分别为 0.368、0.969、0.211 与 0.063，都大于 0.05，是不显著的自变量，可以剔除。原因是林改之后，为了促进商品林造林投资，福建省重点林区都在积极探索限额采伐管理制度创新，消除限额采伐制度中的不利因素，简化审批程序，完善采伐审批制度，让其更贴近林农的林业生产实际。

（3）经营方式。经营方式 = 1.00、经营方式 = 2.00、经营方式 = 3.00 与经营方式 = 4.00 的显著度（Sig.）分别为 0.820、0.391、0.486 与 0.521，都大于 0.05，是不显著的自变量，可以剔除。原因是当前金融机构根据不同的贷款对象和树种确定可抵押林木的面积，自然人须提供相对集中的抵押面积 100 亩（含）以上；法人客户须提供相对集中的抵押面积 300 亩（含）以上。可见，能获得林权抵押贷款项目的都是经营规模相较大的林农，其经营方式比一般小林农更集约，管理水平较高。

（4）林权交易市场成熟度。林权交易市场成熟度 = 1.00、林权交易市场成熟度 = 2.00、林权交易市场成熟度 = 3.00 与林权交易市场成熟度 = 4.00 的显著度（Sig.）分别为 0.192、0.402、0.263 与 0.973，都大于 0.05，是不显著的自变量，可以剔除。原因是当前在福建省南平、三明市民间林权交易活跃。三明永安等地方建立了较健全的林权交易市场，其他县正在探讨组建过程中。相对成熟的林权交易市场促进了森林资源资产的流转。

（5）林权登记管理制度。林权登记管理制度 = 1.00 与林权登记管理制度 = 2.00 的显著度（Sig.）分别为 0.001 与 0.000，都小于 0.05，通过了显著度检验，是选入模型的变量。林权登记管理制度 = 1.00 与林权登记管理制度 = 2.00 对林权抵押贷款信用风险的影响系数分别为 −2.031 与 −1.375。说明林权登记管理制度与林权抵押贷款信用风险呈正相关关系，林权登记管理制度越不完善，林权抵押贷款信用风险也就越大。由于现阶段我国林权登记管理制度不健全，林权档案管理不够规范、林权管理手段落后等原因，银行抵押森林资源安全性得不到有效维护。

（6）林木资产评估。林木资产评估取值的显著度（Sig.）较小，通过显著度检验，是选入模型的变量。林木资产评估 = 1.00 与林木资产评估 = 2.00 对林权抵押贷款信用风险的影响系数分别为-1.187与-0.659。说明林木资产评估风险与林权抵押贷款信用风险呈正相关关系，林木资产评估风险越大，林权抵押贷款信用风险也就越大。当然，具有资产评估资质又有从事森林资源资产评估能力的评估机构数量极少，另外，由于评估机构道德风险等问题，评估机构评估报告可靠性受质疑，因此，授信面临着重大的风险隐患。

（7）森林火灾。森林火灾取值的显著度（Sig.）较小，通过显著度检验，是选入模型的变量。森林火灾=1.00与森林火灾=2.00对林权抵押贷款信用风险的影响系数分别为-1.595与-1.529。说明森林火灾风险与林权抵押贷款信用风险呈正相关关系，森林火灾风险越大，林权抵押贷款信用风险也就越大。在近年来在全球气候变暖、厄尔尼诺现象等多重因素影响下，持续高温、干旱、大风等极端天气不断增多；森林林分质量不高，人工纯林比重较大，抵御自然风险的能力较弱；再加野外用火等人为因素，森林火灾发生次数居高不下。森林火灾是最重要的林业风险，使抵押林木资产面临极大的风险隐患。

（8）森林盗伐。森林盗伐取值的显著度（Sig.）较小，通过显著度检验，是选入模型的变量。森林盗伐=1.00与森林盗伐=2.00对林权抵押贷款信用风险的影响系数分别为-1.561与-1.762。说明森林盗伐风险与林权抵押贷款信用风险呈正相关关系，森林盗伐风险越大，林权抵押贷款信用风险也就越大。林木被盗伐占林政案件的比率还是相当高的，林木盗伐是林业生产中重要的风险。

剔除不显著因素后，得到变量林权登记管理制度、林木资产评估、森林火灾和森林盗伐对林权抵押贷款信用风险的影响程度，建立林权抵押贷款信用风险评估数学模型：

$$Link(y_1) = -7.168 - (-2.031x_{11} - 1.375x_{12} - 1.187x_{21} -$$
$$0.659x_{51} - 1.529x_{52} - 1.561x_{61} - 1.762x_{62})$$

$$Link(y_1) = -4.168 - (-2.031x_{11} - 1.375x_{12} - 1.187x_{21} -$$
$$0.659x_{51} - 1.529x_{52} - 1.561x_{61} - 1.762x_{62})$$

以上分析表明林权登记管理制度、林木资产评估、森林火灾和森林盗伐等因素对林权抵押贷款信用风险具有显著性影响。主要体现在以下四个方面：

（1）林权登记管理制度。林权登记管理制度与林权抵押贷款信用风险呈正相关关系，林权登记管理制度越不完善，林权抵押贷款信用风险也就越大，由于现阶段我国林权登记管理制度不健全，林权档案管理不够规范、林权管理手段落后等原因，银行抵押森林资源安全性得不到有效维护。

（2）林木资产评估。林木资产评估风险与林权抵押贷款信用风险呈正相关关系，林木资产评估风险越大，林权抵押贷款信用风险也就越大，评估机构及其人员的评估资质、评估能力、道德风险等问题的存在，使评估机构评估报告可靠性受质疑，从而使授信方面临着重大的风险隐患。

（3）森林火灾。森林火灾风险与林权抵押贷款信用风险呈正相关关系，森林火灾风险越大，林权抵押贷款信用风险也就越大，森林火灾是最重要的林业风险，使抵押林木资产面临极大的风险隐患。

（4）森林盗伐。森林盗伐风险与林权抵押贷款信用风险呈正相关关系，森林盗伐风险越大，林权抵押贷款信用风险也就越大，林木盗伐是林业生产中重要的风险，使金融机构的信贷资产面临极大的风险隐患。

虽然林木价格、经营方式、限额采伐管理制度和林权交易市场成熟度等风险因素没有通过模型检验，但并不意味着这些因素不会对林权抵押贷款信用风险产生影响，况且当前许多文献已经证实了它们对林权风险的影响，前文也从理论层面分析了其对林权抵押贷款信用风险的影响机理。因此，林权抵押贷款信用风险控制不仅要关注通过模型检验的林权登记管理制度、林木资产评估、森林火灾和森林盗伐等对林权抵押贷款信用风险具有显著性影响因素，也不可忽视未通过模型检验的因素。

第七章　发挥政府在林权抵押贷款信用风险控制中的主体作用

林权抵押贷款是社会主义市场经济的产物，其信用风险控制需要政府与市场共同发力。本章对政府参与林权抵押贷款信用风险控制必要性进行阐释，进而提出政府在林权抵押贷款信用风险控制中的目标选择。

第一节　发挥政府在林权抵押贷款信用风险控制中的主体作用的必要性

一、市场经济离不开政府职能的发挥

政府要不要参与林权抵押贷款信用风险控制实际上是政府与市场关系的问题，政府与市场关系是经济学中历久弥新的问题。无论是马克思主义政治经济学的发展，还是西方主流经济思想的演变，其重要标志之一就是对政府与市场关系的重新认识以及对政府与市场角色的重新定位。马克思主义认为市场经济离不开政府必要的保障作用。

（一）马克思和恩格斯观点

在马克思恩格斯的著述中未见对政府与市场关系进行直接系统而完整的论述。但是，随着对资本主义尤其是社会主义本质认识深入，马克思主义经济学对市场和政府关系进行了一系列丰富而精辟的论述。

在马克思对商品经济的一般规律论述中，包含了其对市场与政府关系的认识，认为商品经济中要发挥市场对资源配置的基础性作用与政府必要的保障作用。按照马克思的观点，商品进行交换的根本原因在于社会分工，以及在社会分工条件下各生产者都是独立的所有者或所有权主体，"作为交换的主体，他们的关系是平等的"，"除了平等的规定以外，还要加上自由的规定。尽管个人 A 需要个人 B 的商品，但他并不是用暴力去占有这个商品，反过来也一样，相反地他

们互相承认对方是所有者，是把自己的意志渗入到商品中去的人"。这意味着当各生产者将他们的劳动产品进行相互交换时，只有在交换双方彼此尊重对方所有权与个人意志的前提下，商品经济才能正常有序地进行。而所有权的确认和保护则需要国家通过正式的制度安排来保障。

马克思对市场配置资源方式和机制作出了科学论述，在分析价值规律作用机制中，充分论述市场机制促进提高资源配置效率功能。"供求可以在极不相同的形式上消除由供求不平衡所产生的影响。例如，如果需求减少，因为市场价格降低，结果，资本就会被抽走，这样供给就会减少……。反之，如果需求增加，因而市场价格高于市场价值，结果流入这个生产部门的资本就会过多，生产就会增加到如此程度，甚至使市场价格降低到市场价值以下，另外，还可以引起价格上涨，以致需求本身减少。"

马克思充分肯定了市场配置资源客观必然性与重要性，马克思和恩格斯就曾高度赞扬了资本主义市场经济的历史积极作用，从历史发展的角度对资产阶级极大地推动生产力发展的积极作用进行肯定。"资产阶级在它的不到一百年的阶级统治中所创造的生产力，比过去一切时代创造的全部生产力还要多，还要大。自然力的征服，机器的采用，化学在工业和农业中的应用，轮船的行驶，铁路的通行，电报的使用，整个大陆的开垦，河川的通航，仿佛有法术从地下呼唤出来的大量人口——过去哪一个世纪能够料想到有这样的生产力潜伏在社会劳动里呢？"马克思和恩格斯对资本主义生产方式的论述，在很多地方、在很大程度上又体现着对市场经济共性的论述。因此，马克思和恩格斯对资本主义生产方式历史进步性的肯定，在一定程度上也是对市场经济的肯定。

马克思在肯定市场经济积极作用的同时，又对它的不足之处进行科学的批判，指出资本主义根本缺陷之一就在于它对社会资源配置及经济活动缺乏有意识的调节。恩格斯进一步指出资本主义市场经济事实上不可能内生地形成协调机制，"个别工厂中的生产组织性和整个社会中生产的无政府状态的对立"是资本主义生产方式的基本矛盾。马克思和恩格斯提出了"以计划替代市场"资源配置中的经济思想，认为只有在未来社会共同占有生产资料的条件下，才有可能协调和解决"整个社会中生产的无政府状态"。"一旦社会占有了生产资料，商品生产就将被消除"，同时，"社会生产内部的无政府状态将为有计划的自觉的组织所代替"。在那个"和人类本性相称的社会制度下，社会那时就应当考虑，靠它所掌握的资料能够生产些什么，并根据这种生产力和广大消费者之间的关系来确定，应该把生产提高多少或缩减多少，应该允许生产或限制生产多少奢侈品"。如此，"社会的生产无政府状态就让位于按照社会总体和每个成员的需要对生产进行的社会的有计划的调节"。"劳动时间的社会的有计划的分配，调节着各种劳动职能同各种需要的适当的比例……社会生活过程即物质生产过程的形态，作为自由结合的人的产物，处于人的有意识有计划的控制之下。"国家是阶级统治的工具，阶级统治和公共管理是国家的两种主要职能。阶级统治是国家的核心职能，但是国家政权阶级统治功能的实现往往也是以执行一定的公共职能为前提的。马克思指出，"一切一般的、共同的生产条件——只要它们还不能由资本本身在资本的条件下创造出来——必须由国家收入的一部分来支付，由国库来支付，而（创造共同生产条件的）工人不是生产工人，尽管他们提高了资本的生产力"。在社会主义国家，政府要承担起一般管理、满足社会共同需要、社会保险与保障、救灾等公共职能。马克思在《哥达纲领批判》一书中批判拉萨尔关于社会主义社会中劳动者应当得到"不折不扣"的"劳动所得"的观点时指出，"社会总产品在进行个人分配之前，必须先作六项扣除：一是用来补偿消费掉的生产资料的部分；二是用来扩大再生产的追加部分；三是用来应付不幸事故、自然灾害等的后备基金或保险基金；四是和生产没有直接关系的一般管理费用；五是用来满足共同需要的部分，如学校、保健设施等；六是为丧失劳动能力的人等设立的基金。"实际上，马克思的"6项扣除"在本质上即政府公共职能的另一种叙述方式。因此，一般管理、学校与保健等共同需要、保险与救灾等方面的支出，是由政府来履行的。1939年，毛泽东在《关于〈孔子的哲学思想〉一文给张闻天的信》中，在批判孔子的道德观的基础上，明确提出了"为人民服务"的政府实践理念和伦理观。1944年，毛泽东在《为人民服务》的讲演中对为人民服务思想做了重要阐述，指出，"我们这个队伍完全是为着人民的，是彻底地为人民的利益工作的"。

马克思认为，"作为社会的人，……从他求生存的时候起，就需要有社会公共权威性的组织对其重大利益关系进行协调与控制"。离开了公共管理，人们的公共利益就无法维护。"自由人的联合体"将成为公共管理的主体。利益是人们从事实践活动的出发点，是人的内在需要。马克思明确指出："人们奋斗所争取的一切，都同他们的利益有关"。马克思和恩格斯对公共管理的一般职能作了深入分析。

马克思主义认为社会主义核心使命是为全社会谋福利，社会主义政府管理服务的是全社会的利益，社会主义、共产主义社会是"用社会财产来为全社会谋福利"。市场失灵是资本主义制度无法克服的先天性缺陷。弥补市场失灵是政府公共职能的职责目标，协调私人利益与公共利益的关系，维护社会化大生产所需的共同条件。资本主义社会化大生产所需要的共同条件包括交通、电力、水利等，光靠个别资本企业是难以提供的，必须依靠国家的公共财政支出来提供。这就决定国家必须履行公共经济职能。马克思明确指出："一切一般的、共同的生产条件——只要它们还不能由资本本身在资本条件下创造出来必须由国家收入的一部分来支付，由国库来支付"。

（二）列宁观点

列宁将马克思和恩格斯计划经济思想付诸实践，建立高度集中的计划管理为特征的"战时共产主义"体制，实施新经济政策。然而"战时共产主义"体制和军事共产主义政策破坏了社会经济，比苏维埃政权"遭到的任何一次失败都严重得多，重大得多，危险得多"。列宁及时总结了"战时共产主义"体制和军事共产主义政策的教训。"我们犯了错误：决定直接过渡到共产主义的生产和分配。当时我们认定，农民将遵照余粮征集制交出我们所需数量的粮食，我们则把这些粮食分配给各个工厂，这样，我们就是实行共产主义的生产和分配了。"由此，列宁对社会主义经济、商品经济、政府作用的认识发生了一系列重大转折性的变化，开始认识到商业和市场机制对发展社会主义经济的必要性和积极作用。"我们不得不承认我们对社会主义的整个看法根本改变了。"列宁在实践中提出的通过政府计划发展商品经济、实现经济计划与市场调节相结合的理论、通过"中间环节"向社会主义过渡的理论。"在一个小农占人口大多数的国家里，实行社会主义革命必须通过一系列特殊的过渡办法"。"我们不应该指望采用共产主义的直接过渡办法。必须同农民个人利益的结合为基础。""应当把商品交换提到首要地位，把它作为新经济政策的主要杠杆。"并进一步指出："新经济政策并不是要改变政府统一的经济计划，而是改变实现这个计划的方法，在当前历史条件下需抓住的环节，就是在国家的正确调节（引导）下活跃国内商业"。"现在一切都在于实践，现在已经到了这样一个历史关头：理论在变为实践，理论由实践赋予活力，由实践来修正，由实践来检验"。

（三）中国特色社会主义市场经济理论

邓小平同志对社会主义商品经济的本质及其运行机理的分析奠定了参与市场调控的理论基础。1979 年，邓小平同志阐发了社会主义市场经济的思想。指出"市场经济不能说只是资本主义的。市场经济在封建社会时期就有了萌芽。社会主义也可以搞市场经济。""我们必须从理论上搞懂，资本主义与社会主义的区分不在于是计划还是市场这样的问题。社会主义也有市场经济，资本主义也有计划控制。"1992 年年初，邓小平在南方谈话中，全面阐述了计划和市场两种手段的理论，提出计划与市场都是经济手段的论断。

中共十四大报告指出，确定经济体制改革目标的核心是"正确认识和处理计划与市场的关系"，发挥"市场在社会主义国家宏观调控下对资源配置起基础性作用"。习近平在十八大报告中进一步指出，"经济体制改革的核心问题是处理好政府和市场的关系"；党的十八届三中全会审议并通过的《中共中央关于全面深化改革若干重大问题的决定》重申了这一理论和实践原则，提出要"推进国家治理体系和治理能力现代化"，在"使市场在资源配置中起决定性作用"的同时"更好发挥政府的作用"。习近平总书记在《关于〈中共中央关于全面深化改革若干重大问题的决定〉的说明》中指出："市场在资源配置中起决定性作用，并不是起全部作用。"可见，市场的"决定性作用"是有限制的。根据这个精神，《决定》在提出市场的"决定性作用"的同时，也强调了政府的作用。2014年5月，习近平总书记在主持中共中央政治局第十五次集体学习时指出："在市场作用和政府作用的问题上，要讲辩证法、两点论，'看不见的手'和'看得见的手'都要用好，努力形成市场作用和政府作用有机统一、相互补充、相互协调、相互促进的格局，推动经济社会持续健康发展。"正确处理政府与市场关系的关键，首先，需要认真领会"市场决定资源配置是市场经济的一般规律"。其次，科学界定政府作用。市场机制存在很多缺陷和不足，市场经济领域的资源配置不能完全依靠市场，需要政府管理来矫正、约束和补充市场行为，用"看得见的手"弥补"看不见的手"的缺陷。社会主义市场经济理论的提出，是社会主义改革理论上的又一重大突破。"市场在资源配置中起决定性作用和更好发挥政府作用"已经成为中国特色社会主义政治经济学的基本原则之一。

中国共产党第十九次全国代表大会报告指出"加快建设实体经济、科技创新、现代金融、人力资源协同发展的产业体系，着力构建市场机制有效、微观主体有活力、宏观调控有度的经济体制"。"深化金融体制改革，增强金融服务实体经济能力。"同时，"健全金融监管体系，守住不发生系统性金融风险的底线。"2017年中央农村工作会议指出"实施乡村振兴战略，必须大力推进体制机制创新，强化乡村振兴制度性供给。要以完善产权制度和要素市场化配置为重点"。中共十七届三中全会通过的《中共中央关于推进农村改革发展若干重大问题的决定》要求，"坚持不懈推进农村改革和制度创新，提高改革决策的科学性，增强改革措施的协调性，充分发挥市场在资源配置中的基础性作用，加强和改善国家对农业农村发展的调控和引导"。习近平在中国共产党第十九次全国代表大会上的报告中指出"坚持新发展理念，毫不动摇鼓励、支持、引导非公有制经济发展，使市场在资源配置中起决定性作用，更好发挥政府作用，推动农业现代化发展。""建设现代化经济体系，必须把发展经济的着力点放在实体经济上，把提高供给体系质量作为主攻方向，支持传统产业优化升级。"实施乡村振兴战略。农业农村农民问题是关系国计民生的根本性问题，必须始终把解决好"三农"问题作为全党工作重中之重。"加快完善社会主义市场经济体制。经济体制改革必须以完善产权制度和要素市场化配置为重点，实现产权有效激励、要素自由流动、价格反应灵活、竞争公平有序、企业优胜劣汰。"

可见，中国特色社会主义市场经济理论强调政府要调控和引导农业农村发展，政府必须明确农业农村发展的战略目标，选择可行的实现路径，转变政府职能，创新公共管理体制以适应农业农村发展的新要求。

(四) 结论

可见，从马克思和恩格斯的观点、列宁的观点到中国特色社会主义市场经济理论都充分肯定政府在社会主义市场经济建设中的重要地位。随着市场体系的不断完善和政府治理水平的提高，政府职能会更多集中在建立市场和监督市场上（成思危，1998）。转型中国家更需要一个强有力的政府来建立和完善保证市场有序运行的基本制度体系（薛澜、李宇环，2014）。林权抵押贷款作为集体林权制度改革的重要配套政策，更是离不开政府职能的发挥。

二、林权抵押贷款的生态效应需要政府引导

林权抵押贷款诞生的政策初衷就是增加林业信贷资金供给，为营林生产提供资本。森林利用其自身群体效应对经济、环境、社会产生的有效影响，这种影响表现为经济、生态与社会三大效益，其中，经济效益主要表现为提供木材等森林直接产品；生态效益是涵蓄水源、保持水土、改善气候等功能；社会效益表现为保障农业丰收、提供就业的功能。恩格斯在《自然辩证法》中肯定了森林的生态效应，《马克思恩格斯选集》（第三卷）指出"美索不达米亚、希腊、小亚细亚以及其他当地居民，为了想得到耕地，把树都砍完了，但是他们意想不到，这些地方今天竟因此成为荒芜不毛之地"。

马克思在对自然发展深刻认识的基础上，形成了马克思主义自然观。认为人与自然是对立统一关系，自然界提供了人类生存的物质基础。"人靠自然界生活，这就是说，自然界是人为了不致死亡而必须与之不断交往的人的身体。"人作为自然界的一部分，"人类是能动的自然存在物"。人的实践活动对自然产生影响，产生了人化自然。随着资本主义工业文明的发展，社会产力水平的提高，人对自然的影响极大地突破了自然限制，给自然带来极大的破坏，森林减少、干旱缺水、水土流失等生态危机在部分国家和地区爆发，并严重威胁了人类的生存和发展。

伴随社会主义市场经济建设深入开展，中国生态环境的污染和破坏问题十分严重，为此，中共中央、国务院多次在重要文件中强调生态建设，把生态建设提到关系国计民生的重要战略地位。邓小平指出："环境保护是我们国家的一项基本国策，是一件关系到子孙后代的大事。"江泽民强调："环境保护很重要，是关系我国长远发展的全局性战略问题"，"保护环境的实质就是保护生产力"，"各级党委和政府要把环境保护工作摆上重要议事日程，每年要听取环保工作的汇报，及时研究和解决出现的问题。这要成为一项制度。""着力解决生态环境保护和建设方面存在的突出问题，切实为人民群众创造良好的生产生活环境。要通过全社会长期不懈的努力，使我们的祖国天更蓝、地更绿、水更清、空气更洁净，人与自然的关系更和谐。"党的十八大明确提出了大力推进生态文明建设，努力建设美丽中国，实现中华民族永续发展的宏伟目标。习近平警告："我们在生态环境方面欠账太多了，如果不从现在起就把这项工作紧紧抓起来，将来会付出更大的代价。""我们既要绿水青山，也要金山银山。宁要绿水青山，不要金山银山，而且绿水青山就是金山银山。""要牢固树立保护生态环境就是保护生产力、改善生态环境就是发展生产力的理念"。营林生产提供的多种生态服务功能让整个社会群体受益。但是享受这些外部效果的群体却没有对其享受森林资源的正外部性进行付费。市场交易是资源和商品的等价交换只是一种形式上的公平，却是事实上的不公平。马克思在《工资、价格和利润》中指出："在雇佣劳动制度的基础上要求平等的或仅仅是公平的报酬，就犹如在奴隶制的基础上要求自由一样"。马克思认为要改变资本主义工业文明造成人生态关系的对立状态，把人与自然看作是一个统一的整体，把"人类同自然界的和解及人类本身的和解"作为处理人与自然关系的目标。并且，人与自然的关系归根结底是人类社会在长期实践中形成的人与人之间的关系。"人同自身和自然界的任何自我异化，都表现在他使自身和自然界跟另一些与他不同的人所发生的关系上"。因此，马克思认为积极扬弃导致人与人异化的资本主义私有制制度，才能够实现"人和自然界之间、人和人之间的矛盾的真正解决，是存在和本质、对象化和自我确证、自由和必然、个体和类之间的斗争的真正解决"。

林权抵押贷款的生态效应功能决定了需要政府来弥补市场的不足和局限性。这就需要由政府主导和设计激励与约束机制，促进林权抵押贷款金融生态环境，化解林权抵押贷款信用风险，引导更多信贷资金进入营林生产，进而带动社会资本进入营林生产，从而提升森林生态服务、增加营林收益和增进社会福利的功能。

三、结论

从林权抵押贷款开办到现在仅短短的十几年时间，林权抵押贷款面临被市场淘汰的风险，严重偏离当初政策设计的初衷。政府是林权抵押贷款的制定者与执行者。政府参与控制林权抵押贷款信用风险能够为林权抵押贷款市场发展创造良好信任环境，预防林权抵押贷款信用风险的发生，降低林权抵押贷款的交易费用，进而提高贷款资源配置效率；同时，与政府的"牧羊人"的角色定位不谋而合。因此，政府作为主体构建林权抵押贷款信用风险控制体系，更具现实性与可行性。

第二节　政府控制林权抵押贷款
信用风险目标选择

一、政府控制林权抵押贷款信用风险的总目标

根据前文分析，林权抵押维系了借贷双方间的信任，抵押林权对林权抵押贷款形成的决定性作用。根据贷款信用风险因素的理论研究成果以及对违约林权抵押贷款分析发现，林权抵押贷款信用风险的发生受到借款人自身道德品质、宏观经济环境、担保、银行风险管理等多种因素影响，这些影响因素分别影响着借款人收入高低、抵押林权是否实现以及道德风险是否发生。基于抵押林权的视角探寻林权抵押贷款信用风险控制的路径与具体措施更有针对性、更富特色。因此，林权抵押贷款信用风险控制的总目标是提升抵押林权的担保价值。

二、政府控制林权抵押贷款信用风险的分目标

森林资源资产作为林权抵押贷款中借贷双方信任的保证，是确定林权抵押借款额度的重要依据，决定了借款人违约后贷款人受补偿的程度。虽然森林资源资产具有较高的担保价值，然而，森林资源资产作为抵押品存在"价值公允性""安全性""变现性"约束已然是不争的事实。但是，国家政策与各地方的实际需求状况并不相符，地方政府没有依据当地具体情况进行适当的政策扶持与调整，或者虽然部分地区计划建立了相关部门、机构，但林权抵押贷款配套政策制度颁布迟缓（中国人民银行南平市中心支行课题组，2009）。大部分地区都没有

建立如流转机构、评估机构以及林业服务机构等林权抵押贷款相应的配套机构，森林保险业务和风险补偿基金都没有具体得到落实（李镇，2007）。以上林权改革不到位的情况导致了林权抵押贷款中林木资产保值风险、抵押物处置变现风险、抵押物估值风险（李剑平，2007；黄建兴，2009）。第二章分析表明，抵押林权是林权抵押贷款是否发生信用风险的关键因素，抵押林木"价值公允性""安全性""变现性"风险引发借款人理性违约、被迫违约和故意违约。因此，林权抵押贷款信用风险控制的分目标即是提升抵押林权的"价值公允性""安全性""变现性"。

三、政府控制林权抵押贷款信用风险的具体目标

（一）研究假说

前文基于马克思科学的财产理论与劳动价值论，认为林权作为一种财产，具备生产力与生产关系属性。探寻抵押林权价值约束因素，不仅要从林权独特的自然力风险挖掘，更要从林权涉及的社会关系去寻找；不但要从林权的自然风险，更要从制度、从林业政策规制方面寻求林权价值的制约因素。第三章研究表明林权抵押贷款信用风险 20 个可能的影响因素分别为：森林火灾、森林病虫鼠害、气候地质灾害、森林盗砍、林木价格、森林管护成本、采伐成本、造林成本、审批成本、经营方式、轮伐期、经营树种、立地条件、限额采伐管理制度、林权交易市场成熟度、林地管理政策、天然林资源保护政策、林权登记管理制度、森林保险、森林资产评估。第四章分析表明森林火灾、森林病虫鼠害和森林盗砍，林权登记管理制度和林木资产评估，林木价格和经营方式，限额采伐管理制度和林权交易市场成熟度分别对抵押林木资产安全性、盈利性、流动性具有显著的影响。第五章林权抵押贷款信用风险综合评估分析表明林权登记管理制度、林木资产评估、森林火灾和森林盗伐等因素对林权抵押贷款信用风险具有显著性影响。虽然林木价格、经营方式、限额采伐管理制度和林权交易市场成熟度等风险因素没有通过模型检验，但并不意味着这些因素不会对林权抵押贷款信用风险产生影响。因此，林权抵押贷款信用风险控制不仅要关注通过模型检验的林权登记管理制度、林木资产评估、森林火灾和森林盗伐等对林权抵押贷款信用风险具有显著性影响因素，也不可忽视未通过模型检验的因素。

随着农村集体产权制度改革实践的深入，农村产权经济价值得到进一步挖掘，以集体林权与农村土地经营权抵押贷款为代表的农村产权抵押贷款作为一种农村金融创新产品得到积极推广。然而，农村集体产权天然缺陷导致农村集体产权抵押贷款面临较大风险。完善集体产权评估、农业保险、产权登记平台、风险

补偿等制度在实务领域已经被视为克服抵押农村集体产权风险的良好举措，并获得了理论界认同。农地金融风险防线的构筑有待于政府的支持和顶层设计（赵翠萍等，2015）。农地经营权抵押贷款和降低风险的关键性制度和机制设计关键在于完善农地产权制度、健全经营权流转平台、形成复合型的抵押担保机制和风险补偿机制（杨奇才，2015）。农地经营权抵押贷款"资产主导型"模式的初期，政府可通过做市制度或财政补贴政策，增强资产的变现能力（汪险生，2014）。农地抵押贷款风险管理的重点在于完善银行授信体系、加快农地经营权相关制度建设、合理设定农地抵押及处置条件、建立健全风险分担机制（潘文轩，2015）。政府部门应尽快消除抵押品赎回权和处置方面的障碍以解决抵押品变现问题（于晨曦，2007）。农业保险是分散农村土地抵押风险的重要渠道。美国、德国和法国等西方国家要求农村土地抵押贷款须配合实施强制性的农业保险制度，以防止自然灾害、市场波动等非人为不可抗力因素所导致的借款人偿还能力下降风险（惠献波，2014）。建立政府或担保公司增信机制，以分散抵押风险；建立政府风险补偿制度，对贷款损失风险直接补偿（张坤等，2017）。政治经济学视角下，健全农地流转交易市场、引入贷款保险机制和贷款主体差别对待三个方面，解决农地经营权抵押所面临的困境（方达，2019）。"抵押物处置+共偿机制+保险机制"多元化风险分担机制（王艳西，2019）。农地抵押贷款的风险分担机制、完善的流转市场、科学的抵押价值评估机制是促进农地抵押贷款的长效发展机制（戴国海，2015）。构建新型土地流转服务中心、增加组织土地价值评估、设立政府基金、农民互助小组、商业保险，全面增强土地经营权抵押借款风险防控能力（邹翔翔，2016）。完善林权抵押评估、交易流转机制、森林保险和风险补偿机制，可以有效控制林权抵押贷款风险前林权抵押贷款面临的风险（肖建中，2009；张兰花，2010；倪剑，2014；赵荣等，2019）。

综上所述，本书提出政府应从关注抵押林权"价值公允性""安全性""变现性"三个层面风险，在培育集体森林资源资产评估主体、完善林权登记管理制度、构建政策性森林保险制度、林业收储模式四个模块构建中发挥政府的主体作用。

（二）数据来源

本书采用的是质性研究中的深度访谈获取相关数据，以验证本书提出的假说。相比量化研究，质的研究强调从当事人的角度了解他们的看法，质的研究擅长于对特殊现象进行讨论，以求发现问题或提出新的看问题的角度。同时，关于林业政策对贷款风险影响问题，相关的指标难以量化，数据获取有极大难度，甚至不可能。此外，关于贷款风险问题，对银行而言较为隐私、不太愿意透露，在调查过程中难以把握被观察者的内心真实想法。因此，质性研究中的深度访谈更适用于本研究主题。

为了尽可能获取真实有效的信息，此次研究采取了以下三项措施：一是访谈对象分别在林业管理部门、银行、借款人、担保中介机构中选择，以充分了解各相关主体对抵押林权风险控制对策的看法，面访是半结构式的，在固定提问之外是开放式的访谈。访谈对象的数量不确定，直到获取的信息不断重复为止。最终的访谈对象如下：访谈 9 位林业站站长，每次 30 分钟；访谈 3 家银行 8 个银行支行共 8 位林业贷款业务经理，每次 30 分钟；访谈 2 家担保公司业务经理，每次 30 分钟。这项调研从 2016 年 8 月持续至 2018 年 2 月；二是针对访谈，选取最为熟悉的一个银行业务经理、林业站站长、借款人为预案，对整个访谈过程进行仔细分析，凝练提升访谈问题，提升访谈技巧；三是访谈对象样本的选择不采用随机选取，而是依靠人际网络，请朋友介绍熟悉的银行信贷员、林业工作者、借款人为访谈对象，为了获得访谈对象的信任，打消其顾虑，尽可能让其在轻松的氛围中畅所欲言。

（三）数据整理

本部分主要分析抵押林权风险控制措施。主要步骤有三个：一是在面访的过程中，采用联系汇总表的方法来记录访谈中的主题，主题是指访谈中受访者所谈到的主要思想，这项工作在访谈当天完成，先由一名成员独立完成，然后再由另一名进行核对；二是将所有的访谈资料进行主题提炼；三是为了确保案例研究的效度，最终主题只采用被多个信息来源所验证的主题。主题和数据如表 7-1 所示。

表 7-1 抵押林权风险控制措施

最终主题	初始主题	原始资料（信息碎片）
林权登记管理制度	林权登记管理制度	林权没有办法确权
		林权证是否真实可靠，要与林业局联动
		B 县林权登记中心出了重复开林权证的事情
		政策不稳定，一天一个样，林改越改越乱
森林资源评估	森林资源评估	自己请专业人士上山勘察
		评估水分很大
		县林业局设计队组成评估队，局长亲自抓，做事很扎实
		林业局的专业设计队做出采用"三类调查法"，对当地更熟悉，做出的资源评估比社会资产评估机构的专业，社会人员不专业
		从 2012 年起基本不办林权抵押贷款了，现场勘察太难了
		林木价值 200 万元，评估费 1 万元，50%的抵押率
		A 县管理很乱，评估 600 万元，贷了 300 万元，实际只有几棵树

最终主题	初始主题	原始资料（信息碎片）
森林保险	森林盗砍滥伐	林子漫山遍野，太难监管了，村民今天砍几棵，明天砍几棵，就没有剩下多少了
		兼伐变半主伐，10 米只剩下 2~3 米
	森林自然灾害	火灾风险很大，经常发生火烧山
		在 2008 年雪灾中林木损失很大，被雪压一下，树就长不大了，都要砍下来
		这几年松线虫很厉害，还有其他外来病虫害
林业收储	林权登记管理制度	林权是大家都有的，合股的，林权证只是一个人的名字，村里纠纷很多
	林权交易管理制度	林权交易市场进入门槛高，交易费用高昂
		政府可以成立一个流转平台
		林权流转很困难
	限额采伐管理制度	采伐受限
	天然林资源保护政策	全县林权抵押贷款存量 3530 万元，有 522 万元是不良，不良率 14%，主要原因是商品林变生态林，还款来源无法变现
		"两治一环"重点生态区位生态林不能砍。由于修建高铁，原来的商品林被划成生态区位，那里的林子都不能砍了

　　政府作为主体构建林权抵押贷款信用风险控制体系，更具现实性与可行性。林权抵押贷款信用风险控制的总目标是提升抵押林权的担保价值，分目标是提升抵押林权价值公允性、安全性、变现性，具体目标是培育集体森林资源资产评估主体、完善林权登记管理制度、构建政策性森林保险制度、林业收储模式以控制影响抵押林权价值公允性、安全性、变现性，自然力与社会关系方面的风险因素。本书在后续分别对完善林权登记管理制度、培育集体森林资源资产评估主体、构建政策性森林保险制度、林业收储模式等四个模块控制抵押林权风险的机理以及其实现路径进行论述。

第八章 完善林权登记管理制度

本章梳理林权登记制度内涵及其在林权抵押贷款风险控制中的作用，并以福建省为例，剖析林权登记管理制度现状、林权登记制度在林权抵押贷款风险控制中存在的瓶颈，进而提出林权登记制度创新思路。

第一节 林权登记制度在林权抵押贷款风险控制中的作用

一、林权登记制度内涵

林权在本质上是一种所有制，是集体林权制度改革下林业所有制的具体表现形式。反映的是林业经济关系。同时，林权是一种法权，是林业生产关系在法律层面的体现，是法律层面上的一种财产关系，是主体对林权一种占有关系，是林权主体拥有对其的一种专属权利。

林权登记制度是林权制度的重要组织部分，是以法律的形式对林权权利关系予以确认。以满足相关权利人对林地等森林资源的权利主张。参考梁慧星等（2007）不动产登记的概念，"不动产登记，是指把土地及其定着物的所有权和他项权利的取得、丧失与变更，依法定程序记载于专职机关所掌管的专门的登记簿册上。"林权登记可以表述为把林地、林木等森林资产的所有权和他项权利的取得、丧失与变更，依法定程序记载于专职机关所掌管的专门的登记簿册上。从动态层面上来看，是指国家相关行政部门对林权相关事项记载于登记簿册上的行为或者程序，例如，记录、抵押等行为；从静态层面来看，林权登记是指在林权登记簿上的记载后果，它直接决定了林权的权属状态。在形式上，有林权登记簿和林权证两种类型。林权登记簿是指林权登记机关开展林权初始、变更、注销登记时形成的登记台账或清册，是林权登记的直接成果，是发放林权证的凭据。

林权证是林权登记簿所记载内容的外在表现形式，由国家林草局统一制定，记载了森林、林木、林地的坐落、四至界线、林种、面积等内容，登记的权利类型包括林地与森林所有权和林地使用权等四大类，证明林权人享有相关权利的凭证。2007 年，"林权证"被写进国家基本法律《中华人民共和国物权法》，成为一种物权凭证，从而使"林权证"演变为物权法上的权利证明。

林权抵押贷款中抵押林权面临价值真实可靠性约束，而完善的林权登记制度可赋予抵押林权以公信力，保证抵押林权的真实可靠性，同时，降低银行风险控制成本。

二、赋予抵押林权以公信力

林权登记是以法律的形式对林权财产关系予以确认，通过登记这一特殊的法律行为表明林权的权利状态及林权权属变动。同时，林权登记具有公示公信效果，从法律层面上保护林权抵押权人的利益，保障交易安全。赋予林权登记、变更、抵押、灭失等林权状态以公信力，向不特定的第三人公示该林权的所有、占有、支配以及处置等林权权利状态。赋予抵押权人与林权之间支配关系的法律效力，从法律层面上确保抵押权的确定性与透明性。抵押权人的抵押权通过登记可以获取法律保护与公众的认可，继而对抗第三人的非法侵害行为。

真实性风险是指银行对抵押资产真实价值做出误判，政府为公众提供信息产品。由于"政府在改进信息不足方面的作用还是超过了单个消费者各自的保护措施所起的作用，在很多方面，信息是一种公共产品。"因此，政府不仅要求本身信息公开化、透明化，使公众获得客观完备信息，避免由于信息不对称带来信用风险。政府应利用所处的特殊地位，及时地搜索、分析、整理各方面信息，并传递到市场各方面去，提高全社会的信息分享程度，降低由于信息不完全使一部分人陷入违约、失信的境地。

三、降低银行风险控制成本

林权登记制度是一种政府采用行政管理方式对林权权利状态进行监控，目的在于保护林权权利人应有的权利。在林权抵押登记中，理论上通过登记的实质审查，明确林权权利状态，发现林权的相关权利问题，并能及时"纠错"不当行为。放贷银行只需依据林权登记所记载的林权状态发放林权抵押贷款，不用花费大量的时间精力去调查抵押林权标的实际权利状态与权属情况，并实现对抵押林权进行贷后跟踪监控，从而降低贷款风险控制成本。

第二节　林权登记管理制度现状

一、林权登记管理制度逐渐完善

根据集体林产权制度变迁时期和主要集体林产权制度特征，改革开放以来的林权登记制度变迁可划分为两个阶段：一是 1981～1987 年的林业"三定"时期的无序状态，二是 2000 年至今的逐步规范。

（一）1981～1987 年的林业"三定"时期的无序状态

1981 年中共中央、国务院颁布《关于保护森林，发展林业若干问题的决定》，实施"稳定山林权属，划定自留山，落实林业生产责任制"的"林业三定"改革。提出"国家所有、集体所有的山林树木或个人所有的林木和使用的林地以及其他部门单位的林木。凡权属清楚的，都应予以承认，由县或县以上人民政府颁发林权证，保障所有权不变"以稳定山权林权。同时在全国范围内开展林权登记发证工作。1981 年，国务院办公厅转发的《林业部关于稳定山权林业落实林业生产责任制情况的简报的通知》提出："集体的山权，一般以'四固定'时期确认的权属为准，'四固定'时期没有确定权属的，参考合作化或土改时确定的权属。"1984 年 9 月 20 日，第六届全国人民代表大会常务委员会第七次会议通过《中华人民共和国森林法》，从法律层面上规定了林权登记工作。《中华人民共和国森林法》第三条第二款规定，"全民所有的和集体所有的森林、林木和林地，个人所有的林木和使用的林地，由县级以上地方人民政府登记造册，核发证书，确认所有权或使用权"。林权证或山林权证为林木与林地权属的法律凭证。截至 1984 年已有 82.2% 的生产队发了林权证或山林权证。1987 年 1 月 1 日正式实行的《中华人民共和国土地管理法》再一次强调了依照《中华人民共和国森林法》的有关规定确定并办理林地的所有权和使用权。由于各地的林权证式样、编号等都各不相同，许多地方没有专门办理林权登记的机构，大量的集体森林资源资产流转但没有进行变更登记，因此，有山无证、有证无山、山证不符等现象屡见不鲜。

（二）2000 年至今的逐步规范

1. 国家层面对林权登记制度作原则性规定

中国与林权登记相关的法律法规主要有《中华人民共和国物权法》（2007）、

《中华人民共和国森林法》（1998）、《林木和林地权属登记管理办法》（2000）、《中共中央　国务院关于全面推进集体林权制度改革的意见》（2008）、《林木和林地权属登记管理办法》（2008）、《不动产登记暂行条例》（2014）、《中华人民共和国森林法实施条例》（2016）等（见表8-1）。以上法律法规对林权、林权权属作了原则性指导性的规定，并没有明确说明登记的内容以及如何登记。此外，有些规定存在与实践相冲突的地方。

表8-1　林权登记相关法律法规

法律法规	主要内容
《中华人民共和国森林法实施条例》（国务院令第278号）	实行森林、林木和林地登记发证制度、变更登记制度、林权权属管理档案制度
《关于实行全国统一林权证式样的通知》（林资发〔2000〕159号）	确定全国统一式样的林权证
《中华人民共和国土地承包法》（2002）	允许林地承包经营权可以依法采取转让、出租、入股、抵押或者其他方式流转
《关于进一步加快林权登记发证工作的通知》（林资发〔2007〕33号）	进一步明确林地确权登记发证事宜，切实依法维护林权证的法律地位
《中华人民共和国物权法》（2007）	明确林权归属，发挥林权效用，保护林权权利人的林权
《中共中央　国务院关于全面推进集体林权制度改革的意见》（2008）	明晰产权、勘界发证、落实处置权
《林木和林地权属登记管理办法》（2008）	规定林权初始登记、变更登记、注销登记及相关文件要求；登记的公告期
《国务院办公厅关于完善集体林权制度的意见》（国办发〔2016〕83号）	搭建全国互联互通的林权流转市场监管服务平台

2. 地方层面对林权登记管理做出了详细的规定

福建省作为集体林权制度改革先行先试省份，先于中国其他省市于2009年11月颁布施行《福建省林权登记条例》，并于2010年3月1日起施行。对林权登记管理做出了详细的规定，除了登记有关主体、主要内容、需要材料等基本内容之外，还对抵押作了详细的规定（见表8-2）。全面规范了林权登记管理行为，为林权登记提供了可操作的具体依据。

表8-2　林权登记主要内容

内容	条款
登记内涵	林权设立、变更、消灭,以及依法将林权进行抵押
林权	第二条"林权指森林、林木、林地的所有权、使用权。"
登记机关	第四条"森林、林木和林地所有者或者使用者应当按照下列规定向县级以上地方人民政府林业主管部门提出登记申请,由同级人民政府登记造册,核发《中华人民共和国林权证》,确认所有权或者使用权。"
提交材料	第六条"申请林权登记的,应当提交下列材料。""申请变更、注销登记的,还应当提交《中华人民共和国林权证》。"
现场查勘	第九条对需要对申请林权登记的事项进行实地勘验调查的通知、勘验费的规定
内容公示	第十条规定了需要对受理的林权登记内容进行公示的场所、时间以及异议的自理
变更登记	第十九条"《中华人民共和国林权证》记载的内容有下列情形之一的,应当申请变更登记:……"
注销登记	第二十六条"依法改变林地用途或者林木、林地灭失的,应当申请注销登记。"
抵押登记	第二十九条"依法将林权进行抵押的,应当向原办理林权登记的县级以上地方人民政府林业主管部门申请办理抵押登记。" 第三十条"申请林权抵押登记的,应当提交的材料" 第三十一条"经审核符合抵押登记条件的,县级以上地方人民政府林业主管部门应当自受理申请之日起七日内办理抵押登记,在《中华人民共和国林权证》上标注,并向抵押权人出具抵押登记证明。"
法律责任	第三十二条至第三十四条规定了伪造、变造《中华人民共和国林权证》以及县级以上地方人民政府林业主管部门及其工作人员在林权登记工作中不当行为的责任

注:依据《福建省林权登记条例》整理。

二、登记审查以形式审查为主

从审查形式上,不动产登记审查分为实质审查与形式审查。实质审查,是指登记机关不仅要对登记申请人所提供的登记申请材料的真实合法性负调查责任,还必须对对物权的登记状态与实际状态进行全面的核实;形式审查,登记机关职责仅是对登记申请人所提交的登记申请材料进行形式上的比对。依据《福建省林权登记条例》分析,林权登记审查以形式审查为主。从审查形式上来看,林权登记审查应包含形式审查与实质审查两个层面:形式审查,是指审查林权登记申请人提交的林权登记申请上的林权权利和林权登记簿上记载森林、林木、林地的坐落、四至界线、林种、面积等权利事项是否一致,而实质审查还要审查林权权利与实际是否相符合。从审查内容上来看,集体林权登记应包括两个方面:一是申请登记的森林、林木、林地的权属证明材料合法有效性；二是申请登记的森林、林木、林地的坐落、四至界线、林种、面积等林权客体状况。依据《福建省林权登记条例》（见表8-3），林权登记审查一般只是进行形式审查，只有在林权初始登记申请，林地面积发生变化的林权变更登记申请以及林木、林地灭失登记申请的情景下才需要实地勘验调查。

表8-3 林权登记审查形式与内容

登记类型	审查类型	条款	材料
初始登记	形式审查	第六条	申请登记的森林、林木、林地的权属证明材料合法有效性，申请登记的林权状况
	实质审查	第十八条	初始登记，应当进行实地勘验调查。验证申请登记的林权权利与实地相是否符合
变更登记	形式审查	第十九条至第二十五条	林权权利人、林地面积、林地使用期、林种、主要树种等记载内容发生变化，林权权利人、利害关系人认为林权登记事项错误的
	实质审查	第二十二条	对本条例第十九条第一款第（二）项情形（林地面积发生变化）的林权变更登记申请，还应当进行实地勘验调查
注销登记	形式审查	第二十六条	依法改变林地用途或者林木、林地灭失的，应当申请注销登记
	实质审查	第二十六条	林木、林地灭失的还应当在公示前进行勘验调查
抵押登记	形式审查	第二十九条至第三十条	依法将林权进行抵押、抵押权变更或者消灭应办理抵押变更、注销登记

注：依据《福建省林权登记条例》整理。

三、林权登记平台逐渐完善

福建省颁布《福建省林权登记条例》，对林权登记内容与登记程序等方面做出了细化要求。同时，建立了从林权登记申请、受理、初审、审核、核定、发证一条龙的林权登记窗口管理。建立了233个林权流转服务平台，其中，县（市、区）级建立了66个，南平、三明、龙岩重点林区县已全部建立，初步形成了以县城为中心辐射到乡镇，覆盖省、市、县、乡四级的全省的区域性林权登记系统。

第三节　林权登记制度在林权抵押
贷款风险控制中存在的瓶颈

一、实质审查范围狭窄容易引发道德风险

（一）确权颁证实质审查少

依据《福建省林权登记条例》，初始登记，应当进行实地勘验调查，以验证申请登记的林权权利与实地相是否符合。但是，实际上大部分的初始登记只是进行了形式审查，没有采取实质审查。2003 年 6 月，福建省在全国率先开展了集体林权制度改革——将集体林地均分到户（联户），以法律形式颁发林权证，截至目前，福建省 11602 个行政村和 7547.5 万亩林地明晰了产权，分别占总数的 99.5% 和 97.2%。《福建省林业厅关于进一步规范林权登记与发证工作有关问题的通知》（闽林综〔2006〕22 号）林权变更登记发证工作，指出要严格按照《林木林地权属登记管理办法》等有关规定，严格把住林权证记载的内容与实地、与权利人相符这一关。由于当时技术手段落后，分权到户工作难度大，林权登记机关任务重、人手紧张，大部分村（组）集体林分林到户后利用林改图或采用 2004 年二类资源调查图直接区划界定而发放的林权证，并没有到现场核实或调查不认真、不细致、不真实，因此，直接导致了林权证上某些因子与现地不符问题。另外，目前福建省大部分的林权证是 20 世纪 80 年代发放的两权林权证，并没有换发成新证。当林权流转、林木采伐、林地征收等原因发生变更或注销等情形时，没有及时进行变更登记或注销登记。原有林地权属复杂，相当多老版林权证上记载的权利主体、权利客体和权利内容都已经与实际不符。

（二）变更登记实质审查少

尽管林权变更登记项目众多且复杂，但依据《福建省林权登记条例》，变更登记只对林地面积发生变化进行实质审查。林权权利人、林地使用期、林种、主要树种等林权因子发生变化均无法在申请表和不动产登记系统中明确体现。倘若发生林木被采伐或灭失、林种变更为特种用途林或防护林，林业部门也均不进行实地审核确认。实际上多种因素会导致林权因子发生变化，主要表现在以下两个方面：一是林权登记人员因工作量大、私心、工作难度大等各种原因而导致的重登、漏登、错登等问题；二是历年来修建公路铁路、水利工程建设等造成林权四

至界线发生变化。

因为实质审查范围狭窄，导致了林权证上某些因子与现地不符问题。为道德风险产生创造条件，内部工作人员与林权申请登记人为了满足自己的不正当需求，采用不正当手段，做出错误登记。

二、林权登记平台登记审查前置程序缺乏导致公信力不足

根据《福建省林权登记条例》，集体林权登记要走的主要程序包括林权权利人提出书面登记申请→林权所有权单位签署意见→乡（镇）林业工作站初审→乡（镇）人民政府复审→县林权管理中心审核→县人民政府审批→颁发林权证。而对福建省各地运作的林权登记平台分析来看，林权登记平台的工作主要集中"县林权管理中心审核→县人民政府审批→颁发林权证"这三个环节，其工作主要集中在形式审查上，缺乏公证机关前置的实质审查。

三、动态化登记管理缺失加大银行风险控制成本

在林业生产经营过程中，国家林业政策、自然灾害、人为等各种因素都有可能改变林权的权属状况和自然状况，林权宗地信息往往处在动态变化中。如林地被依法征占、林木盗伐、林木采伐、自然灾害等因素都会使林权范围、林木蓄积量等发生改变。而林权登记簿记载的相关信息依然是初始登记发证时的情况，难以准确和真实反映宗地信息，甚至还会出现错误登记的情况。银林间信息传递不畅，加大了银行贷款审查与贷款跟踪调查的成本。

第四节　林权登记制度创新思路

当前的林权登记存在实质审查范围狭窄容易引发道德风险、林权登记平台登记审查前置程序缺乏导致公信力不足以及动态化登记管理缺失加大银行风险控制成本等问题。因此，本书提出三点建议以完善林权登记制度。

一、实施登记前置程序，控制道德风险

林权登记前置程序，即林权登记申请有在林权登记程序开始之前应当进行或经过的程序。《福建省林权登记条例》第十一条规定予以林权登记和核发林权证应符合的条件：一是申请登记的森林、林木、林地的坐落、四至界线、林种、面

积等事项准确；二是申请登记的森林、林木、林地的权属证明材料合法有效；三是无权属争议；四是宗地附图界线清楚应与实地相符。但目前各县（市）的林权登记机构工作人员人数不多，工作集中在核查申请人提交的材料的完整性和准确性、材料齐全性及是否符合法定形式，而要对以上事项展开实质审查非常困难。

权属调查是林权登记的重要环节，应前置到林权登记申请前完成，林权登记机构根据权籍调查结果登记林权。现场勘验时由有资质的中介机构提供技术服务。林业部门提供并确认调查相关森林资源信息。

二、实施实质审查，提升公信力

实质审查是保证抵押权公信力的内在要求。作为能够反映当事人之间的不动产物权变动关系的标准法律文书需要对现实权利进行实质性审查，以保证登记林权的权利与真实情况统一。首先，实行形式审查，做到表、账、图、证、现地五统一，即林权登记申请表、林权登记台账、二类调查图、林权证与发证小班现地统一。其次，保证林权主要因子如权属、面积、四至、主要树种等相符。最后，强化登记机关的责任感，消除登记机关的故意或重大过失导致登记错误。

三、引入区块链技术

区块链技术具有去中心化、不可篡改与可追溯等特点。该技术可以为林权登记制度有效实施提供重要技术保障。运用区块链技术支撑林权登记制度作为一种新型的信任重构体系，能够将信息按时间顺序以链条的形式有效整合，并可通过加密技术保障林权交易信息的完整性与真实性，从而建立稳定的林权登记信任关系基础。区块链是破解林权登记中"信息孤岛"等问题的关键技术。发挥区块链在林权登记中的基石作用。从国家层面顶层设计，统一规划林权登记区块链系统基础设施建设，实现全维度数据及时、真实、公开、互联互通的生态系统，解决系统间、部门间协作问题，提升治理效率。

（一）建立标准的林权信息数据库

政府主导搭建林权登记制度区块链平台，与区块链服务机构合作，构建数据统一、数据格式标准的林权信息数据库。首先是林权产权信息，由其他主体将林权抵押、转让、承包等权证属性信息实时上传至数据库，使林权交易信息记录可追溯；其次是林权宗地信息，建立宗地编码的行业标准或者国家标准，统一林地宗地属性编号，提供图形编辑功能，林权界勘界图能够清楚直观地体现林地四至，使林权宗地界线清晰，附图准确。

（二）搭建森林资产信息平台

森林资产评估特点决定其评估需要更加完善的配套措施，而搭建森林资产信息平台则是森林资源资产评估配套措施中最不可或缺的。政府通过信息平台森林资源信息、森林经营信息、权益信息、木材价格与木材销售税费征收标准等营林信息，评估机构可以通过信息平台获取以上信息，降低核查环节的工作量，降低评估工作的成本，提高评估准确率与效率。此外，可以在森林资源资产信息系统中增加森林资源资产评估子系统，系统可根据评估结果自动生成评估报告，该报告可共享给其他相关主体。

（三）提供林业产权信息发布接口

构建实时提供林权证及其宗地信息的发布接口。首先是提供林业产权交易平台对接接口，实现资产评估、抵押、保险、拍卖等林权数据信息的实时在线发布；其次是对接森林采伐管理、森林防火、生态公益林管理专题信息系统，实现林权流转、林木采伐、林地征收等林权宗地信息实时更新，实现林权宗地信息的网络化管理，各部门及时交互信息。

（四）构建查询林权信息功能

实时提供林权证及其宗地信息的网络查询，银行、评估机构、保险部门、社会投资者及其他社会公众均可在线查询林权证及其宗地信息。

第九章 培育集体森林资源资产评估主体

　　林权评估是森林资源资产评估重要内容，关于森林资源价值评估的研究，早期主要集中在对林木资源价值核算方法的研究。从 20 世纪 80 年代开始，学者相继提出市场替代法（Willism & Garrad，1991 年）、条件评估法（Anderson，1992）、实地森林资源资产评估法（朱连玺等，1999）、林木平均成本利润评估方法（郑德祥等，2000）等一系列森林价值评估方法。随着资源与环境问题受到广泛关注，对森林资源多重价值认识加深，许多学者认为传统的资产评估核算方式已经不再适用于森林资产评估（徐振方，2019），提出旅行费用法（Pawinee Iamtraku，2009）等。随着 2003 年集体权改革启动，作为集体林权配套改革措施的森林资源评估所暴露出诸多问题受到关注。森林资源资产评估中存在管理体制不完善、评估标准不统一、集体林地评估费用高、评估机构与从业人员严重缺乏等问题（张妮等，2013；庞森，2012），导致森林资源资产评估不够规范、林权评估价格虚高，市场无法为资源定价（朱清，2017）。为此，围绕完善森林资源评估管理体系、完善评估方法、培育评估主体等主题，学者提出诸多非常有意义的建议。

　　抵押林权评估为林权抵押贷款风险控制提供了技术支持，而评估主体是抵押林权评估获取借贷交易各方信任的关键。然而，理论界对其研究还是比较零散的，也缺乏严谨的理论框架。在政策层面上合格的抵押林权评估主体是否在理论上合格？如果不合格，其制约因素是什么，又会带来什么执业风险？如何规避政策层面上合格的抵押林权评估主体缺陷？这些问题需要从理论上进一步梳理。鉴于以上思考，本章基于资产评估基本原则构建了抵押林权评估主体培育研究理论框架，在剖析当前符合政策要求的两类集体林权评估主体局限性的基础上，提出"沙县模式"。

第一节　理论框架

一、抵押林权评估逻辑起点在于保证林权抵押贷款安全

根据《森林资源资产评估管理暂行规定》（财企〔2006〕529 号），森林资源资产评估对象为森林资源资产。森林资源资产是由特定主体拥有或控制的，并能产生经济利益的林木、林地与野生动植物资源等资产（邱俊齐，1998）。林权是指有关森林资源资产的产权。林权抵押贷款是以借款人以其或者第三人拥有的林权为抵押品，向银行申请的贷款。抵押林权评估属于资产评估的范畴，评估对象是借款人或第三人所拥有的林权。林权抵押的设定就是为林权抵押贷款抵押提供物质承诺，维系借贷双方间的信任关系，借此保证林权抵押贷款的安全。一旦借款者违约，银行将外置抵押林权，减少损失。因此，抵押林权评估则为保护银行利益提供重要技术保障（徐丰果等，2008），其逻辑起点必须是保证林权抵押贷款安全。

二、抵押林权评估目的在于抵押价值发现

依据《森林资源资产评估技术规范（试行）》对森林资源资产评估概念的界定，森林资源资产评估是围绕森林资源资产价值进行评估展开的，最终目的是确定森林资源资产的公允价值。评估是基于交易的需要而产生，为交易提供交易标的物公允价值的尺度（余海宗等，2001）。价值发现是资产评估的逻辑起点（余炳文等，2013）。抵押林权评估是森林资源资产的实物量向价值量的转化过程，是影响林权抵押贷款安全关键环节，评估结果是确定贷款金额的基本依据，并决定了贷款违约后银行的受偿程度。基于林权的特殊性，价值公允性是林权成为合格抵押品的基本要求。"价值公允性"是指评估机构对抵押林权真实价值做出客观合理的评估，反映市场对抵押林权未来现金流量现值估计的准确性，为银行等抵押权人提供贷款等决策的参考。因此，集体森林资源资产评估目的在于抵押林权价值发现，出具关于抵押林权的价值公允性的高质量评估报告。

三、抵押林权评估对主体要求

资产评估根本在于执业质量与风险控制（李小荣，2018）。高质量的评估要

求评估主体具备扎实的专业技术能力与良好的职业道德（宋夏云等，2018）。评估人员的整体素质包括专业素质与职业道德素质（朱荣等，2019）。根据《森林资源资产评估管理暂行规定》与《森林资源资产评估技术规范（试行）》，森林资源资产评估要遵循资产评估的基本原则。评估原则是资产评估行业的行为规范和道德准则，可以分为工作原则和经济技术原则（崔茜等，2008）。据此，抵押林权评估要求评估主体具备合格的专业素质与职业道德素质。

综上，抵押林权评估主体培育目标在于出具关于抵押林权"价值公允性"的高质量评估报告，为林权抵押贷款交易安全提供技术支持。具体目标包含专业技术能力与职业道德素质两个方面。

第二节 "沙县模式"林权评估主体的提出

一、抵押林权主体评估风险

政策层面上合格的抵押林权评估主体在理论上是否合格？如果不合格，其制约因素是什么，又会带来什么执业风险？

森林资产评估中操作主体包括评估机构和评估人员（景谦平，2006）。根据财政部、国家林业局印发的《森林资源资产评估管理暂行规定》（财企〔2006〕529 号），两类集体林权评估机构如表 9-1 所示。依据《中华人民共和国资产评估法》第八条明规定，森林资源资产评估专业人员也应包含通过国家评估师资格考试的资产评估师与其他具有森林资源资产评估专业知识、技术及经验的从业人员（见表 9-1）。

表 9-1　集体森林资源资产评估主体

类别	评估机构	业务范围
第一类	财政部门颁发资产评估资格的资产评估机构	100 万元以上
第二类	林业部门管理的具有丙级以上（含丙级）资质的森林资源调查规划设计、林业科研教学等单位	100 万元以下

资产评估风险是指因受主客观不确定因素影响，资产评估主体出具有失公允性评估报告的可能（汪海粟等，2002）。风险因素主要包含市场风险、政策风险、系统风险、技术风险、程序风险、职业道德风险（朱荣等，2019）。抵押林权评

估作为一项专业性工作，可能存在一般资产评估面临的共同风险之外，还可能存在独特的技术与程序风险。

（一）专业能力约束下的技术风险

在当前《中华人民共和国资产评估法》框架下，法律、法规、准则规范要求及执业性质决定评估主体必须具备专业胜任能力（刘连庆，2018）。资产评估结果的客观公正性有赖于评估人员对评估方法的选取、评估依据的收集以及执业判断能力的强弱。评估需要大量的实践经验才能形成正确的价值判断，抵押林权评估质量取决于评估主体的专业胜任能力（陈蕾等，2018）。有别于房地产等其他资产形态，森林资源资产价值影响因素诸多，并且这些因素是不断变化的，使森林资源资产评估具有独特性。决定了其评估人员不仅要具备一般资产评估的技术与理论，还要掌握林学、林业经济管理方面的专业知识。而以上两类集体林权评估机构都面临专业评估人员不足的问题。首先，财政部门颁发资产评估资格的机构大部分未配备林业专业人员，不熟悉森林资源资产评估业务，专业能力无法得到社会的认可。其次，根据《价格评估机构资质认定管理办法》（国家发展改革委令第 32 号），森林资产价格评估机构要具有工商注册企业法人资格。但具有丙级以上（含丙级）资质的集体林评估机构只是事业单位，并且没有与主管部门脱钩进行改制，不具有工商注册企业法人资格的基本条件；同时，森林资源调查规划设计、林业科研教学等单位工作人员虽然长期从事森林资源规划设计或教学工作，具有一定的森林资源资产估价能力，但不是专职从事资产评估业务，没有注册资产评估师资质，大部分人没有接受森林资源资产评估方面的业务培训，仅有少数几个人接触森林资源资产评估业务。其出具的评估报告的公允性无疑遭到质疑。

（二）盈利性约束下的程序风险

森林资源资产评估是一项有计划、重过程的活动。评估质量的高低依赖基本程序的完整性和实施程度。森林资源资产核查是评估中最关键的工作环节，需采集林木资产基础数据大，要求评估人员必须现场勘察森林资源资产数量与质量，掌握该森林资源资产的树种、林龄、树高、胸径、郁闭度、蓄积量等林木状况以及经营成本、立地条件等情况。然而，林木资产实物量大，分布于荒郊野外。决定了以外业调查为主的林木资产评估成本费用极高。因为全国各地物价水平的差异，国家没有统一制定森林资源资产评估收费标准。本章以福建省重点林区南平市为例，依据《物价局关于调整林业中介服务收费标准的复函》（南政价〔2016〕13 号），森林资源资产评估收费采用按不同评估值分别为 0.1‰~6‰差额费率累进计费（见表9-2）。据此，评估林权价值10万元，评估收费费率6‰，评估机构收入为600元。扣除人工、交通、食宿等各类成本，评估机构盈利空间极为有限。

表9-2　森林资源资产评估收费标准

评估价值（万元）	评估收费费率（‰）
评估价值≤100	6
101≤评估价值≤1000	2.5
1001≤评估价值≤5000	0.8
5001≤评估价值≤10000	0.5
10001≤评估价值	0.1

马克思认为，利益是人们奋斗的目标，其在1859年所写的《〈政治经济学批判〉序言》一书中指出，"利益最关心的东西是自己。""利益是在打算盘"。列宁曾认为，物质利益是"人民生活中最敏感的神经"。邓小平也指出，"如果只讲牺牲精神，不讲物质利益，那就是唯心论"。因此，林权评估主体开展评估业务过程也摆脱不了对利益的追逐，基于成本与收益的考量，节省现场核查程序成为许多商业性评估主体的理性选择，承接抵押林权评估业务必须是有偿的、盈利的。

可见，政策层面上合格的集体林权评估主体因专业技术能力与盈利性刚性约束而面临极大的技术与程序风险，无法满足林权抵押贷款交易要求。

二、"沙县模式"林权评估主体介绍

沙县位于福建省中部，林区面积14.53万hm²，占全境面积的81%，其中，集体林地12万hm²，约占全县林地总面积的83%，森林覆盖率达75.5%，林木总蓄积量达1308万m³，毛竹立竹量6934万根，是中国南方重点产材县，是全国杉木的核心产区与竹子重点产区。2004年，沙县启动集体林权制度改革，2005年集体林权改革面积达90603.8hm²，占应改面积的96.8%。

"沙县模式"中集体森林资源资产评估主体包括沙县森林资源资产评估事务所与沙县林业局从采育总场抽调专业人员成立设计队两部分。沙县森林资源资产评估事务所于1999年6月成立，隶属县林业局的全民事业单位，2000年，被福建省林业厅批准成为丙级非国有森林资源资产评估机构。设计队由沙县林业局从采育总场抽调专业人员成立。设计队对需评估的森林进行现场打样设计出林木蓄积量。沙县森林资产评估事务所根据设计队提交的林木蓄积量设计方案，再结合林木市场价格、税费后确定森林资源资产评估价。

设计与评估相对分开又密切合作是"沙县模式"的典型特征。那么，"沙县模式"是否具备技术优势与成本优势，可以规避《森林资源资产评估管理暂行规定》（财企〔2006〕529号）所提两类集体森林资源资产评估主体可能面临的技术风险与程序风险？

第三节　经验性结论

一、设计与评估相对分开发挥林业系统技术优势

森林资源资产评估要求评估主体既要具备一般资产评估的理论与方法，又要具备森林经理相关方面知识。根据前文所述，符合政策要求的两类森林资源资产评估机构在承接森林资源资产评估业务时均面临人力资源约束，第一类评估机构缺林业专家有资产评估资质，第二类评估机构具备林业专业素养却没资产评估资质。而设计与评估相结合的"沙县模式"发挥了林业系统的人力资源优势。沙县林业局从采育总场抽调专业人员成立的设计队，设计队工作人员长期从事林木设计，专业性技能娴熟设计队，由其对需评估的森林进行现场打样设计出林木蓄积量更加客观和真实，保证了森林资源资产核查程序的专业性。沙县森林资产评估事务所根据设计队提交的林木蓄积量设计方案进行评估，可以做到评估方法的选择恰当，评估报告规范。

二、政策性评估机构易于获取森林资源资产评估所需数据

抵押林权评估质量的高低是以充分的森林资源资产数据为基础的。如何获取全面的、实时的评估数据是规避评估风险的关键所在。抵押林权评估所需数据资料如表9-3所示。自20世纪80年代以来，我国大部分林业主管部门也从上到下建立了森林档案。当前的森林档案主要包括森林资源档案、森林经营档案与森林权益档案三类。森林资源档案是由林业主管部门建立，以森林资源调查的数据为基础的，根据近期森林资源二类调查数据、森林作业设计、森林资源变化等资料，反映森林资源变动情况的资料。森林经营档案记录了森林经营相关的数据。权益档案反映林权现状及其变动的材料。森林资源档案、森林经营档案与森林权益档案都是抵押林权评估的重要依据。此外，林业主管部门也拥有木材价格与营

林支出数据的统计数据。在当前传统的森林档案管理方式下，如果没有与林业管理部门建立良好的合作关系，获取相关数据显得较为困难。"沙县模式"实质上就是政策性的森林资源资产评估机构，其中，沙县森林资源资产评估事务所是国有事业单位，设计队工作人员是从采育总场抽调的事业编制的人员。"政府背景"可以使其依托政府各类森林档案，通过信息平台获取以上数据材料，降低核查环节的工作量，降低评估工作的成本，提高评估准确率与效率。

表 9-3 森林资源资产评估所需数据资料

材料类型	具体材料
森林资源档案	小班外业调查资源卡、林业土地面积卡、森林面积蓄积统计卡、经济林统计卡、森林资源消长变化统计卡、森林资源分布图与基本图、森林资源小班因子库
森林经营档案	造林设计文本；林木主伐、改造抚育设计文本；造林设计、林木主伐、改造抚育图纸；所有经营活动规划方案；目标管理合同、责任状；承包、租赁协议书；森林资源变化图；各种专业调查材料；固定标准地实施材料；基本设施建设材料；岗位责任制
森林权益档案	林权台账；林权证；产权合同、协议契约
木材价格	评估基准日各规格木材的市场价格
营林支出	营业生产过程中的成本费用
	评估基准日木材销售税、费征收标准

三、政策性评估主体的成本优势规避程序风险

依据《资产评估准则——基本准则》，林权评估要经历编制评估计划、进行现场核查等八个环节。每个环节都存在独特的风险控制点，而其中现场核查更是不可或缺的。依前文所述，商业性森林资源资产评估机构可能基于成本收益考量而节省现场核查程序，从而使其出具的评估报告有失公允性。"沙县模式"评估主体政策性决定其没有生存压力。无论是沙县森林资源资产评估事务所工作人员，还是从采育总场抽调的人员都享受由财政拨款的固定工资，不依赖评估收入生存。可以承接高成本低收益的抵押林权评估业务，保证评估程序的完整，规避因生存压力而节省必要程序就出具评估报告的行为，为出具高质量评估报告提供了基本保证。

四、政策性评估主体独立性较弱

资产评估作为一种鉴证行为，遵循独立性原则是其执业的基本要求（周红

霞，2014）。抵押林权评估的本质与目标要求对抵押林权现实价值进行准确的估算，为借贷双方提供咨询服务。独立性原则是其出具客观公允的评估报告根本保证。"沙县模式"中所属的沙县森林资源资产评估事务所，隶属于县林业局的全民事业单位，为非独立法人；设计队成员来自林业局所属的采育总场。评估主体的政府背景导致"沙县模式"执业的独立性受到质疑。林业行业内的资产评估机构承担森林资源资产评估业务，缺乏独立性，会造成森林资源资产评估结果的偏高或偏低，森林资源资产评估质量无法保证（田松华等，2010）。

第四节　抵押林权评估主体培育的政策建议

鉴于"沙县模式"模式的技术优势与成本优势及其面临的独立性制约的考量，本书认为，抵押林权评估主体的培育要遵循满足既要懂林业又要懂评估的基本原则，着眼于提升评估主体执业能力的培育，同时，关注评估主体独立性塑造。具体思路如下：

一、推广"沙县模式"

首先，抵押林权评估生态效应功能决定了需要政府来弥补市场的不足和局限性，构建政策性评估主体。林权抵押贷款诞生的政策初衷就是增加林业信贷资金供给，为营林生产提供资本。而营林生产具有经济、生态与社会三大效益。生态效应更是让整个社会群体受益，具有关系国计民生的重要地位。其重要性从习近平的"两座山论"就可窥见一斑。生态效益要求抵押林权必须是低收益，而商业性评估主体的利益性动机确是客观存在。马克思认为，既然利益是整个社会道德的基础，无法规避，那么就必须使个别人利益与全人类利益相一致。国家作为社会普遍利益的代表，可以推动个人行为的利益与社会利益协调。据此，要建立政策性的评估机构。政策性的评估机构建立的目的就是推动商业性评估主体个别利益与社会利益相一致，进而规避林权评估过程中因评估成本问题而产生的程序风险。

其次，现有综合性资产评估公司与林业部门批准的丙级以上资质专业评估机构所面临的执业能力是未来相当长一段时间内仍将继续存在。资产评估涉及的行业类型繁多，需要利用专家完成评估工作（王生龙，2013）。基于森林资源评估的"双重特殊性"，集体林评估主体条件应放宽（赵利梅，2011）。应推广"沙县模式"，充分吸纳林业系统专业技术人员参与抵押林权评估业务，发挥林业系统的人力资源与数据平台优势，并明确其法律地位。

二、完善评估人员资质认定考核

林权评估质量高低取决于评估人员主体素质，基于林权评估人员法律资质的缺失以及专业素养的欠缺的考量。要实行森林资源资产评估人员注册执业制度，完善森林资源资产评估人员后续培训制度。

首先，实行注册执业制度，推行注册森林资源资产评估师与森林资源资产评估员执业资格考试，考核科目包含基础知识科目和职业能力测试科目。

其次，完善森林资源资产评估人员后续培训制度。对注册森林资产评估师、森林资产评估员进行集中、系统、全面的培训，提高评估执业人员的执业道德水平、业务能力和实际操作水平。培训内容主要是资产评估、森林资源调查、林业经济管理等方面的知识。

最后，强化森林资源资产评估人员监管，建立激励与惩戒相容的机制，明确评估咨询人员责任，督促其谨慎执业。

第十章 构建政策性森林保险制度

林权抵押贷款作为农村集体产权制度改革中的重要金融创新，面临极大的自然与人为双重风险导致的信用风险。森林保险作为林权抵押贷款风险缓释机制，受到国家政策层面高度重视。《关于做好 2019 年银行业保险业服务乡村振兴和助力脱贫攻坚工作的通知》（银保监办发〔2019〕38 号）指出，"做好各类现代农业主题金融服务"，并"拓宽风险缓释渠道"。充分发挥保险在农村金融中的风险缓释功能相关问题研究也得到学者关注。研究认为，我国政府财政对森林保险实行中央、省、市、县四级联动的"倒补贴"机制（秦涛等，2017），全国大多数省份和各省平均的补贴规模都处于倒 U 形曲线左侧的上升区间，低于计量模型决定的最优水平（顾雪松等，2016）。森林保险存在保险金额过低和保险责任不全等问题，对地方政府和投保主体的激励作用有待提升（秦涛等，2013；秦涛等，2017）。然而，森林保险缓释林权抵押贷款信用风险理论效应如何？实践中，森林保险运作实现其理论效应了吗？理论界对这些问题缺乏深入系统探讨。本章以保险"充分补偿"理论为基础，对此问题展开理论与实证论证，进而提出政策建议。

第一节 我国森林保险运作模式与现状

一、森林保险的内涵

（一）森林保险

《中华人民共和国保险法》第二条规定：保险"是指投保人根据合同约定，向保险人支付保险费，保险人对于合同约定的可能发生的事故因其发生所造成的财产损失承担赔偿保险金责任，或者当被保险人死亡、伤残、疾病或者达到合同约定的年龄、期限等条件时承担给付保险金责任的商业保险行为。"保险包含了人身保险与财产保险。财产保险是以财产及其有关利益为保险标的的保险（宋明哲，1997）。保险的标的为船舶、货物、房屋等财产。财产保险的实质都在于为人之财产或可能发生经济上之损失进行赔偿，即经济赔偿损失。此种保险类型之保障目的在于填补被保险人经济上可得估计之损失（汪信君等，2010）。"森林在长期经营中面临的自然灾害与意外事故比较多，应当在营林收入中提取保险基金，并纳入营林成本，以利于森林资源再生产和用于防止意外事故损失的经济补偿（孔繁文等，1985）。"森林保险的标的可以是防护林、用材林、经济林以及砍伐后未集中存放的原木和竹林等（田芸，1996）。

（二）政策性森林保险

有别于商业保险的营利性目标，政策性保险"是国家为实现一定的宏观经济目标或推行特定的产业政策，实行一定的政策倾斜、重点扶持的保险险种"（董彦岭、张兰英，1998）。是由政府直接经营，或都由政府成立的专门机构经营，或在政府财政支持下，委托给商业性保险公司经营。目的在于为被保险人提供一定的经济损失补偿。"政策性森林保险是指在政府补贴下对林业经营者因非人为或非故意的原因造成的森林方面的经济损失提供补偿的一种保险制度"。

二、我国森林保险运作模式

当前中国的森林保险就是政策性森林保险。由国家政策倾斜、重点扶持的保险险种，政府对保费进行补贴。福建省是首批森林政策性保险试点省份，依据福建省林业厅、福建省财政厅《2017年森林综合保险方案》（闽林综〔2017〕13号）分析，福建的森林政策性保险由有资质的商业保险公司投标承保，政府进行支持和适度的财政补贴，具体特点如表10-1所示。此外，浙江、宁波等地逐渐采取"共保经营为主，适度竞争为辅"的模式。2017年，浙江省、宁波市、大兴安岭、海南省、甘肃省五个地区和单位与河北省的部分地区采用了共保模式，采用共保模式经营的地区和单位逐渐增多，承保林地占全国森林保险承保面积的9.09%。

表 10-1 福建省森林综合保险

项目	内容
保险标的	商品林、生态公益林以及未成林造林地上的树木
被保险人	林木所有权者
保险期间	一年
保险责任	在保险期间内，由于发生森林火灾、林业有害生物、雨灾、风灾、水灾、滑坡、泥石流、冰雹、冻灾、雪灾、雨凇、旱灾，造成的保险林木受害损失，因此，保险公司按照本方案的赔偿标准负责赔偿

续表

项目	内容
保险费	每亩 1.5 元
保险金额	每亩不低于 680 元，具体金额以中标结果为准
财政补贴政策	生态公益林：中央财政补贴50%，省级财政补贴25%，县级财政补贴15%，林权所有者承担10%。其中，省级以上生态公益林林权所有者承担的部分可从省级森林生态效益补偿基金中列支。省级以下生态公益林执行商品林财政补贴政策
	商品林：对于投保面积在 10000 亩以下（含 10000 亩）的，中央财政补贴30%，省级财政补贴30%，县级财政补贴15%，林权所有者承担25%；对于投保面积在 10000 亩以上的，中央财政补贴30%，省级财政补贴30%，林权所有者承担40%。有条件的县（市、区）也可对投保面积 10000 亩以上的商品林林权所有者给予15%的保费补贴
赔偿标准与赔偿处理	（一）受灾面积≤100 亩，免赔率 10% 赔款金额＝每亩保险金额×受灾面积×损失率×（1−免赔率） （二）受灾面积＞100 亩，免赔面积 10 亩 赔款金额＝每亩保险金额×（受灾面积−免赔面积）×损失率
承保公司	以设区市为单位，由设区市林业局、财政局采取公开招标或其他符合规定的方式，从具有在福建省开展农业保险经营资质的保险公司中，确定本地区森林综合保险承保机构，承保公司一定三年

注：根据福建省林业厅、福建省财政厅《2017 年森林综合保险方案》（闽林综〔2017〕13 号）整理。

三、我国森林保险运作现状

（一）实施范围广

2009 年 3 月，财政部、国家林业局、中国保监会颁布《关于做好森林保险试点工作有关事项的通知》（财金〔2009〕165 号），按照"政府引导、市场运作、全面参保、统筹管理"的原则，启动政策性森林综合保险。选择福建、江西和湖南三个省份作为中央财政保费补贴试点省份。陆续加大中央财政对森林保险工作的扶持范围（见表 10-2）。《2018 森林保险发展报告》显示，截至 2017 年底，中央财政森林保险保费补贴惠及全国 24 个省份、4 个计划单列市、3 个森工集团。全国 31 个地区和单位参保森林面积达 22.40 亿亩，其中，商品林 4.48 亿亩，占参保森林面积的 20.00%。

表 10-2   政策性森林综合保险试点地区

年份	试点范围
2009	福建、江西、湖南
2010	新增浙江、云南、辽宁
2011	新增四川、广东、广西
2012	新增河北、安徽、河南、湖北、海南、重庆、贵州、陕西8个省（市）
2013	新增山西、内蒙古、吉林、甘肃、青海5省（区），大连、宁波、青岛3个计划单列市及黑龙江大兴安岭林业集团公司

注：根据全国森林保险情况材料汇编材料整理（国家林业局林业工作站管理总站，2019）。

（二）保费财政补贴标准

当前我国森林保险补贴实行中央、省级、市级、县级财政投入保费补贴，补贴标准如表 10-1 所示。由于各地财政状况差异，地方财政补贴比例差距较大。各级财政对商品林保费补贴比例最高的省份是浙江，达 84%；最低的湖南、广西壮族自治区，县财政对商品林保费没有补贴。《2018 森林保险发展报告》显示，2017 年，中央、省级、市级、县级财政投入保费补贴分别为 15.08 亿元、9.58 亿元和 4.41 亿元。三级财政保费补贴各级财政补贴共计 29.07 亿元，占总保费的 89.88%，比 2016 年增长 8.71%。各级财政的保费补贴比例逐渐提高。

（三）赔付效率较高

首先，赔付率接近财产保险赔付率的正常水平。2017 年，全国商品林森林保险赔付率为 56.01%，而 2017 年车险综合赔付率为 58.27%（金融界，2018）。可见，全国商品林森林保险赔付工作效率较高，赔付率也较高。其次，查勘定损工作及时。根据福建省《森林保险理赔操作规程（试行）》第五条规定，人保财险公司在接到出险报案后，对于林木损失确定清晰的，在 15 日内（桉树 5 日内）完成查勘定损工作；对于林木损失一时难以确定的，可设定 15 天观察期，观察期后 7 日内完成查勘定损工作。可见，保险公司与林业部门组织开展查勘定损工作较为及时，观察期设置也较为合理。

（四）承保主体众多

2017 年，我国共有 29 家保险机构通过单独承保或者联保方式开展森林保险业务。其中，承保面积排名前十位的经营机构如表 10-3 所示。其中，人保财险所占份额最大，占据近 50% 市场份额。全国有 7 个地区和森林经营单位的森林保险市场处于垄断状态，其他地区也只有少数几家保险公司提供森林保险服务，说明我国森林保险市场集中度非常高。信达财险、燕赵财险、诚泰财险为 2017 年新增的森林保险经营机构。而华农财险则退出了森林保险市场。

表 10-3　2017 年我国森林保险承保面积排名前十位的保险公司

保险机构	市场份额（%）
人保财险	49.73
中华财险	13.08
国寿财险	9.08
中航安盟	8.52
太平洋产险	5.09
平安财险	3.50
安华保险	2.50
国元农险	2.05
阳光财险	1.75
北部湾财险	1.73

资料来源：《中国林业年鉴（2018）》。

（五）再保险规模较大

2017 年，我国森林再保险保费规模达 4.72 亿元，风险保障金额达 1689.08 亿元。比例再保险是森林再保险主要业务模式，其占再保险市场份额的比例达 94.20%。从市场主体结构来看，中国农业保险再保险共同体是我国森林保险再保险市场的主要供给机构，参与了国内所有的森林保险再保险业务，占据了 51.20% 的市场份额，并且以首席再保人身份参与的森林再保险业务占全国森林再保险业务总额的比例达 68.60%。

第二节　森林保险缓释林权抵押贷款
风险效果的理论分析

评价森林保险缓释林权抵押贷款风险效果，必须明确林权抵押贷款风险管理目标与森林保险在林权抵押贷款中扮演的角色及其功能定位，然后考察森林保险的功能是否达到林权抵押贷款风险管理的目标要求。

一、林权抵押贷款风险管理目标

林权抵押贷款指借款人或第三人以其所拥有的林权为抵押标的物,当借款人违约时,银行依照法律的规定对抵押林权进行处理,从而优先得到补偿的信贷模式(张兰花,2016)。林权抵押贷款信用风险是因借款人违约导致银行无法如期收回本息而遭受经济损失的可能性。违约概率与违约损失率是林权抵押贷款信用风险的两个重要衡量指标。降低违约率以及违约带来的贷款本息损失率成为贷款风险管理的目标。抵押林权到期价值对抵押技术发挥风险缓释作用十分重要。林权在林权抵押贷款中的物质基础,是借贷双方间信任的保证。发挥贷款违约补偿功能,决定了银行贷款损失率的大小。然而,林权作为一种自然财产,其所面临极大的自然风险,林病虫害、森林火灾等风险对林木生产威胁最大(曹建华,2006;吴卫红,2006)。营林生产风险影响了抵押林权的变现力,进而影响了银行贷款违约损失率。

因此,实现抵押林权价值稳定,规避各种风险因素对抵押林权经济价值的影响成为林权抵押贷款信用风险管理的重要目标。

二、森林保险具备补偿抵押林权损失机能

财产保险是以财产及其有关利益为保险标的的保险,标的为船舶、货物、房屋等财产(宋明哲,1997)。对保险人因保险合同事故造成的损失进行经济补偿是保险的主要机能(袁宗蔚,2000)。保险损失"补偿"起源于海上保险(朱作贤,2009),并成为海上保险的唯一目标(M. Mustill,1981)。损失补偿原则也被视为财产保险的一个真正原则(S. S. Huebner,2002)。财产保险的实质是经济赔偿损失,保障目的在于填补被保险人经济上可得估计之损失(汪信君等,2010)。保险法的根本特点是补偿原则,损失补偿体现了保险制度的核心职能(所罗门·许布纳等,2002)。保险损失补偿原则发挥着填补被保险人损失的主要功能(康雷闪,2016)。

森林保险是财产保险的一个重要险种,标的可是公益林与商品林,本章所涉及的仅是可以作为抵押物的商品林。森林保险的核心也在于对被保险人经济损失进行补偿,即贯彻"损失补偿原则"。营林生产中面临诸多的自然灾害与意外事故,应当从营林收入中提取保险基金,对意外事故造成森林损失进行经济补偿(孔繁文等,1985)。

森林保险作为财产保险的一个险种应遵循财产保险的损失补偿原则,通过发

挥其损失补偿的基本职能，对被保险人因保险合同约定事故造成的森林损失进行经济补偿，从而转移被保险人承担的风险。当抵押林权因自然灾害或意外事故造成损失时，贷款银行作为森林保险合同的第一受益人可以获取保险金补偿，规避抵押林权无法足额变现风险、降低借款人违约带来的贷款损失率。

三、森林保险损失补偿核心在于"完全补偿"

传统观点认为损失补偿原则的核心在于"禁止得利"（杨仁寿，1996），即以限制被保险人获得利益为主，并且受到广泛认同（樊启荣，2005）。然而，较高的免赔率或承保责任的变小，都可能降低保险需求（马克·道弗曼，2009）。因此，反对不当得利、忽视充分补偿被保险人经济损失的"禁止得利"学说日受批判，而旨在保障被保险人及时地获得"完全补偿"的充分补偿学说（小罗伯特·H. 杰瑞等，2009）日受推崇。禁止得利与充分补偿两者都应并重（朱作贤，2009）。在风险社会下，为了更全面保障被保险人的利益，损失补偿原则的重心从"禁止得利"向"充分补偿"转变（康雷闪，2020）。保险就是确定的小额损失代替不确定发生可能带来的巨额损失（所罗门·许布纳等，2002）。保险补偿目的在于使被保险人的经济状况恢复到在损失发生前的状况（约翰·T. 斯蒂尔，1992）。

森林保险应当贯彻充分补偿学说，对抵押林权损失进行完全的经济补偿，以保证保险受益人的经济权益恢复到抵押林权发生损失前的状态。考察森林缓释林权抵押贷款风险效果即评价森林保险是否对抵押林权损失进行完全补偿，达到林权抵押贷款风险管理的目的。

第三节　案例分析

一、案例基本情况

依前文理论分析，森林保险应具备补偿抵押林权损失机能，而补偿抵押林权损失机能的核心在于实现"完全补偿"抵押林权损失，即对抵押林权损失进行完全经济补偿，以保证贷款银行作为保险受益人的经济权益恢复到抵押林权发生损失前的状态。那么，实践中，森林保险是否实现了对保险人第一受益人即贷款银行的充分完全补偿呢？

本节采用福建省实行的森林综合保险作为案例对此问题展开剖析。福建省不仅是中国新一轮集体林权制度改革的发源地与林权抵押贷款的诞生地，也是第一批森林综合保险试点区。福建森林保险缓释贷款风险效应如何在中国都极具代表性。依据《2017 年森林综合保险方案》（闽林综〔2017〕13 号），当前的森林保险险种为森林综合保险，是由政府提供适度保费补贴与其他相关政策支持，商业保险公司承保的保险。森林保险的保费保额厘定、保险责任、定损理赔等要素如表 10-4 所示。

表 10-4　福建省森林综合保险要素

项目	内容
保险标的	商品林、生态公益林以及未成林造林地上的树木
被保险人	林木所有权者
保险期间	一年
保险责任	森林火灾、林业有害生物、雨灾、风灾、水灾、滑坡、泥石流、冰雹、冻灾、雪灾、雨凇、旱灾等造成的保险林木损失
保险费	每亩 1.5 元
保险金额	每亩不低于 680 元，具体金额以中标结果为准
商品林财政补贴政策	投保面积≤666.7hm²，各级财政补贴 75%； 投保面积>666.7hm²，各级财政补贴 60%，有条件的县（市、区）可达 75%
赔偿标准与赔偿处理	受灾面积≤6.67hm²，免赔率 10% 受灾面积>6.67hm²，免赔面积 0.67hm²
承保公司	由设区市林业局、财政局采取公开招标或其他符合规定的方式确定

注：根据福建省林业厅、福建省财政厅《2017 年森林综合保险方案》（闽林综〔2017〕13 号）整理。

二、经验性结论

（一）森林保险无法"完全补偿"抵押权人损失

1. 保额过低

根据福建省林业厅、福建省财政厅于 2017 年 10 月 31 日颁布的《森林综合保险方案》，森林保险金额每公顷不低于 10200 元，具体金额以中标结果为准。但每公顷保费只有 225 元，基于成本收益的考量，保险公司的竞标价格不会高出保额 10200 元太多。森林保险保额设定的依据是林木再植成本。林木再植成本由整地费、苗木费、栽植费、水利配套、管护费五大类组成，荒山造林平均成本费用为 111045 元/hm²（刘笑冰等，2019）。实际上，随着劳动力价格等成本的提高，林木再植成本已远超此额度。因此，该保额只能堪堪满足林木再植成本需求。但是，银行发放贷款的依据是森林资源资产的评估价，而非林木再植成本，以再植成本作为理赔依据，损失补偿力度极为有限，无法满足贷款银行弥补贷款违约风险的需求。

2. 免赔条款降低赔付率

在森林保险合同中，保险公司为了让投保人能够增强投保人的责任心、减少森林灾害事故的概率，设定了免赔额条款，规定只承担保额内一定比例的经济赔偿责任。如福建省《森林综合保险方案》设定的免赔条款（见表 10-1 中的"赔偿标准与赔偿处理"）。如此，一旦发生抵押林权损失，保险受益人可获得的经济补偿就更少了。

（二）理赔效率有待进一步提高

理赔效率是指森林保险理赔的投入与产出比，由理赔的质量和时效来衡量。理赔质量是指对风险损失评估的准确性，理赔时效是指处理理赔事故的快慢。理赔效率的高低决定了理赔款快速到达森林保险受益人账户，从而保证其正常支付和现金流的平稳。

1. 当前森林保险的理赔时效较高

森林保险的理赔时效可用理赔周期时间来进行度量。根据福建省《森林保险理赔操作规程（试行）》第五条规定的森林保险的查勘定损时间（见表 10-5），森林保险的查勘定损工作较为及时，观察期设置也较为合理，森林保险的理赔时效较高。

表 10-5　森林保险的查勘定损工作时间

林木损失是否确定	查勘定损工作时间
是	15 天以内（桉树 5 天以内）
否	设 15 天观察期+7 天

2. 统一可操作的灾害定损标准缺乏影响了理赔质量

中国各省都颁布了森林保险灾害损失认定标准，以提高森林保险理赔质量。福建省出台了《森林保险灾害损失认定标准》与《森林保险理赔操作规程（试行）》等文件，指出了森林火灾、林业有害生物以及气候地质灾害等各类森林灾害导致林分受灾程度认定标准与查勘定损方法，作为森林保险灾害损失认定标准，然而这类文件更趋向是森林灾害损失认定的指导性文件，而非可操作性文件。森林灾害的认定标准技术性强，查勘定损方法专业性特别强。保险公司内部无法对各类出险森林损失做出准确认定，主要依赖有经验的专业人士的判断。

根据福建省《森林保险理赔操作规程（试行）》第六条，保险公司可以根据工作需要向林业部门申请派出现场勘验技术人员或聘请有资质的林业中介机构进行现场勘验并承担差旅费，外业补贴等相关费用，但并未规定费用标准。目前，全国只有江西省与湖南省明确了森林保险工作经费。江西省林业厅和人保财险江西省分公司于 2011 年签订的《森林保险合作协议》指出由保险公司按保费比例支付工作经费，根据承保森林面积的大小，按 2.5%～4.5% 的保费比例提取工作经费；对森林保险简单赔付率低于 75% 的，按 1%～1.5% 的保费比例增加工作经费。按照《江西省森林保险实施方案》，商品林综合保险最高保额 12000 元/hm^2，费率为 4‰。以投保商品林综合保险的 66.7 hm^2 面积的林木为例，保费收入 = 4‰×66.7×12000 = 3201.6 元，按 4.5% 的保费比例提取工作经费，工作经费 = 4000×4.5% = 144 元。这个费用与基层林业部门、乡镇政府、村级组织全程参与森林保险工作所付出的劳动相比简直不值一提。如此之低的森林保险查勘费用补贴无疑会降低勘验技术人员或聘请有资质的林业中介机构的积极性，进而降低森林保险理赔效率，从而损害林权抵押贷款银行作为保险人、利益人的权益。

第四节　政策建议

对福建省森林综合保险案例分析发现，森林保险过低的保额与免赔条款的存在导致森林保险无法"完全补偿"抵押权人损失。而统一可操作的灾害定损标准缺乏更是降低了森林保险的赔付效率。为了充分发挥森林保险发挥缓释林权抵押贷款风险功能，本书提出如下建议：

一、发挥政府在森林保险中的主导作用

森林保险作为林权抵押贷款风险转移机制，是不可或缺的。由于林业产业的高风险性与森林损失定损的复杂性，森林保险经营成本极高。森林保险具有公益性和经济性特点，是一种准公共产品（周长春等，2012）。政府的财政干预可以明显提高森林保险的供给，优化资源配置（秦涛等，2014）。因此，要发挥政府在森林保险中的主导地位，强化森林保险"完全补偿"的核心功能。

二、提高保额标准与保费补贴比例

贯彻"完全补偿"保险原则，摈弃按林木再植成本设定保额的标准，以充分补偿抵押林权的经济损失为目标，依据森林资源资产的评估价设定保额，提升对抵

押林权损失补偿力度。此外，取消免赔率，对森林保险受益人进行充分补偿。

保险公司通过集合保费，代替单个林业生产经营主体承担森林灾害与意外事故风险。作为商业性保险公司，要遵守成本与收益匹配原则，收取的保费规模直接决定保额多寡。只有提高保费标准才能从根本上提高保额。然而，林业主要是分布在经济欠发达地区，林农收入低、经济实力有限，支付保费的意愿与能力低。《2018 森林保险发展报告》显示，2017 年，中央、省级、市级、县级财政保费补贴占总保费的比例分别为 46.63%、29.62% 与 13.64%。综合森林保险在各省执行情况，森林保险费用林农个人支付占总保费的比例为 25%～45%，发达地区支付比例越低，如浙江为 25%；欠发达地区林农的支付比例越高，如湖南为 45%（见表 10-6）。因此，在提高保额与保费的同时，各级财政要提高森林保险保费补贴比例；此外，林区经济实力差，财政收入主要靠上级财政转移支付，筹措森林保险保费补贴困难，应提高欠发达地区中央和省级的财政保费补贴标准，降低县市级财政保费补贴的比例。

表 10-6　商品林森林保险保费财政补贴标准

省份	中央财政	省级财政	县（市、区）	个人	文件依据
福建省	30%	30%	有条件的县（市、区）15%	［25%，40%］	福建省林业厅、福建省财政厅《2017 年森林综合保险方案》（闽林综〔2017〕13 号）
浙江省	30%		45%	25%	江西、浙江政策性森林保险调研报告
江西省	30%	25%	5%	40%	
湖南	30%	25%	45%		《湖南省 2011 年森林保险试点实施方案》（湘财金〔2011〕34 号）

三、政府协助保险公司提升查勘定损水平

森林分布在山区、地理位置复杂、交通条件不便，增加了森林保险查勘定损的难度与费用；此外，火灾、病虫害等定损专业性强，对理赔人的专业技术要求高。林业部门应发挥专业优势与森林保险承保公司就人员培训、防灾减灾以及构建信息资源共享平台等方面开展合作。提高森林保险赔付率，缩短赔付时间。基于森林保险业务所具有的生态效益的考量，工作经营应当由政府支付。政府把森林保险中投保、收保费、报告灾情、查勘定损以及理赔兑付等工作纳入基层林业部门、乡镇政府、村级组织日常工作范畴，并予以适当的经济补贴。

第十一章　构建"政府信用+林权"林业收储模式

　　现阶段林业收储成为我国林业金融体制改革中的一个重要推论，已被国家层面作为弥补林权作为担保品缺陷的一个有效措施。福建省先行先试，出台《关于进一步深化集体林权制度改革的若干意见》（闽政〔2013〕32号）与《关于进一步推进林权收储工作的通知》，鼓励有条件的市、县（区）成立林木收储中心，建立银担合作机制，对林权抵押贷款进行担保，收储出险抵押林权。《关于持续深化集体林权制度改革六条措施的通知》（闽政办〔2016〕94号）提出各地可以组建国有、公私合营、私营等多种模式的林权收储机构。《国务院办公厅关于完善集体林权制度的意见》（国办发〔2016〕83号），要求可用资本金注入、担保费用补贴以及风险补偿等多种方式，支持"林权抵押+林权收储+森林保险"贷款模式的推广。国家林业和草原局《关于促进林草产业高质量发展的指导意见》（林改发〔2019〕14号）鼓励各地建立林权收储担保服务制度，支持林业规模经营主体创办（领办）林权收储机构。林业收储作为林业金融风险分散机制，在政策层面得到重点关注。在政策的积极引导下，截至2020年，福建省各级政府主导成立了50个以上林权收储机构。那么，现实中林权收储是否实现了政策期待的效应？是否有效提升了抵押林权的担保力？

　　从理论研究上来看，学者主要从林业收储现状、存在问题及对发展对策等方面对林业收储问题展开积极研究，并得到了许多有意义的结论。福建成立的林权收储机构，具体有混合所有制、民营与国有或国有控股三种模式（齐联等，2016）。林权收储通过管控抵押林木的评估风险、监管风险、处置风险、自然风险等措施与规范出险林木资产处置方式保障了抵押权人的利益（董加云等，2017）。林业收储存在过于依赖财政拨款、规模较小与保值增值机制缺乏等局限性（张兰花，2016）。应完善三权分立改革、建立社会化服务体系、创新生态公益林经营管理等措施以提升林业收储的效果（刘德钦等，2016）。改进贷款条约与改善违约后处置方式是完善林业收储工作的重点（张娇容，2018）。以上关于林业收储效应的研究只是初探性，大多停留在个案总结或零星研究状态，成果多见于林权抵押贷款相关问题研究中，作为研究结论出现。

林业收储发挥担保效应理论机制如何？实践中，林业收储运作实现其理论效应了吗？其制约因素是什么？还需要进一步探讨。本章以邵武富源林业收储公司为例，对此问题展开理论与实证论证，进而政策建议。研究遵循理论构建与理论（假说）检验的实证研究的思路，构建了相对完整的理论框架，无论是在研究内容还是研究方法都具有明显的创新。

第一节　理论框架

以当前主流的国有林业收储模式，即"政府信用+林权"收储模式为分析对象，在梳理"政府信用+林权"的林业收储模式实质的基础上，梳理林业收储担保效应理论机制，构建理论分析框架。

一、"政府信用+林权"的林业收储模式实质

"政府信用+林权"的林业收储模式即"政府信用+林权"的担保模式，主要是政府出资，为林权抵押贷款提供保证担保，承担连带保证责任。白钦先教授在《中华金融辞库》中将首次政府信用纳入政策性金融范畴（白钦先，1989）。政策性金融是以政府信用为基础，以优惠的存贷利率或信贷、保险（担保）的可得性和有偿性为条件，在专门法律的保障和规范下而进行的一种特殊性金融制度安排（白钦先、王伟，2010）。在林业收储中，政府信用为抵押林权做担保，当贷款人发生贷款违约时，收储机构先行向银行履行代偿责任，而抵押林权的处置权转移给收储机构，收储机构也因此获取补偿。政府信用发挥了弥补林权作为抵押品不足的功能。因此，"政府信用+林权"的林业收储模式实质上是一种政策性担保，属政策性金融的范畴。

二、"政府信用+林权"的林业收储模式担保效应的理论分析框架

政策性担保的担保能力得到许多学者认同，政府是最大的金融担保者，担保角色应由政府直接或是由其附属机构充担（Merton & Bodie，1992）。"政府信用+林权"的林业收储模式作为政策信用担保，其担保的理论效应如何？本节基于信息不对称理论与担保理论对此进行梳理。

（一）多主体参与抵押林权信息识别与控制

信贷市场中借贷双方信息不对称会引发借款人逆向选择与道德风险（Stiglitz & Weiss，1981），将担保引入贷款契约可以降低信贷风险（Bester，1985）。但对于抵押林权，金融机构与林业经营者之间存在着严重的"信息不对称"（陈玲芳、金德凌，2005）。金融机构人员对林业知识相对缺乏等因素导致金融机构面临因信息劣势导致的逆向选择和道德风险（廖文梅等，2011）。保证担保的加入，保证人的担保意愿的信号功能与信息优势，可以减轻银行面临的信息不对称风险，缓解银行面临的逆向选择与道德风险问题（Besanko & Thakor，1987；Doh & Ryu，2004；Katz，19999）。政府担保可能有效降低项目风险（Wibowo & Kochendoerfer，2004），可以有效缓解农户逆向选择和道德风险行为（钱龙等，2008）。"政府信用+林权"的林业收储的介入，借款过程就由双向信息关系转变为三方信息关系，双向信息关系的不平衡转变为三方信息关系的平衡（见图11-1）。强化了银行对林权抵押贷款贷前、贷中环节上信息识别能力。首先，林权抵押贷款发放前，林业收储机构帮助银行深入全面掌握拟抵押林权的基本信息，对林权的真实可靠性做出准确判断；其次，在林权抵押贷款存续过程中，林业收储机构充当了抵押林权的监督人和控制者角色。

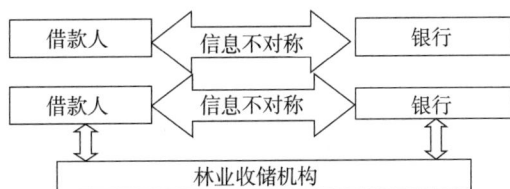

图 11-1　加入林业收储前后的信息关系

（二）贷后借款人违约情况下银行贷款价值补偿

林权在林权抵押贷款中充当还款保证，在借款人违约时，银行可以通过抵押林权以弥补贷款损失（张兰花，2010）。但是，林权自然风险、人为风险与政策风险等因素制约抵押林权变现价值（陆燕元等，2014；贺东航等，2015；吕洁华等，2015；谢向黎等，2014）。理论与实务界对抵押林权的处置风险已经形成共识。林业收储的价值补偿功能则可以克服抵押林处置风险，可以极大地补偿银行遭受的贷款违约损失。

1. 单纯林权抵押贷款模式下的银行贷款价值补偿

在单纯的林权抵押贷款模式下，借款人将林权抵押给银行，银行发放贷款，如果借款人违约，那么银行在通过变现抵押林权以获取补偿。假设借款人的借款额度为 B，提供的担保林权价值为 G，利率为 I，担保林权的变现率为 L。如图 11-2 所示，在单纯林权抵押的条件下，如果贷款没有违约，那么银行收回全部贷款本息 $B \times (1+I)$，如图 11-2 中实线所示；一旦借款人违约，银行拥有抵押林权的处置权，所能收回的贷款为 $L \times G$［当 $L \times G \geqslant B \times (1+I)$ 时，为 $B \times (1+I)$；当 $L \times G < B \times (1+I)$ 时，为 $L \times G$］。但是，除却自然风险与人为风险给抵押林权造成的损失风险之外，林权的处置还受到采伐许可证、限额采伐管理制度、林地管理政策、生态公益林保护政策等因素制约（张兰花，2010）。因此，金融机构处置变现抵押林权价值 $L \times G$ 就很有可能小于贷款本息和 $B \times (1+I)$，如图 11-2 虚线所示。单纯的林权抵押贷款模式风险分担及补偿机制的关键是取决于抵押林权是否能够顺利足额变现。

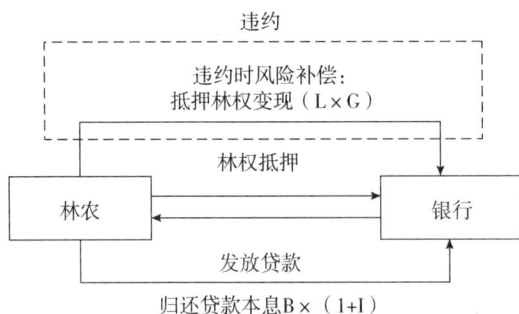

图 11-2　单纯林权抵押贷款的风险补偿模式

2. 林业收储模式下的银行贷款价值补偿

在林业收储模式下，林业收储中心虽不作为直接债务人承担林权抵押贷款还本付息责任。但是，一旦借款人违约，林业收储中心将作为连带责任人，要动用收储基金先行偿还银行贷款，并收储出险林权。一般情况下，收储合约约定的代偿金额为贷款本息和 $B \times (1+I)$。如果贷款没有发生违约，那么银行收回全部贷款本息 $B \times (1+I)$，如图 11-3 中实线所示；如果贷款发生违约，收储机构代偿，那么银行依然能收回全部贷款本息 $B \times (1+I)$，如图 11-3 虚线所示。可见，林业收储保障了银行顺利实现债权，保证银行都能收回贷款本息，无须考虑抵押林权处置价值 $L \times G$。

综上所述，"政府信用+林权"的林业收储模式通过多主体参与抵押林权信息识别与控制以客服信息不对称与贷后借款人违约情况下对银行贷款进行价值补偿方式发挥担保效应，从而保障了银行债权。

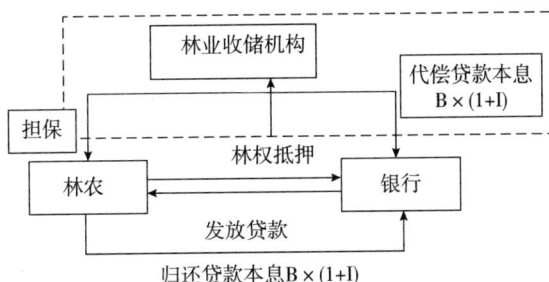

图 11-3　林业收储贷款的风险补偿模式

第二节　案例分析

一、案例介绍

实践中，林业收储是否实现了其理论效应呢？本节基于理论抽样原则，选择了邵武市富源林业收储中心作为案例，采用天眼查、官网及内部文稿等材料作为案例分析的资料，以此印证 "政府信用+林权" 的林业收储模式的担保效应。

邵武市是福建省重点林区，森林资源丰富，森林面积达 212667hm^2，林木蓄积量达 1402 万 m^3，森林覆盖率达 70%。林权制度改革较为成熟，明晰集体商品林产权面积为 13 万 hm^2，占应明晰产权面积比例达 93.3%（国家林业和草原局，2007）。2004 年被确定为福建省林业改革与发展综合试验区示范点，2014 年在福建省率先组建了邵武富源林业发展有限公司。邵武富源林业收储中心为国有控股的有限责任公司，其股东全部是国有林业企业（见表 11-1），注册资本 1545.7 万元人民币，导入抵押、保证、出险、资产处置等机制，是典型的政策性林业收储机构。

表 11-1　邵武富源林业发展有限公司股东及出资信息

单位：万元

序号	股东	实缴出资额	实缴出资方式
1	龙湖国有林业采育场	269	实物
2	洪墩国有林业采育场	117	实物
3	山口国有林业采育场	109	实物

序号	股东	实缴出资额	实缴出资方式
4	和平实验林场	80	实物
5	邵武富文贮木场	134	实物
6	城关实验林场	127	实物
7	槎溪国有林业采育场	110	实物
8	拿口实验林场	189	实物
9	张厝国有林业采育场	188.7	实物
10	二都国有林业采育场	222	实物

注：数据根据天眼查数据整理。

二、经验性结论

（一）"政府信用+林权"的林业收储模式积极效应

1. 强化了抵押林权的风险识别

首先，邵武富源林业收储中心对抵押林权具有极强的信息获取与处理能力。股东全部是国有林业企业，员工熟悉林业生产经营的各个环节，可以获取更加准确抵押林权信息。弱化了林权登记中的信息不对称现象，使林权登记所记录的林权确认、流转和变更等产权信息更加透明化，更具有公信力，克服了银行抵押林权虚置风险。

其次，评估更准确。林权评估价值是确定林权抵押贷款额度的依据。抵押林权的评估价值是否准确，将影响贷款违约后，银行获取贷款补偿金额的大小。当银行开展林权抵押贷款业务时，主要采用外部评估与内部评估两种模式。但是，内部评估缺乏科学的操作程序，主要依据银行客户经理的主观判断，加上可能的人为因素干扰，容易造成抵押林权评估失真。外部评估中存在森林资产评估师缺乏与评估师执业道德缺失等问题，影响了抵押林权评估价值的真实性。邵武林业收储制度集评估、贷款、保险于一体，抵押林权评估业务由县国有林场宝山伐区调查设计中心承担。专业人士的实地评估加上国有企业内生的道德风险控制机制可以更好地防止虚评、假评，确保抵押林权评估价值的准确性与公允性。

2. 贷后监管对林权的风险管理更到位

为了使林权抵押贷款风险处于可控之中，银行必须对贷款实行贷后监管，监控借款人还款意愿与还款能力以及抵押林权的变化。林业收储机构的加入，从各环节强化了抵押林权的监控，有效地防控抵押林权面临的自然风险与人为风险，可以更加到位地保护抵押林权的安全。首先，表 11-1 中 10 个国有林场作为富源林业收储中心的股东，具备护林防火工作意识与能力，其分布在全县各乡镇 8 个下属林场 230 多名护林员参与护林防火工作，加强防范火灾、病虫害等风险防范工作，强化对抵押林权自然风险的监管；其次，严格控制人为风险，邵武市林业局通过加强林政执法力度、严格木材采伐审批等措施，防范乱砍滥伐等风险。

3. 贷款违约风险补偿有经济基础

当林业收储承担贷款违约时，先行偿付银行贷款本息的责任。林业收储机构的代偿责任要以一定的经济基础做保证。邵武市富源林业收储中心的担保基金是其拥有的 2.7 万 hm^2，评估价值过亿元国有森林资产（见表 11-1），为其代偿行为建立了经济基础。

4. 抵押林权处置有平台

由于限额采伐制度制约、处置途径狭窄，因此抵押林权处置变现难已然是不争的事实。而邵武市富源林业收储中心的股东全部为林业生产经营单位（见表 11-1），本身就进行大量的林木采伐、加工与交易，为抵押林权处置提供了较为广阔的市场。

（二）林业收储担保效应的制约因素

虽然邵武市的林业收储具有良好克服信息不对称与违约补偿效应，但如下因素的存在制约了其担保效应的发挥。

1. 有效担保不足

农业担保公司担保作用的发挥，关键在于其担保能力的提升（朱乾宇等，2012）。收储机构的代偿能力强弱取决于收储机构的担保基金。担保基金是林业收储机构为收储提供的专项责任金，是林业收储机构发挥担保作用的重要因素，直接影响林业收储机构担保能力。邵武富源林业发展有限公司，实收资本 1276.6 万元，看似规模挺大，但是这 1000 多万元的实收资本全部是实物（见表 11-2），其变现率不确定，特别是发生代偿事件时，无法迅速变现。邵武富源林业发展有限公司从 2014 年 2 月 28 日成立至 2019 年末共发生 3 起金融合同诉讼案例（见表 11-2），其中，邵武刺桐红村镇银行股份有限公司、朱睦强金融借款合同纠纷达成执行和解协议，另外两个收储纠纷案件均被法院裁定应承担借款本金及利息和实现债权费用的连带清偿责任。两个案例共需代偿银行贷款本息达 394.68 万元。虽然尚未危及其生存，但却占到其资本金的 31%。可见，林业收储中心清偿能力弱，化解银行贷款风险的能力极为有限。尽管林业收储机构代偿后，即取得对受保借款人的求偿权和抵押林权的处置权，但这些都无法增强林业收储机构的代偿能力，反而会影响到林业收储机构的以后代偿能力。

表 11-2 邵武富源林业发展有限公司金融借款合同纠纷

	案例 1	案例 2	案例 3
发布日期	2017-07-29	2017-06-04	2019-04-01
原告	邵武刺桐红村镇银行股份有限公司	邵武市农村信用合作联社拿口信用社	邵武刺桐红村镇银行股份有限公司
被担保人	朱睦强	朱爱荣、吴桂花	朱睦强
案号	（2017）闽 0781 民初 995 号	（2017）闽 0781 民初 295 号	（2017）闽 0781 执 1102 号之三
金额	借款本金 2400000 元及利息 39440 元	借款本金 1400000 元及利息 107338.39 元	
抵押林权	位于邵武××××19 宗地的林木所有权	坐落在邵武市大竹镇谢墩村西坪的林权	
判决结果	邵武富源林业发展有限公司承担连带清偿责任	邵武富源林业发展有限公司承担保证责任	

注：数据根据天眼查数据整理。

2. 担保基金保值增值能力弱

利润作为林业收储机构内部融资的重要来源和流动资产的重要组成部分，对其代偿能力影响也不容忽视。邵武富源林业发展有限公司财务情况极差，连续亏损，由 2016~2017 年财务状况（见表 11-3）显示其内部根本没有增加资本的可能性，可持续发展能力较弱。

表 11-3 邵武富源林业发展有限公司财务情况

单位：万元

年度	资产总额	负债总额	所有者权益合计	利润总额	净利润	销售总额	主营业务收入
2016	20959.25	18829.38	2129.87	-97.15	-97.15	0	0
2017	27764.54	25636.27	2128.27	-139.05	-139.05	0	0

注：数据根据天眼查数据整理。

3. 银—林风险共担机制未建立

在林业收储业务中，林业收储机构充当了贷款代偿与审查的双重角色。银行因其担保行为减少资格审查及监督成本，做出更合理的放贷决策，并极大地获取贷款违约风险补偿。因此，基于权利与义务对称的基础上，林业收储机构与银行间应建立风险共担机制，实施比例代偿，担保机构只承担有限代偿责任。从

表 11-2 中案例 1 与案例 2 来看，虽然富源公司与银行约定比例收储，根据《林权抵押担保贷款收储协议书》第二条，"朱睦强到期不能还款，富源公司按总金额（含该逾期贷款的本金、利息、罚息的费用）的 80% 比例代偿"，但法院认为，"该损失按被告富源公司承担 80%、原告 20% 的原则进行承担"的约定是被告富源公司按约定先行为被告朱睦强代偿全部债务后，将来可能发生的一种情形。即富源公司要全额代偿后，等抵押林权处置之后，再同银行按照二八原则分担损失。而不是等抵押林权先行处置之后，再行代偿银行损失。可见，这种代偿模式对林业收储公司来说是见索即付的行为，对其现金流压力极大。

4. 再担保一片空白影响林业收储机构潜在代偿能力

林业收储是信用担保的一种模式，在增强借款人信用的同时，收储承担了较高的信用风险。一旦借款人违约，全部风险将由其承担。因此，林业收储机构要保持可持续发展，必须建立一套有效的风险补偿金机制。而再担保是被公认的担保机构实现风险分散和转移担保风险方式。"再担保"，是指再担保机构对担保机构（原担保人）整体或其从事的具体担保项目所给予的一种担保（信用补偿）。再担保具有为担保机构增补信用、扩大担保基金放大功能的作用（文学舟等，2008）。科学厘定再担保比例能够减轻逆向选择程度，保证担保资金的安全（梅强等，2008）。担保机构加入再担保体系，其增加的收益大于申请成本（汪辉等，2016）。根据国家法律，担保机构可以与再担保机构约定一定的比例，将其承担的风险按比例转移。林业收储机构尚处于试点阶段，其再担保业务仍然是一片空由。再担保机构的缺失严重影响了林业收储机构担保风险的转移。

可见，林业收储机构担保效应弱，与其理论效应相去甚远。

第三节　"政府信用+林权"林业收储模式优化建议

根据以上结论，"政府信用+林权"的林业收储模式是当前林业收储制度的现实选择，但还需在以下两个方面努力以提高其担保效应。

一、提高林业收储机构代偿能力

在林业收储贷款中，林业收储机构承担贷款违约代偿风险。因此，代偿能力是影响其担保效果的核心要素。

（一）建立政策性收储基金资金补充机制

改变当前政策性担保机构实收资本的全部或者大部分是森林资源等实物资产状态。地方政府可以考虑建立具有可持续性的政策性担保基金资金补充机制，将担保基金的资金列入每年的财政预算，并根据上一年度的代偿情况以及行业发展趋势、宏观经济变化等因素及时适当增加注资。此外，如果出险林木划入生态公益林，可根据中共中央、国务院印发的《生态文明体制改革总体方案》（中发〔2015〕25 号）关于建立国家储备林制度的有关规定，纳入中央财政专项资金补助范畴。

（二）强化收储机构运营管理能力

林业收储机构运营管理能力关系其内部留存盈余的多寡，直接制约林业收储功能的发挥，是林业收储机构的"源头活力"。强化政策性林业收储机构运营管理能力，优化资产质量、做大资产规模、提升现金流水平、强化业务风险控制能力、与银行等金融机构建立互利共赢的多方合作机制。通过竞价交易、协议转让林木采伐权以及法律诉讼等多种渠道来处置变现出险林木，改变财务连续亏损情况。

二、建立林业收储贷款再担保机制

林业收储机构既不能够完全克服林业生产经营中信息不对称现象，也不可能完全规避借款人贷款违约风险，因此不得不面对借款人违约而引发的代偿风险。依照当前大部分的林权收储贷款合约，借款人的信用风险几乎全部由林业收储机构承担。再担保已成为担保机构分散和转移担保风险的重要方式。建立林业收储贷款再担保机制，由财政承担全部或者部分再担保费用，再按照与林业收储机构约定的风险比例，转移其承担的担保风险。

附录一

人民银行　财政部　银监会　保监会　林业局
关于做好集体林权制度改革与林业
发展金融服务工作的指导意见

银发〔2009〕170号

中国人民银行上海总部，各分行、营业管理部、省会（首府）城市中心支行；各省（自治区、直辖市）财政厅（局）、银监局、保监局、林业厅（局）；各政策性银行，国有商业银行，股份制商业银行，中国邮政储蓄银行：

为深入贯彻落实《中共中央 国务院关于全面推进集体林权制度改革的意见》（中发〔2008〕10号）、《中共中央 国务院关于2009年促进农业稳定发展农民持续增收的若干意见》（中发〔2009〕1号）和《国务院办公厅关于当前金融促进经济发展的若干意见》（国办发〔2008〕126号）精神，积极做好集体林权制度改革与林业发展的金融服务工作，现提出如下意见：

一、充分认识做好集体林权制度改革与林业发展金融服务工作的重要意义

林业是一项重要的公益事业和基础产业，具有经济效益、生态效益和社会效益。长期以来，我国林业生产力水平低、林区发展滞后、林农收入增长缓慢，林业成为国民经济发展的薄弱环节。集体林权制度改革将集体林地经营权和林木所有权落实到农户，确立了农民的经营主体地位，实现了家庭承包经营制度从耕地向林地的拓展和延伸，有利于进一步解放和发展农村生产力，有利于充分调动和激发农民发展林业生产的内在积极性。全面推进集体林权制度改革是稳定和完善农村基本经营制度的必然要求，是促进农民就业增收、建设生态文明、发展现代林业的战略举措，事关广大农民的切身利益，事关经济与社会可持续发展，事关农业安全与生态安全，事关实现社会主义新农村建设和全面建设小康社会的战略

目标。

积极做好集体林权制度改革与林业发展的金融服务工作，是金融部门深入学习实践科学发展观、实施强农惠农战略的重要任务之一，是当前实施扩内需、保增长、调结构、惠民生战略的重要举措，对于增加就业、促进农业增产和农民增收，拓宽农村抵押担保物范围，改进和提升农村金融服务水平，增加对"三农"的有效信贷投入意义重大。

二、切实加大对林业发展的有效信贷投入

在已实行集体林权制度改革的地区，各银行业金融机构要积极开办林权抵押贷款、林农小额信用贷款和林农联保贷款等业务。充分利用财政贴息政策，切实增加林业贴息贷款、扶贫贴息贷款、小额担保贷款等政策覆盖面。对于纳入国家良种补贴的油茶林等林木品种，各金融机构要积极提供信贷支持。稳步推行农户信用评价和林权抵押相结合的免评估、可循环小额信用贷款，扩大林农贷款覆盖面。鼓励开展林业规模化经营，鼓励林农走"家庭合作"式、"股份合作"式、"公司+基地+农户"式等互助合作集约化经营道路，鼓励把对林业专业合作组织法人授信和对合作组织成员授信结合起来，探索创新"林业专业合作组织+担保机构"信贷管理模式与林农小额信用贷款的结合，促进提高林业生产发展的组织化程度以及借款人的信用等级和融资能力。

银行业金融机构应根据林业的经济特征、林权证期限、资金用途及风险状况等，合理确定林业贷款的期限，林业贷款期限最长可为 10 年，具体期限由金融机构与借款人根据实际情况协商确定。

银行业金融机构应根据市场原则合理确定各类林业贷款利率。对于符合贷款条件的林权抵押贷款，其利率一般应低于信用贷款利率；对小额信用贷款、农户联保贷款等小额林农贷款业务，借款人实际承担的利率负担原则上不超过中国人民银行规定的同期限贷款基准利率的 1.3 倍。各级财政要加大贴息力度，充分发挥地方财政资金的杠杆作用，逐步扩大林业贷款贴息资金规模。

农村信用社要进一步发挥在林农贷款中的重要作用。农业银行要充分发挥自身优势，继续加大林业信贷投入，同时依托"惠农卡"，积极开展符合林业产业发展的多元化金融服务。中国邮政储蓄银行应利用结算网络完善、网点众多等优势，积极提供银行卡、资金结算、小额存单质押贷款等金融服务项目。其他各国有银行要采取直贷、贷款转让、信贷资金批发等多种形式积极参与林业贷款业务。其他各商业银行设在林业发达县域内的分支机构要结合实际积极开展林业贷款业务。

支持有条件的林业重点县加快推进组建村镇银行、农村资金互助社和贷款公司等新型农村金融机构。鼓励各类金融机构和专业贷款组织通过委托贷款、转贷款、银团贷款、协议转让资金等方式加强林业贷款业务合作，促进林区形成多种金融机构参与的贷款市场体系。

各银行业金融机构对林业重点县的县级分支机构要合理扩大林业信贷管理权限，优化审贷程序，简化审批手续，推广金融超市"一站式"服务；要结合实际积极开展面向林区居民和企业的林业金融咨询和相关政策宣传，探索建立村级融资服务协管员制度。

三、引导多元化资金支持集体林权制度改革和林业发展

鼓励符合条件的林业产业化龙头企业通过债券市场发行各类债券类融资工具，募集生产经营所需资金。鼓励林区从事林业种植、林产品加工且经营业绩好、资信优良的中小企业按市场化原则，发行中小企业集合债券。

鼓励林区外的各类经济组织以多种形式投资基础性林业项目。凡是符合贷款条件的企业与个人，按法律和政策规定程序受让集体林权，从事规模化林业种植与加工的，资金不足时，均可申请银行信贷支持。鼓励和支持各类投资基金投资林业种植等产业。支持组建林业产业投资基金。

鼓励各类担保机构开办林业融资担保业务，大力推行以专业合作组织为主体，由林业企业和林农自愿入会或出资组建的互助性担保体系。银行业金融机构应结合担保机构的资信实力、第三方外部评级结果和业务合作信用记录，科学确定担保机构的担保放大倍数，对以林权抵押为主要反担保措施的担保公司，担保倍数可放大到10倍。鼓励各类担保机构通过再担保、联合担保以及担保与保险相结合等多种方式，积极提供林业生产发展的融资担保服务。

四、积极探索建立森林保险体系

各地要把森林保险纳入农业保险统筹安排，通过保费补贴等必要的政策手段引导保险公司、林业企业、林业专业合作组织、林农积极参与森林保险，扩大森林投保面积。各地可设立森林保险补偿基金，建立统一的基本森林保险制度。

保险公司要遵循政府引导、政策支持、市场运作、协同推进的原则，积极开展森林保险业务。在推进森林保险业务过程中，要结合不同地区不同林种的不同需求，不断完善森林保险险种和服务创新。在产品开发中，要综合考虑当地林业生产中面临的主要风险，有针对性地推出基本险种和可供选择的其他险种；在保

险费率厘定中要充分考虑到林业灾害发生的机率和强度的差异性，设置不同的保险费率；在承保中要坚持"保障适度、林农承担保费低廉、广覆盖"的原则；在保险理赔服务中，要按照"公开、及时、透明、到户"的原则规范理赔服务，提升森林保险的服务质量。

加大森林保险宣传力度，普及保险知识，提高林农保险意识。鼓励和引导散户林农、小型林业经营者主动参与森林保险；创新投保方式，支持林业专业合作组织集体投保，支持以一定行政单位组织形式进行统一投保，提高林农参保率和森林保险覆盖率。探索建立森林保险风险分散机制，各参与森林保险的经办机构，要对森林保险实行一定比例的超赔再保，建立超赔保障机制，提高森林保险抗风险能力。

五、加强信息共享机制和内控机制建设

建立林业部门与金融部门的信息共享机制，加快林权证登记、抵押、采伐等信息的电子化管理进程，将上述信息纳入人民银行企业和个人信用信息基础数据库，方便银行查询及贷款管理。推进人民银行征信体系建设，逐步扩大企业和个人信用信息基础数据库在林区的信息采集和使用范围，引导金融机构建立健全林农、林业专业合作组织和林业企业的电子信用档案，设计客观、有效的信用信息指标体系，建立和完善科学、合理的信用评级和信用评分制度，充分发挥信息整合和共享功能。

正确处理加大支持和防范风险的关系。银行业金融机构要加强对林业产业发展的前瞻性研究和林业投资风险的基础性研究，建立符合林业贷款特点的内部控制和风险管理制度，认真落实贷后检查和跟踪服务，建立和完善风险监测信息系统，不断充实和完善林业企业、林业合作组织和林农的数据信息，切实提高风险防范的能力和林业金融服务的可持续发展水平。

六、积极营造有利于金融支持集体林权制度改革与林业发展的政策环境

加大人民银行对林区中小金融机构再贷款、再贴现的支持力度。对林业贷款发放比例高的农村信用社等县域存款类法人金融机构，可根据其增加林业信贷投放的合理需求，通过增加再贷款、再贴现额度和适当延长再贷款期限等方式，提供流动性支持。

鼓励和支持各级地方财政安排专项资金，增加林业贷款贴息和森林保险补贴

资金，建立林业贷款风险补偿基金或注资设立或参股担保公司，由担保公司按照市场运作原则，参与林业贷款的抵押、发放和还贷工作。

各级林业主管部门要认真做好森林资源勘界、确权和登记发证工作，保证林权证的真实性与合法性。要加强森林资源资产评估和林木、林地经营权依法流转管理。各林权证登记管理部门要简化林权证办理手续，降低相关收费。要采取有效措施维护银行合法债权，对在抵押贷款期间所抵押的林木，未经抵押权人同意不予发放采伐许可证、不予办理林木所有权转让变更手续；贷款逾期时，积极协助金融机构做好抵押林权的处置工作。加快建立林权要素交易平台，加强森林资源资产评估管理，大力推进林业专业评估机构、担保机构和森林资源收储机构建设，为金融机构支持林业发展提供有效的制度和机制保障。

林业贷款的考核适用《中国银监会关于当前调整部分信贷监管政策促进经济稳健发展的通知》（银监发〔2009〕3号）对涉农贷款的相关规定。林业贷款的呆账核销、损失准备金提取等适用财政部有关对涉农不良贷款处置的相关规定。

人民银行、财政部、银监会、保监会、林业局建立联合工作小组，加强对集体林权改革与林业发展金融服务工作的协调。人民银行各分支机构与同级财政部门、银监会派出机构、保监会派出机构及林业主管部门根据实际需要建立必要的协作与信息交流机制。

人民银行各分支机构要会同同级财政部门、银监会派出机构、保监会派出机构及林业主管部门根据本意见精神和辖区林业发展实际特点，制定和完善具体实施意见或管理办法，积极引导和支持辖区金融机构不断加强和改进对林业的金融支持和服务工作，并加强林业信贷政策的导向效果评估。各金融机构要逐步建立和完善涉林贷款专项统计制度，加强涉林贷款的统计与监测分析。

请人民银行上海总部，各分行、营业管理部、省会（首府）城市中心支行会同所在省（区、市）财政厅（局）、银监局、保监局、林业厅（局）将本意见联合转发至辖内相关机构，并结合当地实际完善和细化落实措施，切实抓好贯彻实施工作。

人民银行　财政部

银监会　保监会

林业局

二〇〇九年五月二十五日

附录二

银监会　林业局关于林权抵押贷款的实施意见

银监发〔2013〕32 号

各银监局，各省、自治区、直辖市、计划单列市林业厅（局），各政策性银行、国有商业银行、股份制商业银行，邮储银行，各省级农村信用联社：

为改善农村金融服务，支持林业发展，规范林权抵押贷款业务，完善林权登记管理和服务，有效防范信贷风险，特制定如下实施意见。

一、银行业金融机构要积极开展林权抵押贷款业务，可以接受借款人以其本人或第三人合法拥有的林权作抵押担保发放贷款。可抵押林权具体包括用材林、经济林、薪炭林的林木所有权和使用权及相应林地使用权；用材林、经济林、薪炭林的采伐迹地、火烧迹地的林地使用权；国家规定可以抵押的其他森林、林木所有权、使用权和林地使用权。

二、银行业金融机构应遵循依法合规、公平诚信、风险可控、惠农利民的原则，积极探索创新业务品种，加大对林业发展的有效信贷投入。林权抵押贷款要重点满足农民等主体的林业生产经营、森林资源培育和开发、林下经济发展、林产品加工的资金需求，以及借款人其他生产、生活相关的资金需求。

三、银行业金融机构要根据自身实际，结合林权抵押贷款特点，优化审贷程序，对符合条件的客户提供优质服务。

四、银行业金融机构应完善内部控制机制，实行贷款全流程管理，全面了解客户和项目信息，建立有效的风险管理制度和岗位制衡、考核、问责机制。

五、银行业金融机构应根据林权抵押贷款的特点，规定贷款审批各个环节的操作规则和标准要求，做到贷前实地查看、准确测定，贷时审贷分离、独立审批，贷后现场检查、跟踪记录，切实有效防范林权抵押贷款风险。

六、各级林业主管部门应完善配套服务体系，规范和健全林权抵押登记、评估、流转和林权收储等机制，协调配合银行业金融机构做好林权抵押贷款业务和其他林业金融服务。

七、银行业金融机构受理借款人贷款申请后，要认真履行尽职调查职责，对贷款申请内容和相关情况的真实性、准确性、完整性进行调查核实，形成调查评价意见。尤其要注重调查借款人及其生产经营状况、用于抵押的林权是否合法、权属是否清晰、抵押人是否有权处分等方面。

八、申请办理林权抵押贷款时，银行业金融机构应要求借款人提交林权证原件。银行业金融机构不应接受未依法办理林权登记、权属不清或存在争议的森林、林木和林地作为抵押财产，也不应接受国家规定不得抵押的其他财产作为抵押财产。

九、银行业金融机构不应接受无法处置变现的林权作为抵押财产，包括水源涵养林、水土保持林、防风固沙林、农田和牧场防护林、护岸林、护路林等防护林所有权、使用权及相应的林地使用权，以及国防林、实验林、母树林、环境保护林、风景林，名胜古迹和革命纪念地的林木，自然保护区的森林等特种用途林所有权、使用权及相应的林地使用权。

十、以农村集体经济组织统一经营管理的林权进行抵押的，银行业金融机构应要求抵押人提供依法经本集体经济组织 2/3 以上成员同意或者 2/3 以上村民代表同意的决议，以及该林权所在地乡（镇）人民政府同意抵押的书面证明；林业专业合作社办理林权抵押的，银行业金融机构应要求抵押人提供理事会通过的决议书；有限责任公司、股份有限公司办理林权抵押的，银行业金融机构应要求抵押人提供经股东会、股东大会或董事会通过的决议或决议书。

十一、以共有林权抵押的，银行业金融机构应要求抵押人提供其他共有人的书面同意意见书；以承包经营方式取得的林权进行抵押的，银行业金融机构应要求抵押人提供承包合同；以其他方式承包经营或流转取得的林权进行抵押的，银行业金融机构应要求抵押人提供承包合同或流转合同和发包方同意抵押意见书。

十二、银行业金融机构要根据抵押目的与借款人、抵押人商定抵押财产的具体范围，并在书面抵押合同中予以明确。以森林或林木资产抵押的，可以要求其林地使用权同时抵押，但不得改变林地的性质和用途。

十三、银行业金融机构要根据借款人的生产经营周期、信用状况和贷款用途等因素合理协商确定林权抵押贷款的期限，贷款期限不应超过林地使用权的剩余期限。贷款资金用于林业生产的，贷款期限要与林业生产周期相适应。

十四、银行业金融机构开展林权抵押贷款业务，要建立抵押财产价值评估制度，对抵押林权进行价值评估。对于贷款金额在 30 万元以上（含 30 万元）的林权抵押贷款项目，抵押林权价值评估应坚持保本微利原则、按照有关规定执行；具备专业评估能力的银行业金融机构，也可以自行评估。对于贷款金额在 30 万元以下的林权抵押贷款项目，银行业金融机构要参照当地市场价格自行评估，不得向借款人收取评估费。

十五、对已取得林木采伐许可证且尚未实施采伐的林权抵押的，银行业金融机构要明确要求抵押人将已发放的林木采伐许可证原件提交银行业金融机构保管，双方向核发林木采伐许可证的林业主管部门进行备案登记。林权抵押期间，未经抵押权人书面同意，抵押人不得进行林木采伐。

十六、银行业金融机构要在抵押借款合同中明确要求借款人在林权抵押贷款合同签订后，及时向属地县级以上林权登记机关申请办理抵押登记。

十七、银行业金融机构要在抵押借款合同中明确，抵押财产价值减少时，抵押权人有权要求恢复抵押财产的价值，或者要求借款人提供与减少的价值相应的担保。借款人不恢复财产也不提供其他担保的，抵押权人有权要求借款人提前清偿债务。

十八、县级以上地方人民政府林业主管部门负责办理林权抵押登记。具体程序按照国务院林业主管部门有关规定执行。

十九、林权登记机关在受理林权抵押登记申请时，应要求申请人提供林权抵押登记申请书、借款人（抵押人）和抵押权人的身份证明、抵押借款合同、林权证及林权权利人同意抵押意见书、抵押林权价值评估报告（拟抵押林权需要评估的）以及其他材料。林权登记机关应对林权证的真实性、合法性进行确认。

二十、林权登记机关受理抵押登记申请后，对经审核符合登记条件的，登记机关应在10个工作日内办理完毕。对不符合抵押登记条件的，书面通知申请人不予登记并退回申请材料。办理抵押登记不得收取任何费用。

二十一、林权登记机关在办理抵押登记时，应在抵押林权的林权证的"注记"栏内载明抵押登记的主要内容，发给抵押权人《林权抵押登记证明书》等证明文件，并在抵押合同上签注编号、日期，经办人签字、加盖公章。

二十二、变更抵押林权种类、数额或者抵押担保范围的，银行业金融机构要及时要求借款人和抵押人共同持变更合同、《林权抵押登记证明书》和其他证明文件，向原林权登记机关申请办理变更抵押登记。林权登记机关审查核实后应及时给予办理。

二十三、抵押合同期满、借款人还清全部贷款本息或者抵押人与抵押权人同意提前解除抵押合同的，双方向原登记机关办理注销抵押登记。

二十四、各级林业登记机关要做好已抵押林权的登记管理工作，将林权抵押登记事项如实记载于林权登记簿，以备查阅。对于已全部抵押的林权，不得重复办理抵押登记。除取得抵押权人书面同意外，不予办理林权变更登记。

二十五、银行业金融机构要依照信贷管理规定完善林权抵押贷款风险评价机制，采用定量和定性分析方法，全面、动态地进行贷款风险评估，有效地对贷款资金使用、借款人信用及担保变化情况等进行跟踪检查和监控分析，确保贷款安全。

二十六、银行业金融机构要严格履行对抵押财产的贷后管理责任，对抵押财产定期进行监测，做好林权抵押贷款及抵押财产信息的跟踪记录，同时督促抵押人在林权抵押期间继续管理和培育好森林、林木，维护抵押财产安全。

二十七、银行业金融机构要建立风险预警和补救机制，发现借款人可能发生违约风险时，要根据合同约定停止或收回贷款。抵押财产发生自然灾害、市场价值明显下降等情况时，要及时采取补救和控制风险措施。

二十八、各级林业主管部门要会同有关部门积极推进森林保险工作。鼓励抵押人对抵押财产办理森林保险。抵押期间，抵押财产发生毁损、灭失或者被征收等情形时，银行业金融机构可以根据合同约定就获得的保险金、赔偿金或者补偿金等优先受偿或提存。

二十九、贷款需要展期的，贷款人应在对贷款用途、额度、期限与借款人经营状况、还款能力的匹配程度，以及抵押财产状况进行评估的基础上，决定是否展期。

三十、贷款到期后，借款人未清偿债务或出现抵押合同规定的行使抵押权的其他情形时，可通过竞价交易、协议转让、林木采伐或诉讼等途径处置已抵押的林权。通过竞价交易方式处置的，银行业金融机构要与抵押人协商将已抵押林权转让给最高应价者，所得价款由银行业金融机构优先受偿；通过协议转让方式处置的，银行业金融机构要与抵押人协商将所得价款由银行业金融机构优先受偿；通过林木采伐方式处置的，银行业金融机构要与抵押人协商依法向县级以上地方人民政府林业主管部门提出林木采伐申请。

三十一、银行业金融机构因处置抵押财产需要采伐林木的，采伐审批机关要按国家相关规定优先予以办理林木采伐许可证，满足借款人还贷需要。林权抵押期间，未经抵押权人书面同意，采伐审批机关不得批准或发放林木采伐许可证。

三十二、有条件的县级以上地方人民政府林业主管部门要建立林权管理服务机构。林权管理服务机构要为开展林权抵押贷款、处置抵押林权提供快捷便利服务，并适当减免抵押权人相关交易费用。

三十三、各级林业主管部门要为银行业金融机构对抵押林权的核实查证工作提供便利。林权登记机关依法向银行业金融机构提供林权登记信息时，不得收取任何费用。

三十四、各级林业主管部门要积极协调各级地方人民政府出台必要的引导政策，对用于林业生产发展的林权抵押贷款业务，要协调财政部门按照国家有关规定给予贴息，适当进行风险补偿。

银监会

林业局

2013 年 7 月 5 日

附录三

国务院办公厅关于完善集体林权制度的意见

国办发〔2016〕83号

各省、自治区、直辖市人民政府，国务院各部委、各直属机构：

集体林是培育森林资源的重要基地，是维护国家生态安全的重要基础。2008年以来，我国集体林权制度改革取得重大成果，集体林业焕发出新的生机，1亿多农户直接受益，实现了"山定权、树定根、人定心"。但是，还存在产权保护不严格、生产经营自主权落实不到位、规模经营支持政策不完善、管理服务体系不健全等问题。为巩固和扩大集体林权制度改革成果，充分发挥集体林业在维护生态安全、实施精准脱贫、推动农村经济社会可持续发展中的重要作用，经国务院同意，现就完善集体林权制度提出如下意见。

一、总体要求

（一）指导思想。全面贯彻党的十八大和十八届三中、四中、五中、六中全会精神，深入学习贯彻习近平总书记系列重要讲话精神，紧紧围绕统筹推进"五位一体"总体布局和协调推进"四个全面"战略布局，牢固树立创新、协调、绿色、开放、共享的发展理念，认真落实党中央、国务院决策部署，坚持和完善农村基本经营制度，落实集体所有权，稳定农户承包权，放活林地经营权，推进集体林权规范有序流转，促进集体林业适度规模经营，完善扶持政策和社会化服务体系，创新产权模式和国土绿化机制，广泛调动农民和社会力量发展林业，充分发挥集体林生态、经济和社会效益。

（二）基本原则。坚持农村林地集体所有制，巩固集体林地家庭承包基础性地位，加强农民财产权益保护；坚持创新体制机制，拓展和完善林地经营权能，构建现代林业产权制度；坚持生态、经济和社会效益相统一，开发利用集体林业多种功能，实现增绿、增质和增效；坚持发挥市场在资源配置中的决定性作用和更好发挥政府作用，充分调动社会资本发展林业的积极性，增强林业发展活力。

（三）总体目标。到 2020 年，集体林业良性发展机制基本形成，产权保护更加有力，承包权更加稳定，经营权更加灵活，林权流转和抵押贷款制度更加健全，管理服务体系更加完善，实现集体林区森林资源持续增长、农民林业收入显著增加、国家生态安全得到保障的目标。

二、稳定集体林地承包关系

（四）进一步明晰产权。继续做好集体林地承包确权登记颁证工作。对承包到户的集体林地，要将权属证书发放到户，由农户持有。对采取联户承包的集体林地，要将林权份额量化到户，鼓励建立股份合作经营机制。对仍由农村集体经济组织统一经营管理的林地，要依法将股权量化到户、股权证发放到户，发展多种形式的股份合作。探索创新自留山经营管理体制机制。对新造林地要依法确权登记颁证。

（五）加强林权权益保护。逐步建立集体林地所有权、承包权、经营权分置运行机制，不断健全归属清晰、权能完整、流转顺畅、保护严格的集体林权制度，形成集体林地集体所有、家庭承包、多元经营的格局。依法保障林权权利人合法权益，任何单位和个人不得禁止或限制林权权利人依法开展经营活动。确因国家公园、自然保护区等生态保护需要的，可探索采取市场化方式对林权权利人给予合理补偿，着力破解生态保护与林农利益间的矛盾。全面停止天然林商业性采伐后，对集体和个人所有的天然商品林，安排停伐管护补助。在承包期内，农村集体经济组织不得强行收回农业转移人口的承包林地。有序开展进城落户农民集体林地承包权依法自愿有偿退出试点。

（六）加强合同规范化管理。承包和流转集体林地，要签订书面合同，切实保护当事人的合法权益。基层林业主管部门要加强指导，推广使用示范文本，完善合同档案管理。合同应明确规定当事人造林育林、保护管理、森林防火、林业有害生物防治等责任，促进森林资源可持续经营。农村集体经济组织要监督林业生产经营主体依照合同约定的用途，合理利用和保护林地。

三、放活生产经营自主权

（七）落实分类经营管理。完善商品林、公益林分类管理制度，简化区划界定方法和程序，优化林地资源配置。建立公益林动态管理机制，在不影响整体生态功能、保持公益林相对稳定的前提下，允许对承包到户的公益林进行调整完善。全面推行集体林采伐公示制度，地方政府要及时公示采伐指标分配详细情况。

（八）科学经营公益林。在不影响生态功能的前提下，按照"非木质利用为主，木质利用为辅"的原则，实行公益林分级经营管理，合理界定保护等级，采取相应的保护、利用和管理措施，提高综合利用效益。推动集体公益林资产化经营，探索公益林采取合资、合作等方式流转。

（九）放活商品林经营权。完善森林采伐更新管理制度，进一步改进集体人工用材林管理，赋予林业生产经营主体更大的生产经营自主权，充分调动社会资本投入集体林开发利用。大力推进以择伐、渐伐方式实施森林可持续经营，培育大径级材，提高林地产出率。

（十）优化管理方式。简化林业行政审批环节和手续，明确禁止性和限制性行为，减少政府对集体林微观生产经营行为的管制，充分释放市场活力。林业主管部门要完善全国林地"一张图"管理，将集体林地保护等级落实到山头地块、明确林业生产经营主体，向社会公示并提供查询服务。

四、引导集体林适度规模经营

（十一）积极稳妥流转集体林权。鼓励集体林权有序流转，支持公开市场交易。鼓励和引导农户采取转包、出租、入股等方式流转林地经营权和林木所有权，发展林业适度规模经营。创新流转和经营方式，引导各类生产经营主体开展联合、合作经营。积极引导工商资本投资林业，依法开发利用林地林木。建立健全对工商资本流转林权的监管制度，对流转条件、用途、经营计划和违规处罚等作出规定，加强事中事后监管，并纳入信用记录。林权流转不能搞强迫命令，不能违背承包农户意愿，不能损害农民权益，不能改变林地性质和用途。

（十二）培育壮大规模经营主体。采取多种方式兴办家庭林场、股份合作林场等，逐步扩大其承担的涉林项目规模。大力发展品牌林业，开展公益宣传活动，引导生产经营主体面向市场加快发展。鼓励地方开展林业规模生产经营主体带头人和职业森林经理人培训行动。

（十三）建立健全多种形式利益联结机制。鼓励工商资本与农户开展股份合作经营，推进农村一二三产业融合发展，带动农户从涉林经营中受益。建立完善龙头企业联林带户机制，为农户提供林地林木代管、统一经营作业、订单林业等专业化服务。引导涉林企业发布服务农户社会责任报告。加大对重点生态功能区的扶持力度，支持林业生产公益性基础设施建设、地方特色优势产业发展、林业生产经营主体能力建设等，推动集中连片特困地区精准脱贫。

（十四）推进集体林业多种经营。加快林业结构调整，充分发挥林业多种功能，以生产绿色生态林产品为导向，支持林下经济、特色经济林、木本油料、竹藤花卉等规范化生产基地建设。大力发展新技术新材料、森林生物质能源、森林生物制药、森林新资源开发利用、森林旅游休闲康养等绿色新兴产业。鼓励林业碳汇项目产生的减排量参与温室气体自愿减排交易，促进碳汇进入碳交易市场。

（十五）加大金融支持力度。建立健全林权抵质押贷款制度，鼓励银行业金融机构积极推进林权抵押贷款业务，适度提高林权抵押率，推广"林权抵押+林权收储+森林保险"贷款模式和"企业申请、部门推荐、银行审批"运行机制，探索开展林业经营收益权和公益林补偿收益权市场化质押担保贷款。加大开发性、政策性贷款支持力度，完善林业贷款贴息政策。鼓励和引导市场主体对林权抵押贷款进行担保，并对出险的抵押林权进行收储。各地可采取资本金注入、林权收储担保费用补助、风险补偿等措施支持开展林权收储工作。完善森林保险制度，建立健全森林保险费率调整机制，进一步完善大灾风险分散机制，扩大森林保险覆盖面，创新差别化的商品林保险产品。研究探索森林保险无赔款优待政策。林业主管部门要与保险机构协同配合，联合开展防灾减灾、宣传培训等工作。

五、加强集体林业管理和服务

（十六）提升集体林业管理水平。加强基层林业业务技术人员培训，提升林权管理服务机构能力和服务水平。充分利用现代信息技术手段，建立全国联网、实时共享的集森林资源、权属、生产经营主体等信息于一体的基础信息数据库和管理信息系统，推广林权集成电路卡（IC卡）管理服务模式，方便群众查询使用。依托林权管理服务机构，搭建全国互联互通的林权流转市场监管服务平台，发布林权流转交易信息，提供林权流转交易确认服务，维护流转双方当事人合法权益。

（十七）健全经营纠纷调处机制。县级以上地方人民政府要加强对农村林地承包经营纠纷调解和仲裁工作的指导，制定纠纷调解仲裁人员培训计划，加强法律法规和政策培训。妥善处理各类纠纷，做好重大纠纷案件的应急处理工作，切实维护社会和谐稳定。探索建立纠纷调解激励办法。建立律师、公证机构参与纠纷处置的工作机制，将矛盾化解纳入法制轨道。开设林业法律救助绿色通道，依法依规向低收入家庭和贫困农户提供法律援助和司法救助。

（十八）完善社会化服务体系。加快基层林业主管部门职能转变，强化公共服务，逐步将适合市场化运作的林业规划设计、森林资源资产评估、市场信息、技术培训等服务事项交由社会化服务组织承担。研究探索通过政府购买服务方式，支持社会化服务组织开展森林防火、林业有害生物统防统治、森林统一管护等生产性服务。鼓励有条件的地方加大对包括整地造林、抚育等关键环节在内的林业机械购置补贴力度。将林产品市场纳入农产品现代流通体系建设范围。积极发展林业电子商务，健全林产品交易市场服务体系，鼓励引导电商企业与家庭林场、股份合作林场、农民合作社对接，建立特色林产品直采直供机制。实施林业社会化服务支撑工程，支持基层公共服务机构和社会化服务组织的基础设施建设。

六、加强组织保障

（十九）强化组织领导。国家林业局要加强统筹协调，推动完善集体林权制度的各项政策措施落到实处。各有关部门要按照职责分工，继续完善相关政策，形成支持集体林业发展的合力。各省（区、市）要制定完善集体林权制度的实施方案，将集体林权制度改革成效作为地方各级领导班子及有关领导干部考核内容。加强集体林权管理队伍建设，改善工作条件。按照国家有关规定，对发展集体林业贡献突出的单位和个人予以表彰。

（二十）鼓励积极探索。加强舆论宣传引导，营造有利于完善集体林权制度的良好氛围。充分利用各种改革试验示范平台，支持在加强林权权益保护、放活商品林经营权、优化林木采伐管理、科学合理利用公益林、完善森林生态效益补偿等方面进行深入探索。建立第三方评估机制，不断总结好经验好做法，及时进行交流和推广。

国务院办公厅

2016 年 11 月 16 日

附录四

中国银监会 国家林业局 国土资源部关于推进 林权抵押贷款有关工作的通知

银监发〔2017〕57号

各银监局，各省、自治区、直辖市、计划单列市林业厅（局）、国土资源主管部门，各政策性银行、国有商业银行、股份制商业银行，邮储银行：

为贯彻党中央、国务院关于深化集体林权制度改革的决策部署，认真落实《国务院办公厅关于完善集体林权制度的意见》（国办发〔2016〕83号）和全国深化集体林权制度改革经验交流会精神，更好执行《关于林权抵押贷款的实施意见》（银监发〔2013〕32号），现将深入推进林权抵押贷款工作有关事项通知如下：

一、总体要求

（一）指导思想

全面贯彻党的十九大精神，深入学习贯彻习近平新时代中国特色社会主义思想，牢固树立和践行绿水青山就是金山银山理念，认真落实党中央、国务院决策部署，加大金融支持力度，推广绿色信贷，创新金融产品，积极推进林权抵押贷款工作，更好实现生态美百姓富的有机统一。

（二）基本原则

以人为本、支农惠农。坚持以人民为中心的发展理念，推动林业发展和农村贫困地区脱贫攻坚，不断满足人民日益增长的美好生活需要。

依法合规、市场配置。开展林权抵押贷款工作要符合银行业相关法律法规和银监会、国家林业局以及国土资源部的有关要求，要充分发挥市场在资源配置中的决定性作用，调动社会各方资源，建立健全林权融资、评估、流转和收储机制。

因地制宜、创新方式。针对各地不同情况，从实际出发，加快开发适应林业经营特点的金融产品，创新金融服务方式，通过多种形式推进林权抵押贷款工作。

(三) 发展目标

到 2020 年，在适合开展林权抵押贷款工作的地区，林权抵押贷款业务基本覆盖，金融服务优化，林权融资、评估、流转和收储机制健全，为支持林业发展、解决好"三农"问题、实施乡村振兴战略、决胜全面建成小康社会发挥重要作用。

二、重点任务

(一) 高度重视，大力推广良好做法

推进林权抵押贷款工作是习近平新时代中国特色社会主义思想在生态文明建设方面的重要内容，各单位要提高认识，认真履行相应职责，把林权抵押贷款工作引向深入。

各地在实践中形成了一些可复制、可推广的良好做法。福建省龙岩市、三明市创新村级小额担保基金"福林贷"模式，最快 1 小时办结林权抵押贷款业务。浙江省丽水市打造"统一评估、一户一卡、随用随贷"的"林权 IC 卡"林农小额贷款管理模式。各银监局要会同当地林业主管部门组织辖内银行业金融机构和有关部门认真学习先进典型、大力推广良好做法。

(二) 突出重点，强化主体服务功能

林权抵押贷款要重点支持林业经营主体的林业生产经营、国家储备林建设、森林资源培育和开发、林下经济发展、林产品加工、森林康养、旅游等涉林资金需求，要向贫困地区重点倾斜，支持林业贫困地区脱贫攻坚。

各地林业主管部门要积极为林业规模经营主体提供点对点服务，推广"林业经营主体申请、部门推荐、银行审批"的运行机制。各地林业主管部门要会同当地银监局定期评选辖内具有一定经济实力、诚信经营、发展前景良好、示范带动作用强的林业规模经营主体，建立林业规模经营主体名录库，实行名录库动态管理，帮助金融机构识别优质林业规模经营主体、提供信贷支持。

（三）结合林业经营特点，创新金融服务方式

银行业金融机构要因地制宜，开发适合当地林业经营的贷款品种，适度提高林权抵押率，贷款期限要与林业生产周期相适应。推广林权按揭贷款、林权直接抵押贷款、林权反担保抵押贷款、林权流转交易贷款、林权流转合同凭证贷款和"林权抵押+林权收储+森林保险"贷款等林权抵押贷款模式，引导降低综合信贷成本。探索开展林业经营收益权和公益林补偿收益市场化质押担保贷款。探索林权抵押贷款尽职免责机制。

（四）明确相关部门职责，做好林权登记工作

各地不动产登记机构负责林权类不动产登记和抵押登记工作，林业主管部门负责林权流转管理服务工作。各地国土资源主管部门、林业主管部门要共同推进不动产登记信息管理基础平台与林权管理服务信息平台相互对接，防范一林多卖、已抵押林权违规再抵押、流转、采伐等行为的发生，确保交易安全。

签订、变更林权抵押贷款合同，银行业金融机构和贷款人应共同向林地所在地不动产登记机构申请办理林权抵押登记。变更林权抵押贷款合同时不涉及变更抵押登记事项的，无须办理变更登记。

（五）完善林权评估机制，建立评估机构名录库

银行业金融机构要建立抵押财产价值评估制度，对抵押林权进行价值评估，实行分类管理。对于贷款金额在30万元以上（含30万元）的林权抵押贷款项目，具备专业评估能力的银行业金融机构可以自行评估，也可以依照相关规定、通过森林资源调查和价格咨询等方式进行评估。对于贷款金额在30万元以下的林权抵押贷款项目，银行业金融机构要参照当地市场价格自行评估，不得向借款人收取评估费。

各银监局会同当地林业主管部门按照《森林资源资产评估技术规范》规范评估行为，定期选择并公布一批公正中立、评估咨询业务能力强、质量优、信用好、收费适中的评估机构，建立省、市、县优秀评估机构名录库，供银行业金融机构参考。

（六）健全林权流转体系，提供一站式管理服务

各地林业主管部门要会同银监局、国土资源主管部门共同推进搭建互联互通的林权管理服务信息平台，发布林权政策、林权流转交易等服务信息，维护流转

双方当事人合法权益,并为相关部门提供林权查验服务。各地林业主管部门要推进林权管理服务机构建设,推进电子化、信息化建设,培养专业工作人员,逐步建成覆盖省、市、县三级的林权流转管理服务体系,提供信息公示、政策查询、森林资源资产评估等一站式服务。

(七) 建立林权收储机制,完善担保和处置方式

鼓励国有、民营等不同所有制经济主体设立林权收储担保机构,有条件的地方要探索建立政策性林权收储担保机构。支持省级以上的林业重点龙头企业、林业专业合作社开展林业经营主体间林权收储担保业务。各地林业主管部门会同银监局探索制定林业经营主体间林权收储担保监管办法,对收储担保机构进行业务指导和监督管理,逐步建成覆盖省、市、县三级的林权收储担保体系,为森林资源资产评估、林权收储、信贷担保、抵押物处置等提供服务。

三、保障措施

(一) 完善林权统计制度,定期上报统计数据

银行业金融机构要完善林权抵押贷款统计制度,建立相关信贷管理系统,统计林权直接抵押贷款、林权反担保贷款等情况。各银监局应结合非现场监管和现场检查情况,评估银行业金融机构林权抵押贷款工作成效,对表现突出的机构适时予以通报表彰。

各银监局要在每年7月底之前将辖内上半年林权抵押贷款工作开展情况、次年1月底之前将全年工作开展情况上报银监会法规部。银监会将汇总情况与林业局、国土资源部共享。

(二) 加强产权保护工作,维护双方合法权益

各单位要共同加强抵押林权的产权保护工作,保护银行业金融机构的财产处置权和收益权。抵押期间,抵押人办理林权类不动产登记、林权流转或抵押、林种变更、林木采伐等手续时,应主动提交债权人银行业金融机构书面同意证明材料并对其真实性负责。符合采伐条件的抵押林权,必须通过林木采伐解决的,林业主管部门应予安排采伐指标,确保信贷资金及时收回。严防非法林权资本运作、非法林权流转、林权低价高评恶意骗贷等行为。各银监局会同当地林业主管部门加大对大额林权抵押贷款和跨行政区域贷款的检查力度,将扰乱林权抵押贷款市场行为的借款人(抵押人)、评估机构及评估人员纳入失信被执行人省级曝

光平台，实行联合惩戒制度。

（三）完善沟通协调机制，共同推进有关工作

各地银监局、林业主管部门和国土资源主管部门要建立信息共享机制，加强沟通协调，探索建立林权抵押贷款风险补偿机制，完善集体林权流转管理办法，推进林权抵押不良贷款处置变现，共同做好林权抵押贷款工作。

各有关单位要通过电视、广播、微博、微信、手册等宣传方式，积极向林业经营主体宣传林权抵押贷款最新政策、金融产品、办理流程等信息，营造有利于推进林权抵押贷款工作的良好氛围。

执行中如有问题，请及时联系有关部门。

联系人：银监会法规部　李　骏　010-66279649

中国银监会　国家林业局　国土资源部

2017 年 12 月 19 日

附录五

林草局关于进一步放活集体林经营权的意见

林改发〔2018〕47号

各省、自治区、直辖市林业厅（局），内蒙古、吉林、龙江、大兴安岭森工（林业）集团公司，新疆生产建设兵团林业局，国家林业和草原局各司局、各直属单位：

放活集体林经营权，利用好林业资源，有利于吸引社会资本投资林业，有利于推进适度规模经营，有利于实现小农户与林业现代化建设有机衔接，对促进生态美百姓富的有机统一、推进实施乡村振兴战略意义重大。按照党中央、国务院关于集体林权制度改革的决策部署，现就进一步放活集体林经营权提出如下意见。

一、加快建立集体林地三权分置运行机制

推行集体林地所有权、承包权、经营权的三权分置运行机制，落实所有权，稳定承包权，放活经营权，充分发挥"三权"的功能和整体效用，是深入推进集体林权制度改革的重要内容，放活林地经营权是其核心要义。林地经营权人有权依照流转合同依法利用林地林木并获得相应收益，经承包农户同意，可以依法修筑直接为林业生产服务的工程设施，并依照流转合同约定获得合理补偿；再流转或依法依规设定抵押权利须经承包农户或其委托代理人书面同意，并向农民集体（发包方）书面备案。鼓励基层林业主管部门建立林权流转合同鉴证制度，依当事人自愿申请但不强迫的原则进行合同鉴证，出具鉴证报告，探索作为经营权人实现林权抵押、评优示范、享受财政补助、林木采伐和其他行政审批等事项的依据，平等保护所有者、承包者、经营者的合法权益。

二、积极引导林权规范有序流转

鼓励各种社会主体依法依规通过转包、租赁、转让、入股、合作等形式参与

流转林权，引导社会资本发展适度规模经营。当前，尤其要重点推动宜林荒山荒地荒沙使用权流转，促进国土绿化。鼓励和支持地方制定林权流转奖补、流转履约保证保险补助、减免林权变更登记费等扶持政策，引导农户有序长期流转经营权并促进其转移就业。可以根据农民意愿，通过预流转、委托流转等方式组织集中连片经营的农户承包林权在公开市场上招商引资。各地要着力完善基础设施，集中项目支持农村致富带头人和社会资本建立基地，引导和支持农民以林权等入股发展林业。建立林权流转市场主体"黑名单"制度，研究制定林权流转市场主体信用记录和信用评价运用办法，充分应用"信用中国"查询平台，限制失信人和林权流转黑名单主体受让林权及申报林业建设项目、补贴、荣誉等。

三、拓展集体林权权能

在林权权利人对森林、林木和林地使用权可依法继承、抵押、担保、入股和作为合资、合作的出资或条件的基础上，进一步拓展集体林权权能。鼓励以转包、出租、入股等方式流转政策所允许流转的林地，科学合理发展林下经济、森林旅游、森林康养等。积极发展森林碳汇，探索推进森林碳汇进入碳交易市场。鼓励探索跨区域森林资源性补偿机制，市场化筹集生态建设保护资金，促进区域协调发展。探索开展集体林经营收益权和公益林、天然林保护补偿收益权市场化质押担保。各地要积极协调相关部门开发符合林业特点的林权抵质押贷款金融产品，推广规模经营主体间开展林权收储担保业务，探索以自有林权抵押折资＋一定比例货币资本作为收储保证资本，并会同金融监管部门建立风险防控机制，支持林权收储机构为林业开发利用经营主体的林权抵押贷款提供森林资源资产评估、林权收储、信贷担保、抵押物处置等服务。

四、创新林业经营组织方式

在坚持家庭经营的基础性地位前提下，积极推进家庭经营、集体经营、合作经营、企业经营、委托经营等共同发展的集体林经营方式创新。引导具有经济实力和经营特长的农户，发展家庭林场、领办林业专业合作社，形成规模化、集约化、商品化经营。支持村集体经济组织创办村集体股份合作林场，将现仍由村集体统一经营的林地林木折股量化到户，鼓励和引导村集体成员以家庭承包林地林木量化折股入场。鼓励以林权量化或作价入股形成利益共同体，由合作组织经营或统一对外流转，建立"林地变股权、林农当股东、收益有分红"的股份合作运行机制。鼓励和引导工商资本到农村流转林权，建立产业化基地，向山区和林区输送现代林业生产要素和经营模式。以规模经营为依托，以利益联结为纽带，积极引导和支持规模经营的林业企业、林业专业合作社、家庭林场领办林业经营联合体，提供农资、生产、供销、金融、技术、信息、品牌等合作共享服务，加快产业化发展。

五、健全完善利益联结机制

探索集体林经营权新的实现形式和运行机制，推广集体林资源变资产、资金变股金、农民变股东的"三变"模式，增加农民财产收益和劳务收入。鼓励引导实物计租货币结算、租金动态调整、入股保底分红等利益分配方式，激发更多的农民主动参与林权流转。推广"林地股份合作社+职业森林经理人+林业综合服务"三位一体的"林业共营制"，大力培育一批职业森林经理人，支持将职业森林经理人纳入城市社保保障范围。鼓励龙头企业+家庭林场（农户）或林业合作社以股份式、合作式、托管式、订单式等模式建立紧密的利益联结机制，让农民分享产业链增值收益。对与林农建立紧密利益联结机制的经营主体，对活化集体林权带动强、为林农增收致富作用明显、发展集体林业效益突出的，在财政资金、产业基金、林下经济补助等项目安排、评优表彰、试点示范等方面给予优先支持。

六、推进产业化发展

产业发展是经营权活化的最直接动因，要按照绿水青山就是金山银山的理念，规划好集体林业资源的利用方式、途径、强度和产业布局，提高林地综合效率和产出率。改造传统用材林，各地要充分利用造林绿化、退耕还林、低产低效林改造、森林抚育等，优化树种组成、林分结构，积极发展乡土大径级和珍贵树种用材林，鼓励探索择伐、渐伐奖励制度。大力发展林下经济等非木质产业，实施枝、叶、花、果、汁综合开发利用，打造林业产业新的增长极。充分利用森林景观和森林生态环境，发展森林旅游休闲康养等绿色新兴产业。加快森林生态标志产品建设工程建设，创建林特产品优势区和林业产业示范园区，推进一二三产业融合发展，培育一批林特小品种大产业基地。

七、依法保护林权

充分尊重林权权利人的主体地位，实现各类市场主体按照市场规则和市场价格依法平等使用林权，提升投资人信心。妥善处理集体林地承包经营纠纷，加大纠纷调处力度，平等保护双方权益，增强农民与林业经营主体产权保护观念和契约意识。严格依照法定权限和程序进行禁止或限制林权权利人经营活动，既不能降低标准也不要层层加码。鼓励在建立完善森林资源资产产权制度和有偿使用制度方面进行探索，对确因生态保护需要禁止或限制林地林木依法开发利用的，要充分尊重农民意愿，探索通过租赁、合作、置换、地役权合同等方式规范流转集体林权，逐步扩大生态保护范围和提高保护等级，实现生态美百姓富的有机结合。通过赎买方式进行市场化补偿的，赎买价格要充分参考征收林地林木补偿费标准和市场价格等合理确定。

八、提升管理服务水平

加快推进"互联网+政务服务"，推行网上办理，进一步降低制度性交易成本，优化营商环境。要依托林权管理服务机构，以林权权源表为核心，加快推进互联互通的林权流转市场监管服务平台建设，提高林权管理服务的精准性、有效性和及时性。鼓励建立基于智能手机的区域性林业服务综合平台，将林业金融服务、林权流转交易、林业政策、科技推广、林业有害生物防治、林业生产中介服务等信息延伸到每个林农手中，打通信息服务的"最后一公里"。严禁将现有或已取消的林业行政审批事项转为中介服务，严禁将一项中介服务拆分为多个环节。受林业主管部门委托的有关机构，对服务对象开展各类技术评审、评估、审查、检验、检测、鉴定等活动，不得向服务对象收取费用。加强基层林权管理服务中心、乡镇林业工作站等林业公共服务机构能力建设，逐步健全县、乡、村三级林权服务和管理网络，大力推行一站式、全程代理服务模式。鼓励采取政府购买、定向委托、奖励补助、招投标等形式，积极引导基层公共服务机构、科研机构、行业协会、龙头企业、合作社等组织提供林业生产经营服务。

林草局

2018 年 5 月 8 日

附录六

国家林业和草原局关于促进林草
产业高质量发展的指导意见

林改发〔2019〕14 号

各省、自治区、直辖市林业和草原主管部门，内蒙古、大兴安岭森工（林业）集团公司，新疆生产建设兵团林业和草原主管部门，国家林业和草原局各司局、各派出机构、各直属单位：

森林和草原是重要的可再生资源。合理利用林草资源，是遵循自然规律、实现森林和草原生态系统良性循环与自然资产保值增值的内在要求，是推动产业兴旺、促进农牧民增收致富的有效途径，是深化供给侧结构性改革、满足社会对优质林草产品需求的重要举措，是激发社会力量参与林业和草原生态建设内生动力的必然要求。为合理利用林草资源，高质量发展林草产业，实现生态美百姓富有机统一，现提出如下意见。

一、指导思想

全面贯彻落实党的十九大和十九届二中、三中全会精神，以习近平新时代中国特色社会主义思想为指导，践行"绿水青山就是金山银山"理念，深化供给侧结构性改革，大力培育和合理利用林草资源，充分发挥森林和草原生态系统多种功能，促进资源可持续经营和产业高质量发展，有效增加优质林草产品供给，为实现精准脱贫、推动乡村振兴、建设生态文明和美丽中国做出更大贡献。

二、基本原则

（一）坚持生态优先，绿色发展。正确处理林草资源保护、培育与利用的关系，建立生态产业化、产业生态化的林草生态产业体系，筑牢发展新根基。

（二）坚持因地制宜，突出特色。根据林草资源禀赋，培育主导产业、特色产业和新兴产业，培植林草产品和服务品牌，形成资源支撑、产业带动、品牌拉动的发展新格局。

（三）坚持创新驱动，集约高效。加快产品创新、组织创新和科技创新，推动规模扩张向质量提升、要素驱动向创新驱动、分散布局向集聚发展转变，培育发展新动能。

（四）坚持市场主导，政府引导。充分发挥市场配置资源的决定性作用，积极培育市场主体，营造良好市场环境。加强政府引导和监督管理，完善服务体系，健全发展新机制。

三、发展目标

到 2025 年，林草资源合理利用体制机制基本形成，林草资源支撑能力显著增强，优质林草产品产量显著增加，林产品贸易进一步扩大，力争全国林业总产值在现有基础上提高 50% 以上，主要经济林产品产量达 2.5 亿吨，林产品进出口贸易额达 2400 亿美元；产业结构不断优化，新产业新业态大量涌现，森林和草原服务业加速发展，森林的非木质利用全面加强和优化，林业旅游、康养与休闲产业接待规模达 50 亿人次，一二三产业比例调整到 25：48：27；资源开发利用监督管理进一步加强，资源利用效率和生产技术水平进一步提升，产业质量效益显著改善；有效增进国家生态安全、木材安全、粮油安全和能源安全，有力助推乡村振兴、脱贫攻坚和经济社会发展，服务国家战略能力全面增强。

到 2035 年，林草资源配置水平明显提高，林草产业规模进一步扩大，优质林草产品供给更加充足，产业结构更加优化，产品质量和服务水平全面提升，资源利用监管更加有效，服务国家战略能力持续增强，我国迈入林草产业强国行列。

四、重点工作

（一）增强木材供给能力。突出可持续经营和定向集约培育，加大人工用材林培育力度。以国家储备林为重点，加快大径级、珍贵树种用材林培育步伐。推进用材林中幼林抚育和低质低效林改造。支持林业重点龙头企业或有经营能力的其他社会投资主体参与原料林基地建设。加强竹藤资源培育，发展优质高产竹藤原料基地，增加用材供给。

（二）推动经济林和花卉产业提质增效。坚持规模适度、突出品质、注重特色，建设木本油料、特色果品、木本粮食、木本调料、木本饲料、森林药材等经济林基地和花卉基地，创建一批示范基地，培育特色优势产业集群。加强优良品种选育推广，健全标准体系，推行标准化生产，调整品种结构，培育主导产品。发展精深加工，搞好产销衔接，增强带动能力。

（三）巩固提升林下经济产业发展水平。完善林下经济规划布局和资源保护利用政策。支持小农户和规模经营主体发展林下经济。提升林下经济质量管理和品牌建设能力，完善技术和产品标准，出台林下药用植物种植等技术规程，规范林下经济发展。培育一批规模适度、特色鲜明、效益显著、环境友好、带动力强的林下经济示范基地。

（四）规范有序发展特种养殖。发挥林区生态环境和物种资源优势，以非重点保护动物为主攻方向，培育一批特种养殖基地和养殖大户，提升繁育能力，扩大种群规模，增加市场供给。鼓励社会资本参与种源繁育、扩繁和规模化养殖，发展野生动物驯养观赏和皮毛肉蛋药加工。完善野生动物繁育利用制度，加强行业管理和服务，推动保护、繁育与利用规范有序协调发展。

（五）促进产品加工业升级。优化原料基地和林草产品加工业布局，促进上下游衔接配套。支持农户和农民合作社改善林草产品储藏、保鲜、烘干、分级、包装条件，提升初加工水平。加大生物、工程、环保、信息等技术集成应用力度，加强节能环保和清洁生产，促进加工网络化、智能化、精细化。支持营养功能成分提取技术研究和开发，培育发展森林食品。开发林业生物质能源、生物质材料和生物质产品，挖掘林产工业潜力。鼓励龙头企业牵头组建集种养加服于一体、产学研用相结合的各类林草产业联盟。

（六）大力发展森林生态旅游。制定森林生态旅游与自然资源保护良性互动的政策机制。推动标准化建设，建立统一的信息统计与发布机制。积极培育森林生态旅游新业态新产品。开展服务质量等级评定。加强试点示范基地建设，打造国家森林步道、特色森林生态旅游线路、新兴森林生态旅游地品牌。加强森林生态旅游宣传推介。引导各地围绕森林生态旅游开展森林城镇、森林人家、森林村庄建设。

（七）积极发展森林康养。编制实施森林康养产业发展规划，以满足多层次市场需求为导向，科学利用森林生态环境、景观资源、食品药材和文化资源，大力兴办保健养生、康复疗养、健康养老等森林康养服务。建设森林浴场、森林氧吧、森林康复中心、森林疗养场馆、康养步道、导引系统等服务设施。加强林药材种植培育、森林食品和药材保健疗养功能研发。推动实施森林康养基地质量评定标准，创建国家森林康养基地。

（八）培育壮大草产业。继续实施退牧还草工程，启动草原生态修复工程，保护天然草原资源。加大人工种草投入力度，扩大草原改良建设规模，提高草原牧草供应能力。启动草业良种工程，加大优良草种繁育体系建设力度，逐步形成草品种集中生产区。加大牧草种植业投入，出台草产品加工业发展激励政策。重视发展草坪业，提高草坪应用水平。积极发展草原旅游，开展大美草原精品推介活动，打造草原旅游精品路线。

五、保障措施

（一）壮大经营主体。以林业专业大户、家庭林场、农民专业合作社、龙头企业和专业化服务组织为重点，加快新型林业经营体系建设。培育和壮大林业龙头企业，推动组建国家林业重点龙头企业联盟，加快推动产业园区建设，促进产业集群发展。引导发展以林草产品生产加工企业为龙头、专业合作组织为纽带、林农和种草农户为基础的"企业+合作组织+农户"的林草产业经营模式，打造现代林草业生产经营主体。积极营造林草行业企业家健康成长环境。

（二）完善投入机制。推动林草产权制度和经营管理制度创新。实施好《建立市场化、多元化生态保护补偿机制行动计划》，创新森林和草原生态效益市场化补偿机制。优化林业贷款贴息、科技推广项目等投入机制，重点支持珍贵树种、木本油料、木本饲料、特种经济树种栽培、优质苗木、森林（草原）生态旅游、森林康养等领域。运用政府和社会资本合作（PPP）等模式，引导社会资本进入林草产业。落实国家已确定的用地政策，激励各类经营主体投资林草产业基础设施和服务设施建设。

（三）拓展金融服务。积极争取扩大林权抵押贷款规模，争取金融机构开发林业全周期信贷产品，推广林权按揭贷款，推动林草业经营收益权质押贷款和生态补偿收益权质押贷款。积极协调金融机构拓宽支持林业产业的金融产品，鼓励各地建立林权收储担保服务制度，支持林业规模经营主体创办（领办）林权收储机构，支持其以自有林权抵押折资作为保证资金。鼓励金融机构开展林产品抵押、质押融资。争取保险机构扩大保险覆盖范围。完善林草资源资产评估制度和标准。

（四）加强市场建设。推广"互联网+"模式，建设林草产品电子商务体系，搭建电子商务平台，加强大数据应用，促进线上线下融合发展。大力推行订单生产，鼓励龙头企业与农民、专业合作组织建立长期稳定购销关系。积极推广木竹结构建筑和绿色建材，服务新型城镇化建设需要。深入实施森林生态标志产品建设工程，完善统一规范的产品标准、认定和标识制度。加强区域特色品牌、区域公用品牌、国内知名品牌和国际优良品牌建设。强化企业社会责任管理，健全评价体系和命名制度。实施林草碳汇市场化建设工程，完善碳汇计量监测体系，加快发展碳汇交易。

（五）强化科技支撑。加强用材林、经济林、林下经济、竹藤、花卉、特种养殖、牧草良种培育等关键技术研究，推广先进适用技术。集成创新木质非木质资源高效利用技术和草原资源高效利用技术。推动林区网络和信息基础设施基本全覆盖，加快促进智慧林业发展。推进国家级林草业先进装备生产基地建设，提升先进装备研发和制造能力。开展林业和草原科技特派员科技创业行动，鼓励企业与科研院所合作，培养科技领军人才、青年科技人才和高水平创新团队。

（六）深化"放管服"改革。精简和优化林草业行政许可事项，提升行政审批效率。推进行政许可随机抽查全覆盖，加强事中事后监管。深化林木采伐审批改革，逐步实现依据森林经营方案确定采伐限额，改进林木采伐管理服务。建设林业基础数据库、资源监管体系、林权管理系统和林区综合公共服务平台。强化乡镇林业工作站公共服务职能，全面推行"一站式、全程代理"服务。发挥好行业组织在促进林草产业发展方面的作用。

（七）维护质量安全。健全林草产品标准体系和质量管理体系，完善林草产品质量评价制度和追溯制度。加快推进标准化生产，大力推进产地标识管理、产地条形码制度。培育创建一批林草产品质量提升示范区。建立林草产业市场准入目录、市场负面清单及信用激励和约束机制。建立主要林草产品质量安全抽检机制，及时发布检测结果，引导企业落实产品质量及安全生产责任。

（八）扩大国际合作。实施林草产品"引进来"和"走出去"战略。鼓励和引导企业建立海外森林资源培育基地和林业投资合作示范园区。深化木材加工、林业机械制造等优势产能国际合作，推进林业调查规划、勘察设计等服务和技术输出。依托国内口岸，建立进口木材储备加工交易基地。健全林业贸易摩擦应对和境外投资预警协调机制。

国家林业和草原局
2019 年 2 月 14 日

附录七

福建省林业局　福建省财政厅　福建银保监局
关于做好森林综合保险工作的通知

各设区市林业局、财政局、银保监分局，平潭综合实验区资源生态局、财政金融局、福建银保监局平潭监管组：

为贯彻落实《关于加快福建省农业保险高质量发展的实施方案》，进一步优化完善我省森林综合保险运行机制，提升森林保险服务水平，推动森林综合保险高质量发展，现就做好森林综合保险工作通知如下：

一、扎实开展新一轮森林综合保险承保机构选定工作

2018 年选定的承保机构服务期限将于今年年底到期，各地要着手启动新一轮承保机构选定工作。继续以设区市为单位，由设区市林业局、财政局采取公开招标或其他符合规定的方式，从符合我省农业保险业务经营条件的保险公司中，确定本地区森林综合保险承保机构，承保机构一定三年。被确定后的承保机构不得推托、不得选择性承保，如果出现承保机构违背合同约定选择性承保，或被保险人普遍反映理赔违反合同约定，经核实确属保险公司责任等事项，除承担违约责任外，设区市林业局、财政局有权终止合作，并另行选择承保机构。设区市林业局、财政局应选择风险保障高、市场信誉好、履约能力强、理赔服务优的保险公司作为承保机构，招标时参考的指标应至少包括森林综合保险每亩保额（不低于上一轮保额）、保险公司林业险从业人员数量（有一定数量的专职承保、理赔人员）、承诺商品林参保率（商品林年参保率应不低于 30%）、保险理赔服务质量以及增值服务等。具体准入条件和招标方案由各设区市根据本地实际制定，要综合考虑各方面因素，结合近三年本地区森林综合保险赔付情况，广泛邀请符合条件的保险公司共同参与竞争，统筹兼顾森林综合险、花卉险和本地需求强烈的林业特色险种探索创新，借鉴三明、龙岩等地林业保险创新试点经验，建立科学

的保险费率拟订和动态调整机制，实现差异化定价，既注意避免出现恶性价格竞争，又有利于促进森林综合保险高质量发展，切实维护和保障林农利益。

二、明确分工统筹推进

各林业、财政、银保监部门和承保机构要加强合作，协同推进森林综合保险工作。

（一）各级林业部门要做好协调配合和技术服务工作。要发挥森林防火和林业有害生物防治组织体系和专业技术优势，做好灾害防控工作。积极引导国有林业企事业单位带头参保，继续发挥基层林业站的作用，协助承保机构开展宣传活动。协助做好灾后理赔和恢复生产工作，协助生态公益林林权所有者及时向承保机构报案，根据工作需要派出技术人员协助承保机构进行现场勘验。指导和督促受灾户及时开展灾后更新造林，恢复森林植被。

（二）各级财政部门要做好森林综合保险保费补贴资金和政策保障工作。做好参保数量的复核、保费补贴资金的监管工作，加大协调力度，督促承保机构切实履行承保、理赔公示及限时赔付制度，确保森林综合保险规范运作。县级财政要按规定比例落实保费补贴资金。

（三）各级银保监部门要切实加强对森林综合保险业务的监管与指导，加大监督检查力度，督促承保机构守法规、守底线。加强保险服务监管，督促承保机构健全基层服务体系，完善承保、理赔等环节的操作和管理流程，加大业务线上化工作力度，确保服务高效顺畅，切实维护参保林农的合法权益。

（四）各承保机构要发挥森林综合保险经营主体的作用，提高服务水平和业务管理能力。一要规范业务流程。在业务开展过程中，要严格做到"五公开、三到户"，即做到"惠农政策公开、承保情况公开、理赔结果公开、服务标准公开、监管要求公开"和"承保到户、定损到户、理赔到户"。要将落实《农业保险条例》贯穿承保、理赔环节，在承保时要详细收集客户信息、保险标的信息、分户标的信息以及其他相关信息，不得"承保环节要求降低、理赔环节要求提高"，影响灾后理赔的顺利开展。对愿意参保的林业生产经营者，要做到应保尽保，不得另行设置条件承保、拒保或退保。二要及时做好理赔服务，按照保险合同及有关规定做好勘验、理赔工作，确保赔款及时、足额支付，实现优质、满意的理赔服务。要加强森林综合保险相关技术人员培训，特别是有关林业灾害和林木生长规律等方面的培训，简化理赔手续，加快各县（市）营业网点的建设，提高服务能力。三要加强与基层组织、林业部门的协作配合。要密切与乡镇政府及村级组织的联系，通过乡镇政府及村级组织动员广大分散农户参保。对生态公益林林权所有者承担的保费，要征得林权所有者同意。对基层林业部门、乡镇政府、村级组织协助进行宣传展业、承保、现场勘验等相关费用支出，依法给予必要的经费支持。要根据各地实际，会同当地林业部门不断完善林业防灾减灾体系，努力减少灾害发生，降低损失程度。

三、加快承保机构选定流程

根据我省实际，省林业局、财政厅统筹制定了福建省森林综合保险方案（详见附件），实行统一的保险责任、每亩保费、省级以上财政保费补贴政策等，各地可在方案基础上结合本地实际进一步细化完善理赔有关规定，努力提高理赔效率，便利于民。各地要力争于今年年底前确定承保机构，并将选定的承保机构、每亩保险金额等信息报省林业局备案。承保机构发生变动的地区，原承保机构应对未到期保单继续承担保险责任，并加快原保险责任范围内未决赔案的清理进度，保单到期后由选定的承保机构负责承保。各地省级以上生态公益林保险责任由选定的承保机构自 2021 年 1 月 1 日起承保并承担保险责任，保费自 2021 年 1 月 1 日起算。

附件：福建省森林综合保险方案

福建省林业局　福建省财政厅　福建银保监局

2020 年 9 月 21 日

附录八

福建省森林综合保险方案

一、保险标的：商品林、生态公益林以及未成林造林地上的树木。

二、被保险人：林木所有权者。

三、保险期间：一年。

四、保险责任：在保险期间内，由于发生森林火灾、林业有害生物、野生动物、雨灾、风灾、水灾、滑坡、泥石流、冰雹、冻灾、雪灾、雨凇、旱灾，造成的保险林木受害损失，保险公司按照本方案的赔偿标准负责赔偿。

五、保险费：每亩1.5元。

六、保险金额：每亩不低于上一轮保额，具体金额以中标结果为准。

七、财政补贴政策

（一）生态公益林：中央财政补贴50%，省级财政补贴25%，县级财政补贴15%，林权所有者承担10%。其中，省级以上生态公益林林权所有者承担的部分可在省级森林生态效益补偿基金中列支。省级以下生态公益林执行商品林财政补贴政策。

（二）商品林：对于投保面积在10000亩以下（含10000亩）的，中央财政补贴30%，省级财政补贴30%，县级财政补贴15%，林权所有者承担25%。对于投保面积在10000亩以上的，中央财政补贴30%，省级财政补贴30%，林权所有者承担40%。有条件的县（市、区）也可对投保面积10000亩以上的商品林林权所有者给予15%的保费补贴。

八、赔偿标准与赔偿处理

保险公司按照保单约定开展查勘定损工作，即一次出险形成一个赔案（确定一个受灾面积）、一个赔案对应一份保单。具体赔偿标准与赔偿处理方式如下：

（一）受灾面积≤100亩，免赔率10%。

赔款金额＝每亩保险金额×受灾面积×损失率×（1−免赔率）

（二）受灾面积>100亩，免赔面积10亩。

赔款金额＝每亩保险金额×（受灾面积−免赔面积）×损失率

（三）由林业生产经营组织、村委会等组织农户集体投保的保单，单个赔案中有多户出险的，各户赔款按各户受灾面积占总受灾面积的比例计算。

（四）桉树风灾损失责任每亩保险金额按中标每亩保险金额的40%确定；桉树因其它灾害损失责任每亩保险金额即为中标每亩保险金额。

（五）损失率按照相关主管部门制定的灾害损失认定标准确定。

九、承保方式：省级以上生态公益林以县为单位统一参保，商品林自愿投保。对经营面积较大的省属或县属国有林场、林业企业、林农专业合作组织和种植大户，可单独投保，实行一户一保单，保费由投保人缴纳；对经营面积较小的一般种植户，可单独投保，也可以村为单位统一参保，实行一村一保单，保费可由村统一收取或扣缴。

附录九

福建省林业厅关于进一步推进林权收储工作的通知

各市、县（区）林业局，平潭综合实验区农发局：

为持续深化"三农"和生态文明体制改革，贯彻落实省政府办公厅《关于持续深化集体林权制度改革六条措施的通知》（闽政办〔2016〕94号），有效防控林业金融风险，促进森林资源资本化，经研究，决定进一步加强和规范林权收储工作。现将有关事项通知如下：

一、充分认识林权收储工作的重要意义

林权收储是对森林、林木的所有权和林地的使用权，非竞争性地进行收购，并依法处置的森林资源流转行为。建立林权收储机制主要是在林权抵押贷款人到期不能偿还贷款时，由林权收储机构按相关程序，对抵押林权进行非竞争性收购，解决金融机构不良林权抵押贷款抵押物处置难的问题。同时，林权收储机构还可以为林农林企的林权抵押贷款提供担保。这对于防控林业金融风险，消除银行业金融机构的后顾之忧，推进林权抵押贷款"增户扩面"具有重要的意义。各地要高度重视，切实加强组织领导和工作指导，扎实推进林权收储工作，促进我省林业发展和林农增收。

二、加快林权收储机构建设

切实加强林权收储机构建设，有条件的设区市和重点林区县（市、区）都要推动成立林权收储机构（具体任务见附件1），确保至2020年全省成立政府主导为主、规范有效运转的林权收储机构达50个以上。各地可以依托国有林场、国有林业企业组建国有的林权收储机构，或者与民营企业合作组建混合所有制的林权收储机构，也可以支持、引导有实力的民营林业企业、担保机构、个人依法成立民营性质的林权收储机构。非重点林区县也可以根据实际需要，由若干个县（市、区）联合组建林权收储机构，或由设区市成立林权收储机构，承接林权收

储担保业务。各设区市林业局要在每年 6 月 20 日、12 月 20 日之前填报《福建省林权收储机构名录》，向省厅林业改革处报送林权收储机构建设及运营情况。省厅将视情况进行通报。

三、规范林权收储机构管理

指导林权收储机构建立健全内部经营管理制度，规范收储担保行为，支持林权收储机构与森林资源资产评估机构合作开展森林资源资产评估业务，充分发挥评估、收储、担保、服务等功能作用。推广林权收储流程图，明确办事流程，简化服务程序，方便林农林企贷款融资。建立林权收储机构名录，探索开展林权收储机构评价排序工作。规范林权收储机构服务收费，切实减轻林农林企负担。

四、加大对林权收储机构的支持力度

加强对林权收储工作的指导和服务，帮助做好与银行业金融机构之间的沟通协调。推动银行业金融机构加大林业信贷投入，创新林业金融产品，拓宽抵押物范围，简化放贷程序，满足林农林企的融资需求，促进森林资源资本化。有条件的地方，可以设立林权抵押收储保证金，协调金融机构按照保证金放大一定倍数予以放贷，确保林农林企贷款需求，切实防控金融风险。培育规范的林权流转市场，通过市场流转、按国家相关规定优先予以办理林木采伐许可证等措施，帮助林权收储机构处置其收储的林木。积极协调财政、农业部门，落实好林权抵押贷款担保风险补偿政策，加大对林权收储担保机构的扶持力度。

附件 一、林权收储机构建设任务分解表 . doc
二、福建省林权收储机构名录 . doc
三、林权收储工作流程图 . doc

福建省林业厅
2016 年 10 月 28 日

参考文献

［1］ Aghion, P. , Bolton, P. An Incomplete Contracts Approach to Financial Contracting ［J］. Review of Economic Studies, 1992 (59), 473-494.

［2］ Altman, Edward I. . Financial Ratios, Discriminant Analysis and the Prediction of Corporate Bankruptcy ［J］. Journal of Finance, 1968 (23): 589-609.

［3］ Baltensperger. Credit Rationing: Issues and Questions ［J］. Journal of Money, Credit, and Banking, 1998, 10 (2): 170-183.

［4］ Banerjee, A. V. and Besley, T. G. The Neighbour, SKeeper: The Design of a Credit Cooperative with Theory and a Test ［J］. Quarterly of Economics, 1994 (3): 107-110.

［5］ Basel Committee on Banking Supervision. International Convergence of Capital Measurement and Capital Standards: A Framework, Comprehensive Version ［R］. Working Paper, 2006: 313-356.

［6］ Berger, A. N. and Udell, G. F. Relationship Lending and Lines of Credit in Small Firm Finance ［J］. Journal of Business, 1995 (18): 230 -242.

［7］ Berger, A. N. and Udell, G. F. Small Business Credit Availalibity and Relationship Lending: The Importance of Bank Organizational Structure ［J］. Journal of Economic Forthcoming, 2002 (15): 613-617.

［8］ Besanko, D. and Anjan V. Thakor. Collateral and Rationing: Sorting Equilibria in Monopolistic and Competitive Credit Markets ［J］. International Economic Review, 1987, 28 (3): 671-689.

［9］ Besanko D. A Thakor. Collateral and Rationing, Sorting Equilibria in Monopolistic and Competitive Credit Market ［J］. International Economic Review, 1987 (28): 671-689.

［10］ Bester, H. Screening Versus Rationing in Credit Markets with Imperfect Information ［J］. The American Economic Review, 1985 (4): 850-855.

［11］ Buchanan. J. M. Political Economy in the 1980s ［M］. New York: New York University Press, 1986.

[12] Chan, Y. S. , Thakor, A. V. Collateral and Competitive Equilibrium with Moral Hazard and Private Information [J]. Journal of Finance, 1987 (42): 345-364.

[13] Coats, P. , Fant, L. . Recognizing Financial Distress Patters Using Neural Network Tool [J]. Financial Management, 1993 (6): 142-155.

[14] M. DewatriPont, E. Maskin, E. Crddit and Efficiency in Centralized and Decentralized Economies [J]. Review of Economies Studies, 1995 (62): 55-541.

[15] Doh, T. and K. Ryu. Analysis of Loan Guarantees Among the Korean Chaebol Affiliates [J]. International Economic Journal, 2004, 18 (2): 161-178.

[16] Dwight M Jaffee, Thomas Russell. Imperfect Information, Uncertainty, and Credit Rationing: A Reply [M]. Oxford: Oxford University Press, 1984.

[17] Foster, Chcster and Robert van order. An Option-Based Model of Mortgage Default [J]. Housing Finance Review, 1984, 3 (4): 351-372.

[18] James Buchamn, The Theory of Public Choice Ann Arbor [J]. The University of Michigan press, 1972: 18.

[19] J C Stein, Information Production and Capital Allocation: Decentralized Vet-sus SHierarchical Firms [J]. The Journal of Finance, 2002 (9): 1891-1921.

[20] JP. Morgan, CreditMetrics TM [M]. New York, 1997.

[21] Katz, Avery W. An Economic Analysis of the Guaranty Contract [J]. University of Chicago Law Review, 1999, 66 (1): 47-116.

[22] Kenneth J. Arrow. The Economics of Information [M]. Basil Blackwell Limited, 1994.

[23] KMV. Portfolio Management of Default Risk [M]. San Francisco, KMV Corporation, 1993: 15.

[24] Knight F H. Risk, Uncertainty and Profit [M]. Boston: Houghton Miflin, 1921.

[25] Lundy M. Cluster Analysis in Credits Coring. Credit Scoring and Credit Control [J]. New York: Oxford University Press, 1993: 33-52.

[26] Merton R C, Bodie Z. On the Management of Financial Guarantees [J]. Social Science Electronic Publishing, 1992, 21 (4): 87-109.

[27] Merton, R. C. , On the Pricing of CorPorate Debt: The Risk Structure of Interest Rates [J]. Journal of Finanee, 1974 (29): 449-470.

[28] Messier W F, Hansen J V. Inducing Rules for Expert System Development an Example Using Default and Bankruptcy Data [J]. Management Science, 1988 (34): 12-22.

［29］ M. Mustill, J. Gilman. Arnould's Marine Insurance and Average ［M］. London: Stevens & Sons London, 1981: 3.

［30］ Odom M. , R. Sharda. A Neural Network Model for Bankruptcy Prediction ［C］. Neural Networks in Finance and Investing, 1993: 177-186.

［31］ Perotti, E. Bank Lending in Transition Economies ［J］. Joumal of Banking and Finance, 1993 (17): 1021-1032.

［32］ Porta, L. R. , Lopez, A. F. , Shleifer, A. , Vishny, R. . Law and Finance ［J］. Journal of Political Economy, 1998 (106): 1113-1155.

［33］ Press S. J. , Wilson S. . Choosing between Logistic Regression and Discrimininant Analysis ［J］. J. Statist Assoc, 1978: 699-705.

［34］ Robert J. , Barro. The Loan Market, Collaternal, and Rates of Interest ［J］. Journal of Money and Economic Growth, 1951 (96) : 439-456.

［35］ Schmidt-Mohr, U. Rationing Versus Collateralization in Competitive and Monopolistic Credit Markets with Asymmetric Information ［J］. European Economec Review, 1997 (41): 1321-1342.

［36］ Stiglitz, J. E. , Weiss. Credit Rationing in Markets with Imperfect Information ［J］. American Economic Review, 1981, 71 (3): 393-410.

［37］ Tang, K. Y, and Kiang, M. . Managerial Applications of Neural Networks: The Case of Bank Failure Predictions ［J］. Management Science. 1992 (38): 927-947.

［38］ Waller, NeiL C, . Residential Morttgage Default: A Clarifying Analysis ［J］. Housing Financial Review, 1998 (7): 315-333.

［39］ Westgaard, Sjur, Wijst, Nico van der. Default Probabilities in A Corporate Bank Portfolio: A Logistic Model Approach ［J］. European Journal of Operational Research, 2001 (135): 338-349.

［40］ Wette, H. , C. . Collateral in Credit Rationing in Markets with Imperfect Information ［J］. American Econonmic Review, 1983, 73 (3): 442-445.

［41］ Wibowo, A. . Valuing Guarantees in A BOT Infrastructure Project ［J］. Engineering, Construction and Architectural Management, 2004, 11 (6): 395-403.

［42］ Williamson, S. Costly Monitoring, Loan Contracts, and Equilibrum Credit Rationing ［J］. Quarterly Journal of Econonmics, 1987 (102): 134-144.

［43］ 白钦先, 王伟. 科学认识政策性金融制度 ［J］. 财贸经济, 2010 (8): 5-12, 136.

［44］ 白钦先. 政策性金融论 ［J］. 经济学家, 1998 (3): 81-89.

[45] 白文杰. 试论马克思信用理论的来源、提出和演变［J］. 南昌航空大学学报，2008，10（4）：35-24.

[46] 曹凤岐. 建立和健全中小企业信用担保体系［J］. 金融研究，2001（5）：68-70.

[47] 曹建华. 商品林经营：环境与经济分析及政策［M］. 北京：中国林业出版社，2004.

[48] 曹建华，沈彩周. 基于林业政策的商品林经营投资收益与投资风险研究［J］. 林业科学，2006，42（12）：120-125.

[49] 陈端计. 马克思的信用思想研究［J］. 天中学刊，2007，22（1）：15-218.

[50] 陈静，上市公司财务恶化预测的实证分析［J］. 会计研究，1999（4）：31-38.

[51] 陈蕾，于田. 新形势下资产评估职业法律风险及其防范探究［J］. 中国资产评估，2018（4）：6-11.

[52] 陈玲芳，金德凌. 信息不对称与林业信贷融资问题［J］. 林业经济问题，2008，28（5）：431-434.

[53] 陈钦. 天然林保护政策效应研究［J］. 中国林业企业，2004（68）：5-7.

[54] 陈盛业，宋逢明. 基于违约成本的银行信贷风险管理［J］. 特区经济，2007（2）：78-79.

[55] 陈雨露. 现代金融理论［M］. 北京：中国金融出版社，2000：306-328.

[56] 崔茜，王建中. 资产评估理论结构模型构建［J］. 财会通讯，2008（4）：27-28.

[57] 戴国海，黄惠春，张辉，王维全. 江苏农地经营权抵押贷款及其风险补偿机制研究［J］. 上海金融，2015（12）：80-84.

[58] （德）马克思. 1844年经济学哲学手稿［M］. 北京：人民出版社，2000：50+65.

[59] （德）马克思，恩格斯. 马克思恩格斯全集（第13卷）［M］. 北京：人民出版社，1979.

[60] （德）马克思，恩格斯. 马克思恩格斯全集（第1卷）［M］. 北京：人民出版社，1979.

[61] （德）马克思，恩格斯. 马克思恩格斯全集（第23卷）［M］. 北京：人民出版社，1979.

[62] （德）马克思，恩格斯. 马克思恩格斯全集（第25卷）［M］. 北京：人民出版社，1979.

［63］（德）马克思，恩格斯．马克思恩格斯全集（第 2 卷）［M］．北京：人民出版社，1979．

［64］（德）马克思，恩格斯．马克思恩格斯全集（第 30 卷）［M］．北京：人民出版社，1979．

［65］（德）马克思，恩格斯．马克思恩格斯全集（第 31 卷）［M］．北京：人民出版社，1979．

［66］（德）马克思，恩格斯．马克思恩格斯全集（第 3 卷）［M］．北京：人民出版社，1979．

［67］（德）马克思，恩格斯．马克思恩格斯全集（第 42 卷）［M］．北京：人民出版社，1979．

［68］（德）马克思，恩格斯．马克思恩格斯全集（第 46 卷）［M］．北京：人民出版社，1979．

［69］（德）马克思，恩格斯．马克思恩格斯全集（第 4 卷）［M］．北京：人民出版社，1979．

［70］（德）马克思，恩格斯．马克思恩格斯全集（第 6 卷）［M］．北京：人民出版社，1979．

［71］（德）马克思．资本论（第三卷）［M］．北京：人民出版社，2004：390+389+452．

［72］（德）马克思．资本论（第一卷）［M］．北京：人民出版社，2004：103．

［73］邓小平．邓小平文选（第 2 卷）［M］．北京：人民出版社，2001：136, 235．

［74］邓小平．邓小平文选（第 3 卷）［M］．北京：人民出版社，1994：367．

［75］邓小平．中共中央文献研究室，国家环境保护总局新时期环境保护重要文献选编［G］．北京：中共中央文献出版社/北京：中国环境科学出版社，2001：20．

［76］董加云，王文烂，林琰等．福建顺昌县林权收储担保机制创新与成效研究［J］．林业经济，2017（12）：56-59．

［77］董金婷，刘强，刘帅，徐定成．林权抵押贷款制约因素与发展对策研究——基于浙江省花桥村典型案例调查［J］．林业经济，2018（9）：36-39．

［78］董敏，陈平留，张国防．基于资本资产定价模型的森林资源资产评估基准折现率测算［J］．资源科学，2019，41（3）：572-581．

［79］樊启荣．保险损害补偿原则研究——兼论我国保险合同立法分类之重构［J］．中国法学，2005（1）：61-74．

［80］方达．农地经营权抵押的政治经济学思考：基于资本、信用与收入视

角［J］．经济学家，2019，35（2）：74-81.

［81］冯艳红．马克思信用理论及实践意义［J］．河北理工大学学报（社会科学版），2010，10（2）：5-7.

［82］福建省林业厅，福建省财政厅．关于进一步做好森林综合保险工作的通知［EB/OL］．2017-11-03［2020-9-09］http：//www.fjforestry.gov.cn/InfoShow.aspx？InfoID=3453&InfoTypeID=8&LanMuType=688.

［83］福建省林业厅．关于进一步推进林权收储工作的通知［EB/OL］．2016-11-08［2019-05-09］http：//www.fujiansannong.com/info/7972.

［84］福建省林业厅．森林保险理赔操作规程（试行）［EB/OL］．2011-09-04［2020-9-09］http：//www.fjforestry.gov.cn/InfoShow.aspx？InfoID=39278&InfoTypeID=5.

［85］福建省人民政府办公厅．关于持续深化集体林权制度改革六条措施的通知［EB/OL］．2016-06-28［2019-05-09］http：//www.fujian.gov.cn/zc/zxwj/szfbgtwj/201606/t20160628_1477118.htm.

［86］福建省人民政府．关于进一步深化集体林权制度改革的若干意见［EB/OL］．2013-08-01［2019-05-09］https：//baike.baidu.com/item/.

［87］付铭．我国林产业发展的经济学研究［D］．新疆大学博士学位论文．2005.

［88］高露，张敏新．林农林权抵押贷款可获得性研究——基于金融机构信贷配给的思考［J］．林业经济，2012（10）：27-31.

［89］高萍，曾华锋，聂影．小额与大宗林权抵押贷款比较分析——基于福建省邵武市348户的经验数据［J］．林业经济，2014（10）：39-43.

［90］高兆蔚．福建省森林防火区划研究［J］．福建林学院学报，1995，15（1）：76-83.

［91］顾海峰．功能性金融创新与我国中小企业信用担保体系发展研究［J］．金融理论与实践，2007（12）.

［92］顾雪松，谢妍，秦涛．森林保险保费补贴的"倒U型"产出效果——基于我国省际非平衡面板数据的实证研究［J］．农村经济，2016（6）：95-100.

［93］郭军华，李帮义．基于FC和VPRS的信用风险评价研究［J］．预测，2009，28（5）：32-37.

［94］郭铁民．马克思主义理论与我国信用制度探讨［J］．福建论坛（经济社会版），2002（6）：1-6.

［95］国家林业和草原局．福建邵武市集体林权制度改革工作情况［EB/

OL〕. 2007－06－12〔2020－7－09〕http：//www. forestry. gov. cn/portal/main/s/1046/content-208357. html.

〔96〕国家林业和草原局. 关于促进林草产业高质量发展的指导意见〔EB/OL〕. 2019－02－14〔2021－02－22〕http：//www. gov. cn/zhengce/zhengceku/2019－10/02/content_5435853. htm.

〔97〕国家林业和草原局. 关于促进林草产业高质量发展的指导意见〔EB/OL〕. 2019－02－14〔2021－04－30〕http：//www. forestry. gov. cn/main/1043/20190226/103115505354810. html.

〔98〕国家林业和草原局. 关于进一步放活集体林权经营权的意见〔EB/OL〕. 2018－05－08〔2021－04－30〕http：//www. forestry. gov. cn/main/5461/content－1100089. html.

〔99〕国家林业局林业工作站管理总站. 全国森林保险情况材料汇编〔EB/OL〕. 2019－06－06〔2020－9－09〕http：//www. forestry. gov. cn/gzzz/3570/76364/6. html.

〔100〕国务院办公厅. 关于完善集体林权制度的意见〔EB/OL〕. 2016－11－16〔2021－04－30〕http：//www. gov. cn/zhengce/content/2016－11/25/content_5137532. htm.

〔101〕国务院办公厅. 关于完善集体林权制度的意见〔EB/OL〕. 2016－11－25〔2019－05－09〕http：//www. gov. cn/zhengce/content/2016－11/25/content_5137532. htm.

〔102〕韩国康，刘海英，徐曙娟. 对浙江林业融资创新的思考〔J〕. 浙江林业科技 2006，26（6）：55-59.

〔103〕韩平. 改善金融生态环境是系统工程〔N〕. 金融时报，2004-5-24（9）.

〔104〕韩强，银企改革的非均衡性与银行不良资产的形成〔J〕. 金融参考，2000（6）：61-63.

〔105〕贺东航，朱冬亮. 课题团队林改监测项目组. 集体林权制度改革实施及绩效评估——集体林权制度改革2014年监测观察报告〔J〕. 林业经济，2015（2）：13-27.

〔106〕洪金亮，汪晓宏，吴富林. 开化林权抵押贷款面临的问题与对策〔J〕. 浙江林业，2008（10）：16-17.

〔107〕洪燕真，付永海. 农户林权抵押贷款可获得性影响因素研究——以福建省三明市"福林贷"产品为例〔J〕. 林业经济，2018（9）：31-39.

〔108〕胡锦涛. 持之以恒抓好生态环境保护建设工作〔EB/OL〕新华网，2006－04－01〔2006－04－01〕. http：//news. xinhuanet. com/politics/2006－04－01/content_4373008. htm.

［109］湖南省财政厅、湖南省林业厅、中国保险监督管理委员会湖南监管局. 湖南省 2011 年森林保险试点实施方案［EB/OL］. 2011 - 09 - 23［2020 - 9 - 09］ww. hunan. gov. cn/hnszf/xxgk/wjk/szbm/szfzcbm＿19689/scxt/gfxwj＿19835/201901/t20190114＿5258224. html.

［110］黄建兴，毛小荣，李扬. 浙江省林权抵押贷款案例研究［J］. 林业经济，2009（4）：12-14，37.

［111］黄丽媛，陈钦，陈仪全. 福建省林权抵押贷款融资研究［J］. 中国农学通报，2009，25（18）：170-173.

［112］黄利荣. 我国市场经济信用制度探析［J］. 延安大学学报，2004（3）：71-74.

［113］黄庆安. 林权抵押贷款及其风险防范［J］. 山东财政学院学报，2008，97（5）：76-79.

［114］黄秋生，孟颖. 现代经济社会的信用风险及其规避—— 基于马克思信用理论的视角［J］. 湖南师范大学社会科学学报，2014（4）：105-110.

［115］黄顺斌. 完善森林资源资产抵押贷款模式的几点思考［J］. 林业财务与会计，2005（9）：22-23.

［116］黄昭明，李建明. 林权抵押贷款的回顾与展望［J］. 绿色财会，2006（5）：15-17.

［117］惠献波. 德国农地抵押融资制度及其经验借鉴［J］. 湖南财经学院学报，2014（1）：16.

［118］纪文，任智勇. 试点县林业产权制度改革引发的金融债权维护难应予关注［J］. 武汉金融，2005（12）：57-58.

［119］贾俊平，何晓群，金勇进. 统计学（第三版）［M］. 北京：中国人民大学出版社，2007：22.

［120］江泽民. 江泽民文选（第 1 卷）［M］. 北京：人民出版社 2006：532+534+535.

［121］蒋海，颜文希. 林业投入机制综观分析［J］. 世界林业研究，1999，12（4）：71-75.

［122］金融界. 2017 年车险赔付率地图重磅来袭 赔付率确实上升了！［EB/OL］. 2018 - 03 - 20［2020 - 9 - 09］http：//insurance. jrj. com. cn/2018/03/20072524264432. shtml.

［123］金银亮. 林权抵押、信贷约束与林农信贷可得性——基于一个静态博弈模型的分析［J］. 林业经济问题，2017，37（3）：51-54.

［124］金兆怀，张东敏．马克思虚拟资本理论与国际金融危机［J］．当代经济研究，2007（8）：12-14.

［125］景谦平，侯元兆．森林资产评估的基本要素［J］．世界林业研究，2006（2）：1-6.

［126］康雷闪．保险法损失补偿原则：法理基础与规则体系——兼论中国《保险法》相关条款之完善［J］．中国石油大学学报，2016，32（2）：43-50.

［127］康雷闪．保险法损失补偿原则规范功能之重塑——以"禁止得利"向"充分补偿"之学说演进为中心［J］，保险研究，2020（3）：79-88.

［128］孔繁文，刘东生．关于森林保险的若干问题［J］．林业经济，1985（4）：28-32.

［129］孔祥毅，李红宇．林权抵押贷款中若干基本法律问题探讨［J］．金融理论与实践，2010（7）：84-86.

［130］李红林．做好林业贴息贷款工作的实践与思考［J］．林业财务与会计，2002（1）：11-12.

［131］李或挥，朱信凯，周莉，何安华．集体林权制度配套改革中的林权抵押贷款研究——基于金融机构信贷风险视角［J］．中南林业科技大学学报（社会科学版），2010，4（5）：8-10.

［132］李或挥，朱信凯，周莉，何安华．集体林权制度配套改革中的林权抵押贷款研究——基于金融机构信贷风险视角［J］．中南林业科技大学学报（社会科学版），2010，4（5）：8-10.

［133］李剑平．当前影响林权抵押贷款制约因素及对策［J］．浙江金融，2007（5）：52-54.

［134］李开平．林业资金运动规律、特点的再认识［J］．林业经济，1988（3）：8-11.

［135］李凯英．林权抵押贷款：现状、问题、对策——辽宁省丹东市的实证分析［J］．林业经济，2009（11）：80-81.

［136］李莉，黄和亮，吴秀娟．林权抵押贷款借贷双方行为分析——以福建省永安市为例［J］．林业经济问题，2008，28（1）：81-85.

［137］李松．我国林权抵押贷款风险研究——以湖北为例［D］．浙江海洋学院硕士学位论文，2014.

［138］李小荣．开启资产评估执业规范的新篇章——评新颁布的《资产评估基本准则》［J］．中国资产评估，2018（5）：6-10.

［139］李扬等．中国城市金融生态环境评价［M］．北京：人民出版社，2005.

[140] 李正波，高杰．农户信用社贷款的信用风险判别分析 [J]．山东工商学院学报，2007，21（1）：76-82.

[141] 李志辉，现代信用风险量化度量和管理研究 [M]．北京：中国金融出版社，2001：73+89.

[142] 李周．关于我国林业资金问题的思索 [J]．林业经济，1987（4）：121-124.

[143] 梁慧星，陈华彬．物权法（第四版）[M]．北京：法律出版社，2007：92.

[144] 廖茂吉．略论马克思的信用理论与社会信用体系建设 [J]．重庆科技学院学报（社会科学版），2015（10）：16-24.

[145] 廖文梅，金志农，曹建华．林权抵押借贷双方博弈行为分析 [J]．江西农业大学学报（社会科学版），2011，10（4）：14-19.

[146] 列宁．列宁全集（第13卷）[M]．北京：人民出版社，1977：126.

[147] 列宁．列宁全集（第33卷）[M]．北京：人民出版社，1985：208.

[148] 列宁．列宁全集（第41卷）[M]．北京：人民出版社，1986：182+184+190+327+444.

[149] 林洁，黄和亮，苏志琛等．农户林权抵押贷款潜在需求及其影响因素分析——基于福建省7县（市）调研数据的实证研究 [J]．云南农业大学学报（社会科学），2017，11（2）：28-33.

[150] 林深．马克思的信用理论与当前我国银行信用体系建设 [J]．重庆科技学院学报（社会科学版），2010（22）：16-24.

[151] 林苇．贵州集体林权制度改革的困难与对策研究——基于物权理论的分析视角 [J]．贵州社会科学，2008（8）：105-110.

[152] 林毅夫，蔡昉，李周．中国的奇迹：发展战略与经济改革 [M]．上海：上海三联书店，上海人民出版社，1994.

[153] 林毅夫，孙希芳，姜烨．经济发展中的最适金融结构理论初探 [R]．中国经济研究中心讨论稿，2006.

[154] 林毅夫．再论制度、技术与中国农业发展 [M]．北京：北京大学出版社，2000.

[155] 刘爱晖，张强．福建省农村信用社林权抵押贷款探索与建议 [J]．林业经济，2009（4）：21-23+57.

[156] 刘德钦，陈甲，张武．林权收储问题及对策研究——以云南省为例 [J]．林业经济，2016（9）：27-32+47.

[157] 刘东生、王月华．"九五"时期林业投资分析 [J]．林业经济，2001

（12）：23-27.

[158] 刘家顺，张升．关于江西省林权抵押贷款的调研报告 [J]．林业经济，2009（4）：15-17.

[159] 刘堃，巴曙松，任亮．中国信用风险预警模型及实证研究——基于企业关联关系和信贷行为的视角 [J]．财经研究，2009，35（7）：13-27.

[160] 刘连庆．评估专业人员在资产评估法框架下如何采取措施应对风险和机遇 [J]．中国资产评估，2018（1）：12-15.

[161] 刘圻，楮四文，高跃等．林权抵押贷款：银行惜贷现状与证券化模式研究 [J]．农业经济问题，2013（5）：70-76.

[162] 刘笑冰，李宇佳，刘芳．基于生态文明视角的造林工程成本核算研究——以北京市京津风沙源治理二期工程为例 [J]．林业经济，2019（3）：119-126.

[163] 刘鑫，李竹薇．我国上市公司信用风险管理模型的构建与实证研究 [J]．财经问题研究，2009（12）：82-86.

[164] 刘延安，刘芳．我国集体林权抵押贷款相关问题研究——基于2060个样本农户访谈数据 [J]．林业经济，2013（4）：24-31.

[165] 刘雨青，傅帅雄．林权抵押贷款制度改革中的民意导向——基于浙江省的实践 [J]．林业经济，2014（6）：36-39.

[166] 刘祖军，张大红．林权抵押贷款局限性及路径选择 [J]．东南学术，2012（4）：111-119.

[167] 卢新，万解秋．抵押担保及其违约成本对借贷交易的影响研究 [J]．现代经济论坛，2007（4）：48-51.

[168] 陆燕元，潘立，马焕成．林权抵押贷款的金融风险生成机理与防范策略 [J]．林业经济，2014（1）：33—35.

[169] 鹿亚芹，郭丽华，李名威．刍议资产评估质量的含义及特征 [J]．商业时代，2007（16）：82-83.

[170] 吕洁华，那颂．林权抵押贷款的金融风险与防范策略——基于银行信贷风险视角 [J]．林业经济问题，2015（3）：238-241.

[171] 吕洁华，那颂．林权抵押贷款的金融风险与防范策略——基于银行信贷风险视角 [J]．林业经济问题，2015（3）：238-241.

[172] 吕薇．借鉴有益经验，建立我国中小企业信用担保体系 [J]．金融研究，2000（5）：58-63.

[173] 罗富民．非对称信息下农村金融市场结构对信贷配给的影响研究 [J]．改革与战略，2008，24（5）：57-59.

[174] 罗会潭，王建皓，罗景波．江西崇义县林权抵押贷款主要做法与成效[J]．林业经济，2016（7）：45-49．

[175] 罗江滨，陈平留，陈新兴主编．森林资源资产评估[M]．北京：中国林业出版社，2002．

[176] 罗玮，谢熠，罗教讲，论资本主义发展与危机中的信任与信用——基于马克思经典著作的分析[J]．甘肃行政学院学报，2014（6）：96-107．

[177] 骆玉鼎．信用经济中的金融控制[M]．上海：上海财经大学出版社，2000：4．

[178] 马超．马克思信用理论再辨析[J]．云南社会科学，2008（51）：197-198．

[179] 毛小荣，陈世通．丽水市林权抵押贷款的调查与思考[J]．林业经济，2009（7）：18-21，63．

[180] 毛泽东．毛泽东选集：第3卷[M]．北京：人民出版社，1991：1004．

[181] 梅强，秦默，顾振伟．信息不对称与中小企业信用再担保逆向选择[J]．软科学，2008（7）：134-139．

[182]（美）Fredertc S，Mishkin．货币金融学[M]．郑艳文译．北京：中国人民大学出版社，2006．

[183]（美）阿罗．信息经济学[M]．阿宝玉等译．北京：北京经济学院出版社，1992．

[184]（美）丹尼斯·C·缪勒．公共选择理论[M]．杨春学等译．北京：中国社会科学出版社，1999：4．

[185]（美）菲利普·乔瑞．风险价值VAR[M]．陈跃等译．北京：中信出版社，2005：5+128．

[186]（美）弗雷德里克·S·米什金．货币金融学[M]．郑艳文译．北京：中国人民大学出版社，1998．

[187]（美）所罗门·许布纳，小肯尼思·布莱克，伯纳德·韦布．财产和责任保险[M]．陈欣，马欣，克晓莹等译．北京：中国人民大学出版社，2002：46．

[188]（美）小罗伯特·H．杰瑞，道格拉斯·R．里士满．美国保险法精解[M]．李之彦译．北京：北京大学出版社，2009：346．

[189]（美）约瑟夫·熊彼特，资本主义、社会主义和民主主义[M]．吴良健译．北京：商务印书馆，1979．

[190]（美）詹姆斯·M·布坎南．自由、市场和国家[M]．吴良健，桑伍，曾获译．北京：北京经济学院出版社，1998：18+20+23．

［191］南平市林业局.2009 年 10 月南平市集体林权制度改革进度统计表［EB/
OL］.2009-12-01. http：//www. nplyj. gov. cn/Editor/UploadFile/2009127155839749. xls.

［192］（南）斯韦托扎尔.平乔维奇.产权经济学——一种关于比较体制的
理论［M］.蒋琳琦译,北京：经济科学出版社,1999.

［193］倪剑.林权抵押贷款风险管理研究［J］.北京林业大学学报（社会科
学版）2014,13（2）：81-86.

［194］潘文轩.农地经营权抵押贷款中的风险问题研究［J］.经济学家,
2015,15（5）：104-113.

［195］彭建刚.商业银行管理学（第二版）［M］.北京：中国金融出版社.
2009：76+272.

［196］彭珂珊.跨世纪中国森林资源的主要灾害问题与对策分析［J］.林业
经济,1994（5）：17-21.

［197］蒲勇健,宋军.农村信贷市场：特征效率与组织重构［J］.南方金
融,2003（9）：13-16.

［198］齐联,马驰知,胡耀升.深化集体林权制度改革地方实践创新［J］.
林业经济,2016（1）：142-152.

［199］钱龙,张桥云.构建政府担保机制解决农民融资困难——基于信息不
对称的视角［J］.中国软科学,2008（12）：46-53,85.

［200］秦涛,顾雪松,邓晶,王源.林业企业的森林保险参与意愿与决策行
为研究——基于福建省林业企业的调研［J］.农经济问题,2014,36（2）：
95-112.

［201］秦涛,田治威,刘婉琳,邓晶.农户森林保险需求的影响因素分析
［J］.中国农村经济,2013（7）：36-45.

［202］秦涛,田治威,潘焕学.我国森林保险保费补贴政策执行效果、存在
的主要问题与建议［J］.经济纵横,2017（1）：105-110.

［203］邱俊齐主编.林业经济学［M］.北京：中国林业出版社,1998：67-69.

［204］（瑞士）曼努·埃尔阿曼.信用风险评估——方法·模型·应用
［M］.杨玉明译.北京：清华大学出版社,2004：1-2.

［205］宋逢明,黄建兴,高峰.关于开展小额林权抵押贷款的政策建议
［J］.林业经济,2009（4）：3-4+20.

［206］宋明哲.保险学：纯风险与保险［M］.台北：五南图书出版公司,
1997：66.

［207］宋夏云,曾丹丹.资产评估质量的控制对策研究［J］.中国资产评

估，2018（8）：36-39.

［208］孙清，汪祖杰．LOGIT模型在小额农贷信用风险识别中的应用［J］．南京审计学院学报，2006，3（3）：27-29.

［209］孙霄翀，陈学群．福建省林权抵押贷款情况研究报告［J］．林业经济，2009（4）：4-9.

［210］谭培文．马克思主义的利益理论［M］．北京：人民出版社，2002.

［211］陶然，徐志刚，徐晋涛．退耕还林，粮食政策与可持续发展［J］．中国社会科学，2004（6）：25-38.

［212］田宝强．中国林业经济增长与发展研究［M］．哈尔滨：黑龙江人民出版社，1995.

［213］田松华，邓云．浅析影响森林资源资产评估质量的因素及其对策［J］．湖南林业科技，2010（3）.

［214］田芸．林业保险浅析［J］．林业经济问题，1996（2）：51-55.

［215］汪海粟，文豪，张世如．资产评估风险界定及防范体系［J］．中国资产评估，2002（6）：8-13.

［216］汪海洋，孟全省，胡敏荣，李胜娟．金融生态环境对集体林权制度改革效益的影响分析［J］．林业经济，2014，34（1）：84-89.

［217］汪辉，邓晓梅，杨伟华，冯珂．中小企业信用再担保体系演化稳定条件分析［J］．中国管理科学，2016，24（7）：1-10.

［218］汪建平．林价问题初探［J］．林业财务与会计，2002（6）：26-27.

［219］汪险生，郭忠兴．土地承包经营权抵押贷款：两权分离及运行机理——基于对江苏新沂市与宁夏同心县的考察［J］．经济学家，2014（4）：49-60.

［220］汪信君，廖世昌．保险法理论与实务（2版）［M］．台北：元照出版公司，2010：9.

［221］汪永红，祝锡萍，石道金，等．森林资源资产抵押贷款概念框架研究［J］．林业经济，2008（2）：39-43.

［222］王春峰．金融市场风险管理［M］．天津：天津大学出版社，2001：6.

［223］王生龙．规范利用专家工作行为防范评估执业风险——《资产评估准则——利用专家工作》解读［J］．中国资产评估，2013（3）：37-39.

［224］王艳西．农户承包土地经营权抵押：实践、困境与制度创新——西藏山南市滴新村土地经营权抵押案例研究［J］．农村经济，2019（8）：79-86.

［225］魏远竹．森林资源资产化管理［D］．北京：北京林业大学博士学位

论文，2002.

[226] 文学舟，梅强．中小企业信用再担保体系建设及基本框架设计［J］．企业经济，2008（5）：169-171.

[227] 吴冲，夏晗．基于五级分类支持向量机集成的商业银行信用风险评估模型研究［J］．预测，2009，28（4）：57-61.

[228] 吴国培，等．开展林权抵押贷款金融创新，推进社会主义新农村建设［J］．福建金融，2006（5）：12-14.

[229] 吴建树，何炼成，马克思主义经济学与西方经济学信用理论比较［J］，人文杂志，2013（4）：40-44.

[230] 吴世农，卢贤义，我国上市公司财务困境的预测模型研究［J］．经济研究，2001（6）：46-55.

[231] 吴卫红，张爱美．林业项目投资风险管理对策分析［J］．林业经济，2006（9）：66-68.

[232] 吴宣恭．产权理论比较——马克思主义与西方现代产权学派［M］．北京：经济科学出版社，2000.

[233] 吴易风．产权理论：马克思和科斯的比较［J］．中国社会科学：2007（2）：4-18.

[234] 吴易风．马克思的产权理论与国有企业产权改革［J］，中国社会科学，1995（1）：4-24.

[235] 习近平的"两座山论"有了顶层设计［EB/OL］．新华网，2015-09-12［2015-09-12］．习近平的生态治理思想 http：//news. xinhuanet. com/politics/2015-09/12/c_128222364. htm.

[236] 习近平．关于《中共中央关于全面深化改革若干重大问题的决定》的说明［N］．人民日报，2013-11-16.

[237] 习近平．生态环境也是生产力［EB/OL］．新华网，2013-05-27［2013-05-27］．http：//news. xinhuanet. com/energy/2013-05/27/c_124767819. htm.

[238] 习近平在中共中央政治局第十五次集体学习时强调正确发挥市场作用和政府作用推动经济社会持续健康发展［N］．人民日报，2014-05-28.

[239] 习总谈"五大发展理念"之三：绿色发展［EB/OL］．大河网，2015-11-12［2015-11-12］．http：//news. dahe. cn/2015/11-12/105978190. html.

[240] 夏云娇，赵国威．林权抵押贷款的法律l司题探析［J］．理论月刊，2009（9）：123-125.

[241] 肖建中．林权制度改革与抵押贷款的政策分析——以浙江省丽水市为

例［J］．农业经济问题，2009（10）：79-83．

［242］肖轶，魏朝富，尹珂．农户农村"三权"抵押贷款需求意愿及影响因素分析——基于重庆市 22 个县（区）1141 户农户的调查数据［J］．中国农村经济，2012（9）：88-96．

［243］谢向黎，石道金，许宇鹏．新型林业经营主体林权抵押贷款的现状及对策——以浙江省为例［J］．林业经济问题，2014，34（6）：520-524．

［244］熊熊，马佳等．供应链金融模式下的信用风险评价［J］．南开管理评论，2009，12（4）：92-98．

［245］徐丰果，周训芳．论集体林权改革中的林权流转制度［J］．林业经济问题，2008，28（4）：283-286．

［246］徐诺金．金融生态论［M］．北京：中国金融出版社，2007．

［247］徐荣梅．产业积聚效应下的集团客户信用风险表征及识别［J］．金融理论与实践，2009（11）：18-21．

［248］徐秀英．浙江省深化集体林权制度改革实践与对策研究［J］．林业经济，2018（8）：30-35．

［249］徐振方．新形势下森林资产评估难点及评估方法［J］．绿色科技，2019（5）：177-178．

［250］许国平，陆磊．不完全合同与道德风险：90 年代金融改革的回顾与反思［J］．金融研究，2001（2）：28-41．

［251］许宇鹏，石道金，王天东，邱保印，杨丽霞．林权抵押贷款政策与农户借贷需求行为差异实证研究——以南方集体林区五省为例［J］．林业经济，2011（11）：31-36．

［252］严太华，张龙，高天羽．抵押担保在信贷合约中的经济意义［J］．重庆大学学报，2002，25（11）：48-51．

［253］杨建州．我国林地保护制度的政策构想［J］．生态经济，2000（14）：14-16．

［254］杨奇才，谢璐，韩文龙．农地经营权抵押贷款的实现与风险：实践与案例评析［J］．农业经济问题，2015（10）：4-11．

［255］杨仁寿．海上保险法论［M］．台北：台湾三民书局，1996：442．

［256］杨云．林权抵押贷款的几种模式及可持续性问题探讨——福建省案例研究［J］．林业经济，2008（2）：44-48．

［257］姚明龙．小户信用担保问题研究［J］．浙江社会科学，2002（1）：16-22．

[258] 姚顺波. 非公有制林业制度创新研究 [J]. 林业经济问题，2003，23 (3)：143-146，178.

[259] 易培强. 马克思虚拟资本理论与国际金融危机 [J]. 当代经济研究，2009 (1)：1-6.

[260] 尹玉韬，聂华. 关于我国林业资源最优配置的经济学思考 [J]. 经济聚焦，2003 (8).17-18.

[261] (英) 马克·道弗曼. 风险管理与保险原理 [M]. 齐瑞宗等译. 北京：清华大学出版社，2009：109-110.

[262] (英) 约翰·T. 斯蒂尔. 保险的原则与实务 [M]. 孟兴国，徐韦等译. 北京：中国金融出版社，1992.

[263] 于晨曦. 抵押风险分析和抵押贷款违约损失率研究 [J]. 金融论坛，2007 (2)：34-39.

[264] 于立勇，詹捷辉. 基于 Logistic 回归分析的违约概率预测研究 [J]. 财经研究，2004 (9)：15-23.

[265] 于丽红，兰庆高. 林权抵押贷款运行情况的调查研究——以辽宁省抚顺市林权抵押贷款实践为例 [J]. 农村经济，2012 (11)：57-59.

[266] 余炳文，姜云鹏. 资产评估理论框架体系研究 [J]. 中国财经政法大学学报，2013 (2)：34-39.

[267] 余海宗，骆红艳，王萍. 论我国资产评估理论体系的构建 [J]. 四川会计，2001 (2)：9-10.

[268] 俞明轩，刘传耀. 法治化视角下资产评估机　构执业风险及防范 [J]. 中国资产评估，2017 (9)：8-14.

[269] 俞小平，聂影. 福建省林业小额抵押贷款的障碍与对策 [J]. 南京林业大学学报 (自然科学版)，2007，31 (5)：139-142.

[270] 袁宗蔚. 保险学——危险与保险 [M]. 北京：首都经济贸易大学出版社，2000：56.

[271] 张冬梅. 论林权抵押之法律障碍及其解决 [J]. 东南学术，2010 (6)：186-193.

[272] 张建国.21 世纪的中国林业 [J]. 林业经济问题，2001，21 (1)：23-25.

[273] 张建国. 工业人工林发展研究——解决我国木材供需矛盾途径分析之一 [J]. 福建林学院学报，2000，20 (3)：193-198.

[274] 张建国. 森林资源资产化管理的若干理论 [J]. 林业经济，1994

（5）：42-47.

[275] 张娇容．林权收储担保促进林权抵押贷款的理论与实证研究——以南平市顺昌县和建阳区为例［D］，福建农林大学硕士学位论文，2016.

[276] 张杰，转轨经济中的国有银行呆账［J］．金融研究，1999（5）：35-40.

[277] 张静琦，古文威，朱疆．现代信贷配给理论评述及启示［J］．财经科学，2000（4）：19-21.

[278] 张坤，胡建．农村土地抵押中的风险释缓：域外比较与中国实践［J］．河北法学，2017，35（8）：126-134.

[279] 张兰花．林权抵押贷款信用风险管理探析［J］．林业经济问题，2016，36（6）：541-545.

[280] 张兰花．林权抵押贷款信用风险评估研究［D］．福建农林大学博士学位论文，2010.

[281] 张兰花．林权抵押贷款信用风险因素探析［J］．三明学院学报，2016，33（1）：11-14.

[282] 张兰花．林业融资问题国内研究的文献综述［J］．绿色财会，2008（9）：15-19.

[283] 张兰花，许接眉．林业收储在林权抵押贷款信用风险控制中作用研究［J］．林业经济问题，2016，36（2）：139-142.

[284] 张妮，曾思齐，肖化顺，刘发林．林权改革后森林资源资产评估存在的问题及对策［J］．林业资源管理，2013（2）：17-22.

[285] 张婷．构建我国农村地区信用互助担保体系的设想［J］．预测，2008（1）：77-80.

[286] 张文勤．南方集体林区林权抵押贷款初探［J］．福建林业科技，2005（12）：202-204.

[287] 张小茜，汪炜，史晋川．利率市场化与信贷配给［J］．金融研究，2007（3）：87-97.

[288] 张晓梅，尚立娜．林权抵押融资中的林农利益保护问题研究——以物权法为视角［J］．农村经济，2010（10）：71-75.

[289] 张亦春，佘运九，制度变迁中的银行风险分析及内部控制［J］．经济研究，1998（4）：38-41.

[290] 张玉波，马克，张春锋等．关于林业政策负效应原因的系统分析［J］．林业经济，1992（3）：24-27.

[291] 张玉明．信息非均衡与银行不良资产［M］．上海：上海三联书

店，2000.

［292］赵爱玲．马克思信用理论初探［J］．齐鲁学刊，2007（5）：117-121.

［293］赵翠萍，侯鹏，程传兴．产权细分背景下农地抵押贷款的基本经验与完善方向——基于福建明溪与宁夏同心两地试点的对比［J］．农业经济问题，2015（12）：50-57.

［294］赵赫程．林权抵押贷款与政策支撑体系研究——以辽宁省为例［J］．林业经济，2015（1）：40-44.

［295］赵利梅．后集体林权制度改革时期森林资源资产评估问题研究——以西南地区为例的实证分析［J］．农村经济，2011（4）：65-68.

［296］赵荣，韩锋，赵铁蕊．浙江省林权抵押贷款风险及防范策略研究［J］．林业经济，2019（4）：32-35+98.

［297］赵显波，李栋．关于辽宁省林权抵押贷款的调查报告［J］．林业经济，2009（4）：18-20.

［298］赵晓菊．银行风险管理［M］．上海：上海财经大学出版社，1999：20.

［299］赵旭．马克思关于银行信用理论与我国现代银行制度的建立［J］．当代经济研究，2001（1）：35-38.

［300］赵岩青，何广文．农户联保贷款有效性问题研究［J］．金融研究，2007（7）：61-77.

［301］赵艳．马克思信用理论对我国社会信用体系建设的启示［J］．当代经济研究，2008（1）：11-14.

［302］赵永旺，苏时鹏．林权抵押贷款法制化分析［J］．林业经济，2010（11）：27-30.

［303］郑磊，金勇，穆屹．商业银行信用管理［M］．北京：清华大学出版社，2006：2.

［304］中共中央、国务院．乡村振兴战略规划（2018-2022年）［EB/OL］．2018-09-26［2019-01-09］．http：//www.gov.cn/zhengce/2018-09/26/content_5325534.htm.

［305］中国人民银行，财政部，银监会，保监会，林业局．关于做好集体林权制度改革与林业发展金融服务工作的指导意见［EB/OL］．2009-05-26［2016-6-10］http：//www.cbrc.gov.cn/chinese/home/docDOC_ReadView/200905266BF9C6AC25763DE8FF7FB6C900A09B00.html.

［306］中国人民银行内江市中心支行课题组．欠发达地区农村财产抵押权实

现的路径分析——基于威远县"两权"抵押贷款的案例［J］．西南金融，2016（5）：73-76.

［307］中国人民银行，中国银监会，证监会，保监会．关于全面推进农村金融产品和服务方式创新的指导意见［EB/OL］．2010-05-19［2021-04-30］．http：//www. gov. cn：8080/gzdt/2010-07/28/content_1666008. htm.

［308］中国银保监会办公厅．关于做好 2019 年银行业保险业服务乡村振兴和助力脱贫攻坚工作的通知［EB/OL］．2019-03-01［2021-02-22］．http：//www. gov. cn/zhengce/zhengceku/2019-11/06/content_5449436. htm.

［309］中国银监会办公厅．关于 2014 年深入推进农村中小金融机构支农服务"三大工程"的通知［EB/OL］．2014-04-08［2021-04-30］http：//www. cbirc. gov. cn/cn/view/pages/govermentDetail. html？docId=279700&itemId=868&generaltype=1.

［310］中国银监会办公厅．关于 2016 年推进普惠金融发展工作的指导意见［EB/OL］．2016-02-06［2021-04-30］http：//www. cbirc. gov. cn/cn/view/pages/govermentDetail. html？docId=263292&itemId=894&generaltype=1.

［311］中国银监会办公厅．关于做好 2014 年农村金融服务工作的通知［EB/OL］．2014-02-18［2021-04-30］http：//www. forestry. gov. cn/main/72/content-616486. html.

［312］中国银监会办公厅．关于做好 2015 年农村金融服务工作的通知［EB/OL］．2015-02-16［2021-04-30］http：//www. cbirc. gov. cn/cn/view/pages/govermentDetail. html？docId=272390&itemId=894&generaltype=1.

［313］中国银监会办公厅．关于做好 2018 年银行业三农和扶贫金融服务工作的通知［EB/OL］．2018-02-14［2021-04-30］http：//www. chinamfi. net/Tools_legislation_mes. aspx？Id=53657.

［314］中国银监会，国家林业局．关于林权抵押贷款的实施意见［EB/OL］．2013-07-18［2016-03-11］http：//www. cbrc. gov. cn/chinese/home/docView/0BD1776336744B87AFD7AC9F876A8293. html.

［315］中国银监会，国家林业局，国土资源部．关于推进林权抵押贷款有关工作的通知［EB/OL］．2017-12-19［2021-04-30］http：//www. forestry. gov. cn/main/72/content-1065232. html.

［316］中国银行保险监督管理委员会．江西、浙江政策性森林保险调研报告［EB/OL］2010-04-08［2020-9-09］http：//www. cbirc. gov. cn/cn/view/pages/ItemDetail_gdsj. html？docId=696&docType=1.

［317］中国银行保险监督管理委员会．中国银保监会办公厅关于做好 2019

年银行业保险业服务乡村振兴和助力脱贫攻坚工作的通知 [EB/OL]. 2019-03-01 [2020-9-09] http://www.cbirc.gov.cn/cn/view/pages/govermentDetail.html?docId=263843&itemId=878&generaltype=1.

［318］周伯煌，蔡斌．林地使用权抵押法律问题研究 [J]．社会科学家，2010 (3)：80-84.

［319］周长春，张恩广．基于现代人口资源环境关系的林业公共产品概念探讨 [J]，林业经济问题，2012，32 (2)：122-125.

［320］周红霞．评估业务的性质、评估质量的内涵及评估准则的作用——基于契约关系视角的分析 [J]．中国集体经济，2014 (6)：38-40.

［321］周翔，杨桂元．基于蒙特卡罗模拟的商业银行信用风险度量方法 [J]．技术经济，2008，27 (2)：53-56，80.

［322］周笑梅．马克思信用理论与中小企业信用担保体系建设 [J]．沈阳师范大学学报（社会科学版），2000，33 (6)：54-56.

［323］朱乾宇，马九杰．农业担保公司的担保能力建设 [J]，中国金融，2012 (14)：72-73.

［324］朱清．求同存异，推进自然资源有偿使用 [N]．中国国土资源报，2017-12-14.

［325］朱荣，温伟荣，马尧．资产评估理论结构模型构建 [J]．中国资产评估，2019 (1)：15-22+14.

［326］朱荣，温伟荣，马尧．资产评估主体执业风险研究——基于2014-2018年证监会处罚案件分析 [J]．中国资产评估，2019 (4)：15-23.

［327］朱喜，李子奈．我国农村正式金融机构对农户的信贷配给 [J]．数量经济技术经济研究，2006 (3)：37-49.

［328］朱作贤．海上保险法补偿原则研究 [M]．北京：法律出版社，2009：12.

［329］祝健，张传良．我国村镇银行信用风险防范对策分析马克思金融风险理论的视角 [J]．当代经济研究，2010 (12)：7-11.

［330］邹翔翔，蔡园园，韩云，闻颖．土地经营权抵押的促进机制——以构建新型土地流转服务中心和农业风险防控体系为例 [J]．经济与管理，2016 (3)：14-16.

后 记

本书基于马克思信用理论来构建林权抵押贷款信用风险识别与控制分析理论框架，从理论与实证层面识别林权抵押贷款信用风险因素、建立林权抵押贷款信用风险评估模型、构建林权抵押贷款信用风险控制体系。

本书对林权、林权抵押贷款与林权抵押贷款信用风险等重要概念进行梳理，揭示林权抵押贷款及其信用风险的本质。综合马克思主义关于信用风险的解释与西方经济学关于信用风险概念的理解，解释林权抵押贷款信用风险内涵并揭示其产生的根源。林权抵押贷款违约的期权模型分析进一步验证了抵押林权对林权抵押贷款信用风险形成的决定性作用。基于抵押森林资源资产价值风险、金融生态、森林资源资产流动性风险视角分析林权抵押贷款违约表现及其形成机理。认为林农的违约收益高于履约收益，林农就会理性违约；金融生态不完备引发借款人故意违约，价值补偿机制缺失会引发借款人理性违约；森林资源资产流动性风险会影响林权抵押贷款违约损失率。因此，林权是林权抵押贷款的物质基础，是借贷双方间信任的保证，基于抵押林权的视角研究林权抵押贷款信用风险识别与控制可以使研究更具特色、更富针对性。

本书梳理贷款信用风险影响因素相关理论研究，并通过对林权抵押贷款相关数据分析，明确林权抵押贷款信用风险影响因素。林权抵押贷款信用风险影响因素是诸多方面的，基于抵押林权的视角研究林权抵押贷款信用风险因素既符合现有研究结论，也与金融机构实践活动相符。鉴于马克思科学的财产理论与劳动价值论启示，认为探寻抵押林权价值约束因素，不仅要从林权独特的自然力风险挖掘，更要从林权涉及的社会关系去寻找；既要从林权的自然风险，又要从制度、从林业政策等方面寻求林权价值的制约因素。围绕抵押林权的安全性、盈利性、流动性风险，综合 S 市不良林权抵押贷款数据与相关文献材料，列出了林权抵押贷款信用风险 20 个可能的影响因素：森林火灾、森林病虫鼠害、气候地质灾害、森林盗砍、林木价格、森林管护成本、采伐成本、造林成本、审批成本、经营方式、轮伐期、经营树种、立地条件、限额采伐管理制度、林权交易市场成熟度、林地管理政策、天然林资源保护政策、林权登记管理制度、森林保险、森林资产评估。为了使林权抵押贷款信用风险评估指标更具科学性、明确性，识别风险的力度更强，以福建省三明市和南平市农村信用社客户经理 198 份调查问卷数据为依据，建立高层类别双对数函数，筛选出对林权抵押贷款信用风险有显著性影响的因素，据此，建立了林权抵押贷款信用风险评估指标体系，进而建立林权抵押贷款信用综合评估模型——高层类别双对数模型。

林权抵押贷款是社会主义市场经济的产物，其信用风险控制需要政府与市场共同发力。对政府参与林权抵押贷款信用风险控制必要性分析认为政府作为主体构建林权抵押贷款信用风险控制体系，更具现实性与可行性。林权抵押贷款信用风险控制的总目标是提升抵押林权的担保价值，分目标是提升抵押林权"价值公允性""安全性""变现性"，具体目标是构建涵盖培育集体森林资源资产评估主体、完善林权登记管理制度、构建政策性森林保险制度、实施"政府信用+林权"林业收储模式等四个模块的林权抵押贷款信用风险控制体系。

以福建省为例，剖析林权登记管理制度现状、林权登记制度在林权抵押贷款风险控制中存在的瓶颈，认为林权登记存在实质审查范围狭窄容易引发道德风险、林权登记平台登记审查前置程序缺乏导致公信力不足以及动态化登记管理缺失加大银行风险控制成本等问题。提出实施登记前置程序、实施实质审查、引入区块链技术等建议以完善林权登记制度。

构建了林权评估主体培育理论框架，明确了抵押林权评估主体培育目标。在剖析政策层面上合格的两类集体森林资源资产评估主体局限性的基础上，提出"沙县模式"。认为"沙县模式"典型特征是设计与评估相对分开，具备技术与成本优势，尽管可以规避两类集体森林资源资产评估主体所面临的技术与程序风险，但又缺失独立性。据此，提出林权评估主体的培育要遵循满足既要懂林业又要懂评估的基本原则，着眼于提升评估主体执业能力，同时，关注评估主体独立性塑造。

以保险"充分补偿学说"为理论基础，梳理森林保险在林权抵押贷款中功能定位，认为森林保险缓释林权抵押贷款风险目标即是否实现对抵押林权损失的完全补偿。对福建省森林综合保险分析认为，森林保险的低保额与免赔条款导致森林保险无法"完全补偿"抵押权人损失，灾害定损标准的缺乏降低了森林保险的赔付效率。提出要发挥政府在森林保险中的主导作用、提高保额标准与保费补贴比例以及提升保险公司查勘定损水平等建议。

以"政府信用+林权"的林业收储贷款模式为对象，遵循理论构建与理论（假说）检验的实证研究的思路，构建了相对完整林业收储担效应研究的理论框架，选择邵武市富源林业收储中心为案例，采用天眼查、官网及内部文稿等材料作为案例分析资料，对其担保效应展开实证分析。研究认为，"政府信用+林权"

的林业收储模式可以充分发挥专业性与国资背景的威慑力，强化林权登记、评估、贷后管理等环节的监督，并降低抵押林权变现性风险；但存在有效担保不足、担保基金保值增值能力弱、银—林风险共担机制未建立与再担保一片空白等问题。据此提出建立政策性收储基金资金补充机制、强化收储机构运营管理能力、建立林业收储再担保机制等政策建议。

虽然本书在研究视角选择、研究框架构建、研究内容等方面都取得了重大突破，但由于数据获取以及研究精力局限，尚需在以下方面对本书主题展开进一步研究：一是对发挥政府主导作用的必要性进行分析之后，要进一步测算政府参与林权抵押贷款信用风险控制行为的制约因素；二是随着数据累积，对森林保险保额与政府保费补贴比率进行定量测算；三是对区块链技术引入林权登记进行理论可行性与必要性论证后，设计具体登记模块，明确关键技术节点。

张兰花

2021 年 3 月